EXPLOITATION ET RÉGLEMENTATION

DES

MINES A GRISOU

EN BELGIQUE, EN ANGLETERRE
ET EN ALLEMAGNE

II
ANGLETERRE

EXPLOITATION ET RÉGLEMENTATION

DES

MINES A GRISOU

EN BELGIQUE, EN ANGLETERRE

ET EN ALLEMAGNE

RAPPORT DE MISSION

FAIT A LA COMMISSION CHARGÉE DE L'ÉTUDE
DES MOYENS PROPRES A PRÉVENIR LES EXPLOSIONS DE GRISOU
DANS LES HOUILLÈRES

PAR

MM. A. PERNOLET et L. AGUILLON

ANGLETERRE

PARIS

DUNOD, ÉDITEUR

LIBRAIRE DES CORPS NATIONAUX DES PONTS ET CHAUSSÉES, DES MINES
ET DES TÉLÉGRAPHES
Quai des Augustins, 49

1881

COURS

PROFESSÉS A L'ÉCOLE DES MINES DE PARIS

PAR

M. J. CALLON

INSPECTEUR GÉNÉRAL DES MINES

En vente les Tomes I et II de la deuxième partie

COURS D'EXPLOITATION DES MINES

Deux beaux vol. grand in-8 et atlas de 94 planches. — Prix : 60 fr.

TABLE DES MATIÈRES CONTENUES DANS LE 1er VOLUME

TABLE DES MATIÈRES CONTENUES DANS LE 2ᵉ VOLUME.

d'équilibre. — Calcul numérique de ces pentes. — Cas où l'on fait, dans la méthode d'exploitation adoptée, un emploi étendu des remblais. — Parcours *circulaire.* — Résultats numériques concernant le roulage sur chemins de fer. — Comparaison de ces résultats avec ceux qu'on obtient dans le transport sur le sol des galeries. — Nécessité absolue de l'emploi des chemins de fer dans les mines étendues. — Utilité de les établir avec des pentes à la fois très-faibles et très-régulières. — Navigation souterraine. — Avantages plutôt théoriques que pratiques de ce système. — Rareté de son application. — Exemple du prix de revient du transport dans des conditions données. Données numériques diverses relatives au matériel roulant. Pages 61 à 125.

CHAPITRE XV. APPLICATION DES MOYENS MÉCANIQUES AU TRANSPORT DANS L'INTÉRIEUR DES MINES. — Remarque générale sur l'insuffisance des agents ordinaires du roulage dans l'intérieur des mines, lorsque les pentes ou les rampes de la voie dépassent certaines limites très-restreintes. — § 1. *Des plans inclinés automoteurs.* Objet de ces plans inclinés. — Détails relatifs aux voies. — Détails relatifs au mécanisme placé en tête. — Détails relatifs aux manœuvres, soit à un seul palier, soit sur des paliers intermédiaires. — Détails divers. — Rouleaux. — Crochets de sûreté. — Exemples de divers systèmes de plans inclinés. — Emploi des bures verticaux, ou écluses sèches — Leur avantage dans certains cas. — § 2. *Des vallées, ou plans inclinés avec machines fixes.* Objet des vallées. — Analogies et différences de ces vallées avec les plans automoteurs. — Emploi des moteurs animés. — Circonstances qui limitent cet emploi. — Choix du moteur par lequel on peut les remplacer. — Avantages spéciaux de l'air comprimé. — Emploi des bures verticales. — § 3. *Transport sur niveau par des machines fixes.* Objet de ce mode de transports. — Deux systèmes principaux. — Traction *à deux câbles,* ou *Tail Rope System.* — Traction *à un seul câble* (chaîne ou câble sans fin). — Détails relatifs au système de traction à deux câbles. — Disposition générale. — Embranchements. — Stations. — Détails relatifs au système de la chaîne sans fin, tel qu'il est pratiqué dans le Lancashire. — Courbes. — Embranchements. — Stations. Systèmes du câble sans fin, se divisant en système *à câble traînant,* analogue à la traction à deux câbles, et système *à câble flottant,* analogue à celui de la chaîne sans fin. — Comparaison entre les quatre systèmes de traction ci-dessus décrits, soit au point de vue technique, soit au point de vue économique. Pages 126 à 164.

CHAPITRE XVI. DU SERVICE DE L'EXTRACTION EN GÉNÉRAL. — Généralités sur l'objet de ce chapitre. — § 1. *Des moteurs employés dans l'extraction et de leurs récepteurs.* Insuffisance habituelle des moteurs animés. — Emploi des moteurs hydrauliques. — Emploi de la force motrice de la vapeur. — Type de machine auquel on donne habituellement la préférence. — Perfectionnements dont ce type est susceptible, soit par l'emploi de la condensation, soit par celui de la détente. — Aperçu des détentes Audemar, Guinotte et Scohy. — Considérations sur l'emploi de la condensation. — Résumé sur l'emploi des divers moteurs. — Détails concernant divers systèmes de machines à vapeur d'extraction. — § 2. *Organes de transmission employés dans l'extraction.* Emploi des lignes de tirants. — Transmissions téléodynamiques. — Tambours et bobines, fixes ou à embrayage. — Des câbles en général. — Câbles ronds et câbles plats, en chanvre, en aloès ou en fils métalliques (fer ou acier). — Formules pratiques pour les diverses espèces de câbles. — Remarque générale relative à l'influence qu'exerce le poids des câbles sur la marche de la machine d'extraction. — Calcul des câbles *diminués.* — Divers moyens de régularisation. — Emploi des chaînes contre-poids. — Emploi des câbles plats et des bobines. — Calcul approché de la valeur du rayon moyen d'enroulement. — Discussion de l'équation obtenue. — Cas où le calcul donne pour le rayon moyen une valeur trop petite. — Emploi des câbles ronds et des tambours coniques. — Détails pratiques divers sur les câbles — Épissures. — Attaches des chaînes, etc. — Des molettes et des châssis à molettes. — § 3. *Dispositions diverses des appareils employés à l'extraction.* Extraction par grands cuffats, par bennes, par bennes

un courant d'air à l'insuffisance habituelle de la diffusion ou des agents chimiques. — § 1. *De la ventilation naturelle.* Circonstances dans lesquelles le courant d'air nécessaire se produit par des causes naturelles. — Assimilation d'une mine ventilée naturellement à un siphon rempli d'un fluide dont la densité diffère de celle de l'air atmosphérique ordinaire et est variable d'un point à un autre. — Distinction essentielle entre le courant d'hiver et le courant d'été, et, pour ce dernier, entre le courant de nuit et le courant de jour. — Insuffisance fréquente de la ventilation naturelle. — § 2. *De la ventilation artificielle.* Comment un foyer d'aérage peut suppléer à l'insuffisance de la ventilation naturelle. — Dispositions à donner aux foyers d'aérage. — Effets d'une température plus ou moins élevée sur l'intensité du courant et la dépense en combustible. — Limite de l'action de ces foyers. — Cas où les foyers d'appel doivent être remplacés par des machines. — Machines soufflantes ou aspirantes. — Comparaison générale entre ces deux classes de machines, au point de vue de la force motrice et à celui de la facilité de l'emploi. Classification des appareils de ventilation. — Différence essentielle entre ces appareils et les machines soufflantes des hauts fourneaux. — Machines à clapets. — Ventilateurs. — Appareils pneumatiques divers. — Ventilateur à force centrifuge de M. Guibal. — Ventilateur Combes. — Ventilateur Letoret. — Emploi des enveloppes. — Emploi des vannes. — Emploi des cheminées évasées. — Diffusoir de M. Harzé. Roues pneumatiques de M. Fabry. — Tracé géométrique. — Calcul du volume d'air fourni par l'appareil. — Tambour pneumatique de M. Lemielle. — Comparaison entre les trois principaux appareils décrits précédemment. — Considérations sur la force motrice qui leur est nécessaire. Énumération d'autres procédés propres à produire la ventilation artificielle. — Trompes. — Vis hydropneumatique de M. Guibal. — Emploi direct de la vapeur agissant sans récepteur, soit par sa chaleur, soit par sa force vive. — Différence essentielle entre ces deux derniers modes d'emploi. — § 3. *De la distribution du courant d'air dans une mine.* Observations préliminaires. — Indications générales sur les causes qui peuvent faire varier la quantité d'air nécessaire à une mine donnée. — Jaugeage de la quantité qui y circule effectivement. — Moyens matériels de distribution. — Barrages fixes. — Portes d'aérage ordinaires. — Portes doubles. — Portes flottantes ou de sûreté. — Retours d'air. — Cloisons d'aérage. — Gaines en planches ou canards. — Croisement des courants d'air. — Portes à guichets. Principes suivant lesquels doit s'opérer la distribution. — Influence de la section des galeries. — Emploi d'un ensemble de deux ou trois galeries parallèles. — Subdivision du courant en plusieurs courants partiels. — Influence de cette subdivision sur la dépression manométrique et sur la force motrice nécessaire à la ventilation. — Utilité du courant ascensionnel. — Nécessité d'avoir deux orifices entièrement distincts, l'un pour l'entrée et l'autre pour la sortie de l'air. — Extension du même principe au réseau des travaux intérieurs. — Moyens provisoires à employer quand la condition indiquée n'est pas remplie. Application des procédés et des principes ci-dessus à la ventilation de l'ensemble des travaux d'une mine. — § 4. *De l'éclairage des mines.* Observation préliminaire sur l'importance réelle de ce service. — Lampes diverses à feu nu. — Nature de l'huile à employer. — Consommation journalière. — Emploi de la lampe électrique portative. Emploi de la lumière électrique à l'aide d'appareils fixes. — Appréciation de ce système, et, en général, d'un appareil quelconque d'éclairage établi à demeure. — Insuffisance des lampes à feu nu dans le cas du grisou. — Lampes dites de sûreté. — Principe de la lampe de Davy. — Détails divers sur la lampe de sûreté ordinaire ou de Davy. — Modifications proposées à la lampe de Davy. — Lampe Mueseler. — Caractères qui différencient les lampes Davy et Mueseler. — Résumé relatif à l'emploi des lampes de sûreté en général. Pages 410 à 519.

BULLETIN DE SOUSCRIPTION

Je soussigné, déclare souscrire au **Cours d'exploitation des Mines** (tomes I et II), *par* M. J. CALLON, *moyennant la somme de* soixante francs, *dont j'envoie le montant en un bon sur Paris.*

Je désire recevoir l'envoi à [1] ________________________________

____

Signature [2] ________________________________

[1] Indiquer son adresse très-exactement.
[2] Signer lisiblement.

Monsieur

Monsieur Dunod

LIBRAIRE-ÉDITEUR DES CORPS DES PONTS ET CHAUSSÉES ET DES MINES,

49, quai des Augustins.

PARIS.

PRÉAMBULE

La Commission du grisou, a dans sa séance du 5 novembre 1879, décidé qu'elle résumerait, en les commentant dans un travail d'ensemble destiné à être répandu parmi les exploitants, toutes les mesures ou précautions pouvant être prises dans l'exploitation des mines à grisou.

Elle a, sous le titre de « Principes à consulter pour les mesures de précaution à recommander ou à prescrire dans l'exploitation des mines à grisou », préparé un projet qu'elle a communiqué à tous les exploitants pour avoir leurs observations avant d'arrêter le texte définitif de son travail.

Enfin, pour s'entourer de tous les éléments nécessaires à l'étude des mesures de précaution à recommander, la Commission a, dans sa séance du 11 février 1880, décidé de faire étudier à l'étranger les mesures qui étaient prises ou imposées dans l'exploitation des mines à grisou et spécialement la manière dont on y appliquait les règlements officiels.

Chargés de cette mission, nous avons successivement visité la Belgique, l'Angleterre, la Saxe royale, la Prusse et la Lorraine.

Accrédités, par l'entremise du ministre des affaires étrangères et de nos représentants à l'étranger, auprès de l'administration des mines de chacun de ces pays, nous avons été adressés de Bruxelles, de Londres, de Dresde et de Berlin, aux autorités minières de tous les bassins houillers qui nous avaient été signalés comme dignes d'intérêt au point de vue spécial de notre mission.

Nous avons ainsi visité :

En Belgique, les bassins du Couchant de Mons, du Centre, de Charleroi et de Liège ;

En Angleterre, ceux du Sud du Pays de Galles, du Yorkshire, du Lancashire est et ouest, du Durham, de Whitehaven, de l'Ouest de l'Écosse, du Sud-Staffordshire ;

En Saxe royale, les bassins de Plauen et de Zwickau ;

En Prusse, ceux de la Ruhr et de Sarrebrück ;

Et en Lorraine, le prolongement de ce dernier bassin. Nous avons dû renoncer, faute de temps, à visiter les bassins de Waldenburg en Silésie inférieure et de la Worm dans les provinces rhénanes. Ces bassins nous avaient cependant été signalés par l'administration prussienne comme dignes d'intérêt.

Dans chaque bassin, après avoir pris des renseignements généraux auprès des fonctionnaires locaux du gouvernement, nous avons visité une seule mine, quand cela nous a paru suffisant, habituellement 3 ou 4, quelquefois 6 à 7. Au total nous avons visité 21 mines en Belgique, 30 en Angleterre et 14 en Allemagne. Pour ces 65 mines nous avons étudié les conditions de leur aérage sur les plans et par leurs installations de surface ; pour 38 d'entre elles, dont 7 en Belgique, 19 en Angleterre et 12 en Allemagne, nous sommes descendus dans les travaux pour examiner par nous-mêmes le mode d'exploitation, l'organisation, l'état de l'aérage ainsi que les conditions du travail.

Il nous a été possible, dans bien des circonstances, de recueillir en outre des renseignements précis sur beaucoup d'autres mines voisines de celles que nous avons visitées.

Nous nous sommes efforcés d'ailleurs, partout où nous avons passé, de nous renseigner sur les questions qui pouvaient intéresser la Commission auprès de toutes les personnes, fonctionnaires des administrations publiques ou exploitants, qui étaient à même de nous donner d'utiles renseignements.

Si, dans un espace de temps relativement court, soixante-quinze jours, nous avons pu de la sorte voir autant de choses et recueillir un ensemble de renseignements assez complet, nous le devons à l'accueil exceptionnel qui a été fait partout aux délégués de la Commission du grisou française. Dans tous les pays, les administrations officielles des mines se sont mises à notre disposition avec la plus extrême obligeance ; elles nous ont guidés dans nos courses ; elles nous ont communiqué tous les documents et renseignements dont elles pouvaient disposer, leurs ingénieurs ou inspecteurs ont bien voulu nous accompagner eux-mêmes dans la plupart de nos visites, et là où ils n'ont pu le faire, ils ont pris toutes les mesures pour nous assurer un bon accueil.

L'accueil que tous les exploitants nous ont fait n'a pas été moins empressé.

Le nombre des personnes envers lesquelles nous avons ainsi contracté une dette de reconnaissance est tel qu'elles voudront bien nous excuser de ne pas rappeler ici leurs noms pour leur adresser nos remerciements à chacune en particulier. Nous nous bornerons à demander à la Commission de vouloir bien marquer elle-même ses remerciements pour toutes les personnes qui ont fait un si bon accueil à ses délégués.

La Commission aura à remercier particulièrement l'éminent président de la Commission anglaise, M. Warington Smyth, et le très aimable secrétaire de cette Commission, M. Williams, qui nous ont fait remettre pour la Commission française la collection des rapports annuels faits par les inspecteurs royaux depuis 1870, et les rapports des diverses enquêtes parlementaires qui ont été faites sur les mines en Angleterre.

Dans le rapport que nous présentons aujourd'hui à la Commission, nous nous sommes efforcés de faire connaître aussi complètement que possible tout ce qui concerne la réglementation et l'exploitation des mines à grisou à l'étranger.

Pour garder à chaque sujet son caractère propre, nous avons consacré une partie spéciale à chacun des pays que nous avons visités, Belgique, Angleterre, Saxe royale, Prusse et Lorraine, et chaque partie a été divisée en neuf chapitres distincts, traitant les points suivants :

1° État général de la réglementation des mines à grisou, mode d'application des règlements;

2° Manière dont se présente le grisou dans les mines visitées, accidents qu'il a causés ;

3° Organisation générale des exploitations au point de vue de l'aérage ;

4° Production, distribution et contrôle de l'aérage;

5° Organisation du travail et de la surveillance ;

6° Éclairage des travaux souterrains ;

7° Travail à la poudre ;

8° Poussières ;

9° Appareils de sauvetage.

Pour traiter convenablement toutes les matières du troisième chapitre, il nous a fallu donner quelques renseignements sur l'organisation générale des mines, la disposition des chantiers, les méthodes d'exploitation et la distribution du personnel. Nous nous sommes efforcés d'être aussi sommaires que possible sur ces matières, en ne les examinant qu'en ce qui se rapporte spécialement à l'aérage des mines à grisou.

Le but de la Commission en nous chargeant de la mission dont nous venons rendre compte, étant d'éclairer ses membres et les exploitants français sur toutes les mesures de précaution réglementaires ou autres, prises à l'étranger pour l'exploitation des mines à grisou, et principalement sur l'application des règlements officiels, nous avons essayé de distinguer dans notre travail les dispositions que l'exploitant prend spontanément, celles qu'il est libre de prendre ou de ne pas prendre, et les dispositions qui lui sont imposées, soit par des règlements généraux ou spéciaux, soit par des injonctions de l'administration. Pour ces dernières dispositions qui sont matières à réclamation dans tous les pays, nous avons tâché de faire saisir la mesure dans laquelle la réglementation officielle est appliquée, la manière dont on y tient la main et les résultats qu'elle produit. Nous avons voulu, en un mot, que notre travail permît de voir en quoi et comment, dans la pratique, la réglementation intervient ou n'intervient pas dans l'exploitation des mines à grisou, en même temps que l'influence de cette intervention sur la sécurité des houillères étrangères.

Pour chaque point intéressant, à côté des règlements officiels et particuliers, nous avons dit, toutes les fois que nous avons pu le constater d'une façon indiscutable, la manière dont sont appliquées dans les travaux les mesures prescrites par ces règlements.

C'est un exposé que la Commission nous a donné mandat de lui présenter : nous avons donc pensé qu'il ne nous appartenait pas de tirer nous-mêmes aucune conclusion des faits que nous rapportions. Nous nous sommes par suite systématiquement abstenus de toute appréciation ou de toute critique, laissant à la Commission et aux exploitants auxquels s'adresse notre travail, le soin de tirer les enseignements et les conclusions qu'il pourra suggérer.

EXPLOITATION ET RÉGLEMENTATION

DES

MINES A GRISOU

EN BELGIQUE, EN ANGLETERRE

ET EN ALLEMAGNE

ANGLETERRE

CHAPITRE I.

OBSERVATIONS GÉNÉRALES SUR LA RÉGLEMENTATION DES MINES A GRISOU EN ANGLETERRE.

---

§ 1.

HISTORIQUE DE LA RÉGLEMENTATION DES MINES A GRISOU EN ANGLETERRE.

Toute la réglementation concernant les mines à grisou de l'Angleterre se trouve dans certaines prescriptions de la loi du 10 août 1872. M. du Souich, dans son rapport, en a fait connaître l'économie avec assez de détails pour nous dispenser, à la rigueur, d'y revenir ici. Mais, pour bien se rendre compte de l'esprit avec lequel cette loi est appliquée, il nous paraît utile, et en tout cas il ne sera pas sans intérêt de rappeler par quelles étapes successives ont passé,

avant la loi de 1872, la législation et la réglementation,
ce qui est tout un en Angleterre, comme on sait. Plus
peut-être qu'en aucun pays la loi en Angleterre suit et
reflète l'opinion publique. En effet, la loi ne sort pas seulement de l'initiative du Gouvernement et des délibérations
des Chambres, mais aussi, et encore plus peut être, des
discussions dans la presse, des *meetings*, des pétitions aux
Chambres et des députations aux ministres. Toutes les lois
relatives aux mines ont toujours été, en particulier,
l'objet d'une *agitation* très vive. Depuis que les associations d'ouvriers mineurs ont, par leur forte organisation,
acquis une importance qui leur permet de lutter de
puissance à puissance, contre les associations d'exploitants, la discussion est restée pour ainsi dire toujours
ouverte sur cette question de législation et de réglementation pour reprendre avec plus d'ardeur à chaque nouvelle
catastrophe.

Nous voudrions précisément montrer sous l'influence de
quelles circonstances, par suite de quelles discussions et
sous l'empire de quelles idées on en est venu, d'étape en
étape, dans un espace de temps relativement court, de la
liberté illimitée de l'exploitant à la législation actuelle (1).

Dans toute loi anglaise sur les mines, il y a deux
parties bien distinctes. L'une intervient dans ces rapports
si délicats du travail et du capital, fixe les relations de
l'ouvrier et du patron au point de vue du règlement des
salaires, des heures de travail, de l'emploi des femmes et
des enfants, etc. ; l'autre a trait plus spécialement aux
mesures de sécurité. Nous ne voulons nous occuper naturellement que de cette seule partie de la loi et uniquement

---

(1) Nous avons largement profité pour la rédaction de ce chapitre d'un ouvrage récent de M. R. Nelson Boyd « *Coal mines
inspection; its history and results* », où le sujet a été traité avec
tout le développement qu'il comporte.

même de ce qui se rapporte aux mesures de sécurité relatives au grisou. Dans les dernières lois anglaises on trouve, en effet, les mesures concernant le grisou, à côté de celles que peuvent nécessiter les diverses autres causes de danger inhérentes à l'exploitation des mines (1).

Période antérieure à la loi de 1842. — C'est à la suite de l'explosion de Felling Colliery, en 1812, où 92 hommes périrent, qu'on paraît s'être préoccupé pour la première fois dans le public des catastrophes causées par le grisou. Cet accident détermina la fondation à Sunderland d'une association qui se proposait de rechercher les causes de ces calamités et les moyens de les prévenir. Cette association provoqua, pendant l'automne de 1815, la visite de sir Humphrey Davy dans le bassin du nord de l'Angleterre, visite à la suite de laquelle parut la lampe de sûreté à tamis métallique (2). Malgré cette invention, les accidents suc-

---

(1) Le texte complet de toutes les lois anglaises sur les mines a été publié dans les *Annales des mines* :

L. 10 août 1842, partie administrative, vol. de 1854, p. 103.
L. 14 août 1850,   —   —   — p. 112.
L. 14 août 1855,   —   —   1858, p. 65.
L. 28 août 1860,   —   —   1873, p. 212.
L. 7 août 1862,   —   —   — p. 197.
L. 10 août 1872,   —   —   — p. 11.

(2) Les origines de la lampe de sûreté sont encore discutées en Angleterre. On trouve mention d'une lampe de sûreté inventée en 1796 par Humboldt. La première lampe essayée souterrainement fut celle inventée par le Dr Clanny en 1813, et décrite dans les « *Philosophical transactions* » de cette même année. Cet appareil était trop compliqué et trop encombrant pour un usage pratique. Avant que sir Humphrey Davy eût amené son invention à maturité, une lampe sur des principes à peu près semblables avait été construite et essayée par George Stephenson, alors ingénieur de houillères à Killingworth. Les deux lampes différaient en ceci que, tandis que sir Humphrey faisait reposer la sécurité de la lampe sur le principe de l'extinction des flammes passant par des orifices étroits, tels que les mailles d'un tamis métallique, Stephenson pensait qu'en entourant la flamme d'un tube de verre, la sortie des produits de la combustion par le haut empêcherait l'inflammation du grisou.

cédaient aux accidents, et, devant un *select committee* (1) des Chambres, qui fit une enquête en 1829 et en 1830 sur les dangers des houillères, Buddle, le célèbre ingénieur du Nord de l'Angleterre, faisait remarquer que le nombre des accidents était devenu plus considérable ; ce qu'il attribuait d'ailleurs à la profondeur plus grande des travaux, à leur extension plus considérable, à l'enlèvement des piliers, qui n'aurait pas été fait avant l'invention de la lampe de sûreté.

Vers cette époque avait lieu un grand mouvement pour l'amélioration du sort des classes ouvrières. A cette occasion, en 1833, les inspecteurs des manufactures signalèrent dans leur rapport la condition déplorable des populations minières et finalement, la Chambre des communes nomma, le 2 juin 1835, un *select committee* pour étudier toutes les questions relatives aux houillères. La commission déposa son rapport à la fin de l'année. Après avoir exposé la situation des choses, elle se posait la question de savoir « dans quelle limite des prescriptions législatives pourraient venir en aide aux mineurs » ; à quoi elle répondait : « la diversité des gisements dans le royaume et les circonstances si différentes des diverses mines rendent impossible, pour le présent, de donner quelque indication précise ou de poser quelque règle d'une application générale ; la commission admet, avec beaucoup des témoins entendus par elle, qu'il y aurait de grands avantages à encourager la visite des mines par des hommes d'une habileté reconnue, chimistes, mécaniciens ou philanthropes ». Mais la commission ne suggérait pas l'idée d'organiser une inspection régulière du gouvernement ; elle rappelait

---

(1) Le *select committee* correspond assez bien aux commissions d'enquête que nos Chambres nomment dans leur propre sein. La *Royal commission* correspond au contraire à nos commissions extra-parlementaires, nommées par décret ou arrêté ministériel, telles que notre Commission du grisou.

au contraire que de très nombreuses objections avaient été faites à ce système par divers témoins. Elle concluait donc en regrettant de n'avoir aucune suggestion à présenter à la chambre, mais en espérant que les renseignements qu'elle avait recueillis ne seraient pas inutiles au public et à l'humanité.

Les explosions n'en continuaient pas moins à se produire à de fréquents intervalles. A la suite de celle où périrent 51 hommes à Saint-Hilda Colliery, près de South Shields, aux environs de Newcastle-on-Tyne, un certain nombre de personnes de South Shields se constituèrent en commission pour rechercher les causes des accidents des houillères. Leur enquête porta spécialement sur l'étude des diverses lampes et des divers systèmes d'aérage, sur le travail des enfants, la tenue des plans, la capacité des employés, la surveillance du gouvernement et les soins à donner après un accident. La commission fournit en 1842, après trois ans de travaux, un rapport très complet sur toutes ces questions.

En ce qui concerne la surveillance du gouvernement, dont on commençait à parler alors, le rapport faisait remarquer qu'il était surprenant que les mines de houille de l'Angleterre, si importantes pour sa force et sa prospérité, fussent abandonnées entièrement aux efforts individuels des particuliers, sans que l'État se préoccupât de leur organisation, ou tout au moins de leur surveillance. Le rapport concluait à une surveillance appropriée des mines par le gouvernement, suivant le principe qui avait été déjà appliquée « aux chemins de fer, à diverses professions, industries ou commerces ».

Entre temps, lord Shaftesbury (alors lord Ashley), qui était, à cette époque, le défenseur des classes ouvrières à la Chambre des communes, avait, en 1840, provoqué la nomination par le gouvernement d'une commission royale pour faire une enquête sur les conditions de l'emploi des enfants dans les mines. Après deux ans d'une laborieuse enquête, la commission déposa un rapport qui révéla un état de choses si lamentable et si triste, qu'on a peine à s'en faire une idée aujourd'hui. Sur le dépôt de ce rapport, lord Ashley proposa une loi pour réglementer le travail des enfants et des femmes dans les mines. D'après un article de ce projet, des inspecteurs devaient être nommés pour visiter et inspecter les mines et houillères et en faire rapport au ministre compétent. Mais, en même temps, lord Ashley ajoutait : « En ce qui concerne l'inspection souterraine, elle est impossible, et serait-elle possible, elle ne serait pas prudente ; je ne sais pas ce qu'il adviendra dans vingt-cinq ans ; mais, certainement aujourd'hui, fussé-je inspecteur, j'aurais grande répugnance à descendre dans la mine pour faire quelque acte qui aurait toute chance de déplaire aux mineurs ». Malgré une très vive opposition faite par les propriétaires de mines dans les deux Chambres (1), la loi, plus ou moins amendée, finit par passer ; elle devint la loi du 10 août 1842, plus connue sous le nom de loi de lord Ashley. C'est le premier document législatif anglais où il ait été question des mines.

Loi de 1842. — La loi interdisait l'emploi des femmes, dans les travaux souterrains et ne permettait celui des enfants qu'au-dessus de 10 ans et pour 8 heures par jour seulement. Les salaires ne pouvaient pas être payés dans un débit de boissons ou dans son voisinage. Toutes infractions à la loi étaient passibles d'amendes de 125 à 250 francs. Des

---

(1) Le marquis de Londonderry, grand propriétaire de mines de houille dans le Durham, se fit remarquer par la vivacité de ses attaques. Contre certaines clauses relatives au travail des enfants et des femmes, qui nous paraissent insignifiantes aujourd'hui, il faisait observer notamment que « elles auront pour effet de faire immédiatement arrêter beaucoup de houillères des plus importantes ». Il annonçait qu'il dirait à l'inspecteur : « Descendez comme vous pourrez ; une fois là-bas, vous y resterez ».

inspecteurs devaient d'ailleurs être nommés pour visiter et inspecter les mines et les houillères.

Cette première loi sur les mines restait en somme muette sur tout ce qui concernait la police minérale proprement dite.

De la loi de 1842 à la loi de 1850. — La loi de 1842, dès son apparition, fut reçue avec méfiance par les exploitants, qui considéraient l'inspection comme une ingérence fâcheuse et inutile dans les affaires privées, et avec la plus complète indifférence par les ouvriers.

Mais peu après survinrent les longues grèves et les troubles qui accompagnèrent le mouvement Chartiste, et, pour la première fois, les ouvriers mineurs firent entendre leurs plaintes et leurs réclamations.

D'autre part, de graves accidents continuaient à se succéder. Le 1er avril 1843, 27 hommes étaient tués par un coup de grisou à Stormount Main Colliery ; l'année suivante, 29, par la même cause, à Haswell Colliery, et 40 à Haverford-West Colliery par un coup d'eau.

Dans cette même année 1844, M. Tremenheere, l'inspecteur nommé conformément à la loi de 1842, déposait son premier rapport relatif aux districts houillers de l'Écosse. Il y mentionnait que les ouvriers se plaignaient de la mauvaise ventilation, de la mauvaise direction des travaux, et, par-dessus tout, il est vrai, de la manière vicieuse dont leurs salaires étaient réglés.

En même temps, des pétitions se signaient à Newcastle-on-Tyne, demandant au Parlement qu'on orginisât une tenue officielle des plans de mines et une inspection gouvernementale. A la suite de l'accident d'Haswell, les représentants des ouvriers demandèrent à l'enquête du *coroner*, que le gouvernement fît faire une instruction spéciale sur cette affaire. Le gouvernement délégua à cet effet Lyell et Faraday. Leur rapport, peu concluant, insistait sur la convenance d'un aérage distinct des vieux travaux. Il fut vivement attaqué ; et les réclamations continuant à se produire de divers côtés, le gouvernement, en août 1845, chargea sir Henry de la Bèche et Lyon Playfair de faire une enquête sur les mines grisouteuses et de « signaler les mesures, s'il y en avait, qui fussent de nature à atténuer, sinon à prévenir, le retour des catastrophes qui s'y produisaient ».

Ce ne fut qu'en juin 1846 que de la Bèche et Playfair purent déposer leur rapport sur la situation des houillères anglaises. Ils insistaient notamment dans leurs conclusions sur l'utilité d'établir une surveillance officielle dans les mines. Ils revinrent encore sur cette idée dans les rapports spéciaux qui leur furent demandés, à eux et à M. Warrington Smyth, sur les explosions survenues en 1846 à Risca (South Wales) et à Oldbury (Warwicksire), dans lesquelles 61 hommes périrent, et à Ardsley, en 1847, où 72 hommes furent tués.

Le jury, qui eut à connaître de ce dernier accident, alla plus loin, et émit le vœu qu'il fallait établir une série de prescriptions, pour servir de guide aux exploitants et les rendre obligatoires par une loi.

En même temps, les ouvriers envoyaient de divers côtés au Parlement des pétitions demandant la nomination d'inspecteurs officiels, auxquels ils voulaient qu'on donnât des pouvoirs étendus pour la conduite et la ventilation des mines.

Après diverses discussions au Parlement, à la suite de projets de loi dus à l'initiative privée et retirés par leurs auteurs, discussions où le principe de l'inspection parut généralement accepté, deux nouvelles enquêtes furent faites en 1849 et en 1850, l'une par un *select committee* de la Chambre des lords, et l'autre par MM. Blackwell et Phillips, auxquels le gouvernement avait confié une mission spéciale. Le *select committee* de la Chambre des lords, en concluant à la convenance d'une inspection officielle, ajoutait : « les inspecteurs du gouvernement ne devront pas avoir d'autres pouvoirs que de pénétrer dans les mines, de les examiner, et de consulter les plans en tant que cela serait nécessaire pour apprécier leurs conditions et leur aménagement ; leurs devoirs seront limités à observer, à faire des rapports, et à donner des avis ou des renseignements aux propriétaires ou exploitants ».

Loi de 1850. — A la suite de toute cette agitation et de toutes ces enquêtes, le gouvernement finit par présenter aux Chambres et faire voter la loi du 14 août 1850. Il n'y eut ni grande opposition, ni longue discussion. Le marquis de Londonderry se borna à protester contre la loi « comme la mesure la plus injuste et la plus funeste qui se pût imaginer » (1).

La loi de 1850 a été, en réalité, le premier acte sur la police des mines qui eut trait à leur exploitation et à leur aménagement ; jusque-là, propriétaires et exploitants avaient été laissés libres d'agir à leur guise sans que personne même s'occupât de ce qu'ils faisaient dans leurs travaux. Dans la loi de 1842, on s'était abstenu systématiquement d'entrer dans cet ordre d'idées. La loi de 1850 n'était d'ailleurs pas allée bien loin en matière de réglementation.

Elle stipulait que le gouvernement nommerait des inspecteurs avec pouvoir d'entrer dans les mines et de les examiner, ainsi que tous les ateliers, machines et constructions de la surface, et de s'informer sur tout sujet intéressant la sécurité des ouvriers. En cas de danger, l'inspecteur devait le signaler au directeur, et, s'il n'y était pas apporté remède dans un temps raisonnable, l'inspec-

---

(1) Il est curieux de relever que Lord Brougham, dans la discussion, représenta l'inspection comme une « ingérence injustifiable dans les droits du travail ».

teur devait faire son rapport au ministre. Les propriétaires étaient tenus à donner avis au ministre dans les douze heures, de tout accident ayant entraîné mort d'homme et les *coroners* devaient le prévenir deux jours avant l'exécution de leur enquête. Les exploitants devaient avoir des plans de leurs travaux, les tenir au courant et les présenter aux inspecteurs à toute réquisition. Les infractions aux diverses parties de la loi étaient punies d'amendes variant de 125 à 500 francs.

La loi n'avait été votée que pour cinq ans, à simple titre d'essai par conséquent. Comme, d'autre part, la loi de 1842 n'avait pas été rapportée, il allait y avoir deux inspections parallèles : l'une ayant trait aux conditions de la population ouvrière dans les districts miniers ; l'autre aux travaux et à la sûreté de la mine.

En réalité, la loi de 1850 ne faisait que poser le principe de l'inspection souterraine. En nommant les quatre premiers inspecteurs, entre lesquels furent partagées toutes les houillères de l'Angleterre, le gouvernement par une circulaire ministérielle du 21 novembre 1850 (1) leur donnait les instructions générales suivantes : ils devaient suivre toutes les enquêtes et rechercher les causes des accidents ; examiner les travaux et voir quelles mesures pourraient éviter le retour de pareils malheurs ; mais on leur recommandait instamment de s'abstenir de toute ingérence dans l'exploitation des houillères. « Il ne vous appartient en aucune manière, disait la circulaire, d'imposer un mode quelconque de ventilation ou d'exploitation. La responsabilité en pareille matière doit rester entièrement aux propriétaires et exploitants ».

Si réduite qu'elle fût dans ses devoirs, l'inspection n'était guère possible matériellement : il n'y avait que

---

(1) Cette circulaire a été reproduite *in extenso* dans les *Annales des mines,* partie administrative, vol. de 1856, p. 114.

quatre inspecteurs pour surveiller les 1.200 houillères existant alors dans toute l'Angleterre.

De la loi de 1850 à la loi de 1855. — Aussi l'agitation reprit-elle d'autant plus vivement dans le public que l'année 1851 fut attristée par trois graves explosions où périrent 61, 35 et 52 personnes. Le gouvernement nomma bien deux nouveaux inspecteurs, l'un pour l'Ecosse et l'autre pour l'Angleterre ; mais cela ne pouvait suffire et satisfaire les ouvriers. Dès le commencement de 1852, des pétitions vinrent du Durham et du Northumberland demandant une inspection plus sérieuse, une meilleure ventilation et l'augmentation du nombre des puits. A la suite d'une succession d'accidents qui, en moins de trois semaines, firent 138 victimes, la Chambre des communes nomma un *select committee* qui déposa son rapport en juin 1853.

Au point de vue technique, les conclusions de cette commission furent assez curieuses. La commission avait reconnu par des expériences l'insuffisance de la lampe Davy et s'était préoccupée d'améliorer l'aérage. A cet effet, elle avait fortement prôné l'aérage par injection de vapeur comme supérieur à tous autres systèmes, et suggéré l'idée de ventiler les vieux travaux par des trous de sonde. Au point de vue administratif, la commission reconnaissait que l'inspection actuelle était absolument insuffisante à tous égards. Il y avait trop peu d'inspecteurs, et leurs pouvoirs étaient trop limités. La commission admettait qu'il en fallait au moins douze, avec deux sous-inspecteurs chacun. Elle recommandait la création d'un conseil spécial, composé d'hommes scientifiques et pratiques, de qui les inspecteurs devaient dépendre et recevoir leurs instructions. Elle recommandait également d'augmenter les pouvoirs des inspecteurs en leur donnant le droit d'arrêter les travaux d'une mine en présence de la menace évidente d'un grand danger, si le propriétaire refusait d'adopter les mesures convenables pour rétablir la sûreté.

Les conclusions techniques, qui ne pouvaient reposer que sur des expériences mal faites et sur une connaissance insuffisante des mines, ne rencontrèrent aucun crédit ; quant aux conclusions administratives, elles furent vivement discutées.

Aussi, la Chambre des communes nomma-t-elle, en 1853, un nouveau *select committee*, qui devait plus particulièrement porter ses recherches sur les points suivants : la production de l'aérage, la comparaison de l'injection de vapeur et du foyer, la distribution de l'air, la construction des puits de retour, l'amélioration des lampes de sûreté, la surveillance officielle des mines, et l'instruction des populations minières. Cette commission déposa son rapport en juin 1854, après avoir procédé à une enquête très-approfondie sur tous les points.

D'une part, les représentants des ouvriers avaient soumis à la commission tous leurs desiderata. D'autre part, au cours de l'enquête, les inspecteurs du gouvernement ayant attiré l'attention sur certains règlements adoptés dans quelques houillères et ayant recommandé ces réglements, le *select committee*, avait invité les exploitants à s'entendre sur les prescriptions qui pourraient servir de guide dans les houillères et qu'une loi pourrait rendre obligatoires. Sur l'initiative du comité de la *Coal Trade association* du Northumberland, un large *meeting* d'exploitants et d'ingénieurs fut convoqué, et siégea à Londres le 25 avril 1854 et jours suivants sous la présidence de M. Nicolas Wood. Les six inspecteurs du gouvernement furent invités à s'y rendre ; ils se joignirent aux quarante-neuf représentants des exploitants, ainsi qu'une députation de six représentants des associations ouvrières. L'assemblée, après de longues discussions, finit par approuver une série de règles qui furent transmises à la commission.

Après le dépôt de son rapport, qui passe en Angleterre pour un des plus complets et des plus approfondis qui ait été fait sur la matière, le gouvernement introduisit devant les chambres la loi qui, votée à peu près sans discussion, devint la loi du 14 août 1855.

Loi de 1855. — On retrouve, en germe, dans cette loi les traits saillants des lois successives qui la suivirent.

L'article 4 formulait sept règles générales dont aucune, il est vrai, n'était faite spécialement pour les mines à grisou : à peine pourrait-on faire exception pour la première règle générale, relative à la ventilation, qui prescrivait d'avoir constamment un aérage permettant, dans les circonstances ordinaires, de diluer les gaz nuisibles.

Les articles 5 et 6 organisaient le système ingénieux des règlements particuliers qui sont en Angleterre de véritables annexes de la loi.

Enfin l'article 7, relatif aux pouvoirs des inspecteurs, assurait, le cas échéant, une sanction par la procédure des arbitrages aux avis qu'ils croyaient devoir donner aux exploitants. Les pouvoirs des inspecteurs étaient, en outre, mieux définis et plus étendus, sans qu'on arrivât cependant à la généralité d'expression de l'article 46 de la loi actuelle de 1872. Le législateur paraissait toujours se préoccuper de ne porter atteinte, en quoi que ce soit, à l'initiative et à la responsabilité des exploitants.

Les pénalités, qui servaient de sanction à la loi, n'étaient pas fortes ; c'étaient de simples amendes variant de 25 à 125 francs pour les exploitants. Mais la chambre des lords avait fait adopter un amendement qui, pour les infractions des ouvriers aux règlements particuliers, prévoyaient des peines pouvant s'élever non seulement à une amende de 50 francs, mais encore à trois mois de prison. Il n'est pas besoin de dire comment cette différence de traitement des exploitants et des ouvriers fut accueillie par ceux-ci.

Dès que la loi fut votée, le gouvernement nomma six nouveaux inspecteurs et partagea toute l'Angleterre, y compris l'Écosse, en douze districts.

Des réunions d'exploitants eurent lieu dans les différents districts pour s'entendre sur l'élaboration des règlements particuliers. En général, chaque groupe de houillères formant une région où les conditions de gisement et les coutumes étaient à peu près semblables, adopta le même règlement particulier. Quelques-unes cependant tinrent à avoir un règlement spécial dans lequel certaines d'entre elles eurent même la prétention d'inscrire des clauses assez étranges, comme, par exemple, l'obligation d'assister aux offices le dimanche, l'obligation d'être rasé de frais le lundi, etc. Un accord avec les inspecteurs s'obtint assez facilement partout et les prescriptions de la loi à cet égard furent promptement exécutées.

Loi de 1860. — La loi de 1855, comme celle de 1850, n'avait été votée que pour cinq ans.

Vers la fin de la période quinquennale, le gouvernement introduisit le projet qui devait devenir la loi du 28 août 1860, sans juger nécessaire de provoquer au préalable une enquête soit par un *select committee* de l'une des chambres soit par une *royal commission*.

Il est intéressant de relever un des points sur lequel porta la discussion. Dans le projet du gouvernement, la première règle générale relative à la ventilation était ainsi formulée : « Il y aura dans toutes les houillères un aérage *artificiel* suffisant pour diluer et rendre sans dangers tous gaz nuisibles ; cet aérage sera tel que tous chantiers et tout *point accessible* des puits, galeries et chantiers soient, dans les circonstances ordinaires, dans un état qui permette d'y travailler ».

Les mots *artificiel* et *point accessible*, d'abord supprimés par la Chambre des communes, furent ensuite rétablis par amendement ; mais ils succombèrent définitivement devant la Chambre des lords et n'ont plus reparu ni dans cette loi ni dans les suivantes.

La loi de 1860 se distingua des précédentes en ce qu'au

lieu d'être votée pour une courte période, elle le fut d'une façon définitive. En outre, elle donnait aux inspecteurs des pouvoirs aussi étendus que ceux qu'ils ont de par la loi de 1872.

Sous l'empire de cette nouvelle loi, il fallut refaire les règlements particuliers. On procéda également par districts comme en 1855 ; mais, dans quelques-uns d'entre eux, l'entente ne put s'établir entre l'inspecteur et les exploitants et il fallut recourir à l'arbitrage.

Loi de 1862. — Sur ces entrefaites arriva, le 16 janvier 1862, l'accident de Hartley (1), lequel entraîna, sans discussion, le vote de la loi du 7 août 1862 qui eut exclusivement pour objet l'interdiction des puits uniques. Bien qu'on eût fait remarquer qu'il ne fallait pas faire une loi pour un accident qui avait toute chance de ne pas se renouveler, la prescription, si coûteuse qu'elle devait être pour quelques-uns, fût acceptée partout sans réclamation sérieuse.

De la loi de 1860 à la loi de 1872. — On avait dit de la loi de 1855 qu'elle avait été faite pour les exploitants ; celle de 1860 fut considérée comme le résultat d'un compromis entre ouvriers, patrons et inspecteurs du gouvernement. A peine fut-elle votée que les réclamations des ouvriers reprirent d'autant plus vivement qu'ils avaient pris plus de force par la fondation et le développement de leurs associations. Ils demandaient, entre autres choses, des règles générales plus sévères pour augmenter la sécurité, une inspection plus sérieuse et ayant des pouvoirs plus étendus ; ils se plaignaient que les mines fussent trop

---

(1) On sait que, dans cet accident, tout le personnel de la mine, qui ne communiquait avec la surface que par un puits unique, y fut enterré vif par la chute du balancier de la machine d'épuisement, balancier qui en tombant désorganisa et obstrua la colonne du puits sur une grande hauteur.

souvent abandonnées à des directeurs ignorants et incapables. Les pétitions dans ce sens affluaient à la chambre des communes, qui chargea un *select committee* de procéder à une nouvelle enquête. La commission déposa son rapport en juillet 1867 ; elle fut d'avis qu'il y avait lieu de modifier la loi sur certains points. Elle proposait d'interdire, par une règle générale, l'usage de la poudre dans toute mine où les règlements particuliers prescrivaient l'emploi de la lampe de sûreté, à moins d'une autorisation explicitement formulée dans lesdits règlements particuliers ; elle estimait qu'il ne devrait pas être permis d'employer plus de 100 personnes dans une mine, à moins qu'elle ne fût partagée en quartiers indépendants, ayant chacun une voie d'amenée d'air et une voie de retour, distinctes et séparées depuis la galerie principale d'entrée jusqu'à la galerie principale de retour ou jusqu'au puits de sortie ; en tout cas, dans chaque quartier, on ne pourrait pas employer plus de 100 ouvriers : le tout sous réserve des dispenses qui pourraient être accordées par le ministre. La commission recommandait enfin que chaque mine fût munie, en un endroit bien apparent, d'un thermomètre et d'un baromètre.

Les conclusions de cette commission devaient nécessairement amener le gouvernement à présenter une nouvelle loi. Ce ne fut pourtant que le 15 avril 1869 qu'un nouveau projet fut introduit devant les Chambres.

Ce projet, qui différait sensiblement de la loi alors existante, s'était inspiré des conclusions du *select committee* de 1867 qui avaient toutes été adoptées, sans préjudice de nouvelles prescriptions additionnelles ; 19 règles générales devaient remplacer les 15 existantes alors. Parmi les nouvelles, il y en avait une notamment prescrivant la division de la mine en quartiers ayant des communications distinctes avec les puits d'entrée et de sortie ; une autre interdisait l'usage de la poudre partout où les lampes de sûreté étaient prescrites par les règlements particuliers ; les observations barométriques étaient ordonnées. Enfin, dans la première règle relative à l'aérage, on avait supprimé les mots « dans les circonstances ordinaires » de façon que la ventilation devait être telle qu'elle pût faire face même aux circonstances anormales et imprévues. Toutefois, une clause prévoyait qu'en cas d'accident le propriétaire et le directeur pouvaient être exonérés si le tribunal estimait que toutes les mesures de précaution nécessaires avaient été prises. Sous cette réserve, les propriétaires ou agents étaient passibles de peines pouvant s'élever à trois mois de prison en cas de grave négligence capable de compromettre la vie ou la sécurité des ouvriers.

Aussitôt ce projet déposé, la discussion reprit de plus belle hors du parlement, tant du côté des exploitants que du côté des ouvriers. Sur la demande de ceux-ci notamment, des conférences eurent lieu pendant trois jours entre leurs représentants et un certain nombre d'inspecteurs désignés par le ministre.

En dehors des questions relatives au règlement des salaires et au travail des enfants, les ouvriers demandaient une nouvelle clause obligeant tout directeur responsable à être pourvu d'un certificat ; ils insistaient à nouveau sur une question qu'ils reprenaient sans succès depuis des années, la nomination de sous-inspecteurs officiels pris dans la classe ouvrière, et ils demandaient enfin qu'on rendît obligatoire l'inspection de toute houillère chaque trimestre.

Les exploitants de leur côté demandaient le rejet des clauses relatives à la division de la mine en quartiers, à la défense du tirage à la poudre et à l'emploi du baromètre. Ils demandaient aussi que la clause de la responsabilité fût retournée de façon que les exploitants ne fussent pas considérés comme responsables *de plano*, à moins qu'on établît que toutes les mesures de précaution raisonnables n'avaient pas été prises.

Le 13 février 1871, le ministre présenta un nouveau

projet, différant sensiblement de celui présenté en 1869. La clause relative à la ventilation était à nouveau modifiée, et les mots « dans les circonstances ordinaires » réintroduits. Les deux clauses qui exigeaient l'usage de la lampe de sûreté dans les points « probablement dangereux », étaient supprimées ainsi que celle relative à la restriction du tirage à la poudre. Le gouvernement rejetait, pour s'y rallier bientôt après il est vrai, la clause exigeant des certificats de la part des *managers* ou directeurs responsables.

La loi n'ayant pu être votée dans la session de 1871, un troisième projet fut présenté par le gouvernement le 12 février 1872. La principale modification consistait précisément dans l'obligation pour toute houillère d'avoir un *manager* responsable muni d'un certificat de compétence délivré dans des conditions stipulées par la loi. La règle générale relative à la ventilation avait été encore une fois modifiée. Les mots « dans les circonstances ordinaires » avaient à nouveau disparu ainsi que tout autre terme limitatif. L'*onus probandi* restait rédigé contre l'exploitant. Plusieurs nouvelles règles générales avaient trait à l'emploi des lampes de sûreté, à l'usage de la poudre ou des autres substances explosives. Une visite souterraine quotidienne devait être faite par les officiers de la mine, et on donnait la faculté aux ouvriers de faire par eux-mêmes occasionnellement la visite des travaux (1).

Quant aux exploitants, leur conclusion, dans les *meetings* était que le nouveau projet méritait d'être simplement intitulé : « une loi pour infliger de sévères pénalités aux directeurs et propriétaires, et pour augmenter considérablement le prix de revient ».

---

(1) Il est curieux de noter que cette clause fût la seule contre laquelle réclamèrent les ouvriers, qui prétendaient qu'en cas de plaintes, ceux qui auraient procédé à la visite seraient indubitablement renvoyés.

La discussion devant les Chambres n'apporta de modifications au projet du gouvernement que sur quelques points. M. Elliott (maintenant sir Georges Elliott) proposa de réintroduire dans la clause générale relative à la ventilation, les mots « dans les circonstances ordinaires » ; il n'y parvint pas ; mais le gouvernement accepta d'atténuer la rigueur du principe par les mots : « autant qu'il sera praticable ». M. Elliott obtint de les faire accentuer davantage en disant « raisonnablement praticable ». La clause relative à l'*onus probandi*, qui incombait aux propriétaires, fut vivement discutée. Comme moyen terme, on ajouta que le propriétaire serait déchargé de toute responsabilité, s'il prouvait qu'il avait pris et fait publier les mesures nécessaires pour assurer l'exécution des prescriptions légales.

Loi de 1872. — C'est ce projet ainsi modifié qui est devenu la loi du 10 août 1872.

Dès sa promulgation, la loi souleva diverses difficultés dans son application, notamment pour les certificats des *managers* responsables. En principe, ces certificats ne peuvent s'obtenir que par examen ; ce sont les « certificats de compétence ». Mais la loi a fort justement prévu que des « certificats de service », ayant mêmes effets au point de vue légal, pourraient être délivrés, sous certaines conditions, à ceux qu'elle trouvait en situation au moment de son apparition. Ce fut au sujet de la délivrance de ces « certificats de service » que se présentèrent des difficultés. Le gouvernement au début ne paraissait vouloir délivrer ces certificats qu'aux *mining engineers* ou aux *viewers* (1). Les ouvriers eux-mêmes faisaient des objections

---

(1) Pour bien saisir cette question, il importe de rappeler comment est organisé en Angleterre le personnel chargé de l'exploitation des mines.

La direction technique générale ou d'ensemble est exercée par

à cette idée, refusant, dans certains cas, d'être sous les ordres directs d'*engineers* et trouvant plus sûrs de dépendre d'*underviewers* plus pratiques. De leur côté les propriétaires demandaient des certificats pour des *overmen* et *firemen* et même pour les entrepreneurs ou tâcherons (*butties*), auxquels ils affermaient l'exploitation de petites mines. Les tergiversations du ministère furent telles qu'une députation vint lui suggérer l'idée de modifier la loi et

---

un ingénieur qui ne réside pas habituellement à la mine. Ce sera plus spécialement le *viewer* ou l'*agent*, s'il n'a charge que de une ou deux mines, plus ou moins voisines, appartenant au même propriétaire ou à la même compagnie ; ce sera un *consulting mining engineer*, si c'est un ingénieur qui exerce ces fonctions pour un plus ou moins grand nombre de mines appartenant à des compagnies ou propriétaires différents.

Le *consulting mining engineer*, ou le *viewer*, arrête, après entente avec les propriétaires, les travaux de premier établissement, la situation et la disposition des puits, le choix des machines et des méthodes d'exploitation. Sur place, un *manager*, plus généralement appelé *underviewer* avant la loi de 1872, surveillera la mise à exécution des travaux et plans arrêtés par le *viewer* ou le *consulting mining engineer* et prendra toutes les mesures de détail nécessaires à cet effet. Au-dessous de lui, seront, avec des appellations différentes suivant les bassins, les *overmen*, *baillifs*, *firemen*, *deputies*, tous agents plus spécialement chargés de la surveillance du travail des ouvriers, et qu'on désigne sous le nom générique d'*officials* ou *officers*.

Si on voulait chercher des comparaisons avec notre organisation française, elles ne pourraient se faire que par à peu près pour les *viewers* ou *mining engineers* et les *managers*.

Ceux-là correspondent à nos ingénieurs-conseils de certaines affaires, mais à des ingénieurs-conseils à attributions plus étendues qu'en France, ayant, en fait, une partie, des pouvoirs de direction plus spécialement réservés chez nous aux ingénieurs-directeurs. Les *managers* correspondraient aux conducteurs de travaux du fond, mais avec moins de pouvoirs généralement.

Toutefois, dans certaines mines, le *manager* légal est le véritable ingénieur-directeur tout comme chez nous.

Les *officials* : *overmen*, *firemen*, *deputies*, etc., correspondent à toute notre maistrance des gouverneurs et sous-gouverneurs, maîtres-mineurs et chefs de poste, etc.

de partager entre deux personnes la responsabilité de la direction d'une houillère; l'une, le *viewer* ou le *mining-engineer*, qui ne serait pas tenu à la résidence sur place, serait responsable pour la disposition générale des travaux; l'autre, l'*underviewer*, qui résiderait, serait chargé de l'exécution des détails du plan d'ensemble et n'aurait besoin que d'un certificat de seconde classe. Le ministère ne voulut pas entrer dans cette manière de voir. La plupart des demandes de « certificats de service », qui avaient été faites, furent repoussées par le motif que ceux-là seuls pouvaient l'obtenir qui avaient l'entière charge d'un puits. On arriva donc à ce résultat, que les certificats furent donnés à des hommes qui n'étaient chargés que de très petites houillères, tandis qu'on le refusait à des *underwievers* beaucoup plus compétents, placés, mais en sous-ordre, à la tête de grandes mines.

Aussi le Ministre finit-il par céder, et il adressa une circulaire aux inspecteurs pour leur faire connaître que les *underwievers* pouvaient obtenir les « certificats de service » pourvu qu'ils pussent établir qu'ils avaient été pratiquement responsables de la direction d'une mine entière pendant le temps exigé par la loi.

En même temps le gouvernement donnait à chacun des douze inspecteurs un sous-inspecteur qui devait les aider dans leur travail.

Il fallut s'occuper encore une fois de revoir les règlements particuliers. Dans quelques cas, on ne parvint à un accord qu'après des discussions assez ardentes entre exploitants et ouvriers. Ceux-ci reprochaient à ceux-là d'essayer de dégager leur responsabilité au détriment de la leur. Grâce à l'intervention des inspecteurs, on finit par s'entendre et, comme par le passé, il y eut, en général, un seul règlement particulier pour toutes les mines d'un même district.

L'emploi de la poudre dans les mines où l'on employait

des lampes de sûreté resta un thème toujours ouvert pour
les discussions. Soulevé de nouveau à la suite de la catastrophe de Bunkers'shill Colliery (43 victimes), le 30 mars
1875, il fut soumis à l'examen d'une réunion plénière
des inspecteurs qui ne purent arriver à s'entendre (1).
D'un autre côté, l'accident de Blantyre en 1877 (207 victimes) vint renforcer les arguments de ceux qui condam-
naient le mélange dans une même mine de lampes à feu nu
et de lampes de sûreté. La série des graves accidents qui
marquèrent si tristement le début de 1878 provoqua une
nouvelle discussion à la Chambre des communes où ces
deux questions donnèrent lieu particulièrement à un long
débat. Le Ministre, en résumant la discussion, annonça
qu'il avait donné des instructions aux inspecteurs pour
qu'ils ne se contentassent pas de visiter les mines après
un accident. Ils devaient le faire le plus fréquemment
possible, notamment à toute réquisition ou plainte à eux
adressée ; on leur recommandait même de tenir compte
des plaintes anonymes sans faire connaître la source de
leurs renseignements; de ne pas avertir de leurs visites
à moins de nécessité spéciale, la possibilité d'une inspection officielle sans avis préalable étant un des plus sûrs
moyens de prévenir les abus. Les inspecteurs devaient
tenir note de toute visite faite par eux et de ses résultats. Le Ministre ajoutait qu'il avait insisté auprès des
exploitants pour faire cesser l'emploi de la poudre ; mais
que les ouvriers encore plus que les patrons tenaient à s'en
servir.

Un nouveau débat eut lieu à la Chambre des communes, à la suite de l'accident de Haydock Colliery. Le
Ministre saisit cette occasion pour déclarer hautement que
le gouvernement entendait mettre les *managers* de houil-

---

(1) **Voir leur rapport. Annexe n° I.**

lères sur le même pied que les commandants de bateaux.

Commission des accidents. — Finalement, à la suite des deux accidents d'Abercarn et de Dinas et des débats auxquels ils donnèrent lieu dans le Parlement, le gouvernement nomma, le 12 février 1879, une commission royale dans le but de faire une enquête et de fournir un rapport sur les questions suivantes : l'influence de la pression barométrique sur le dégagement du grisou, le choix et l'application de bons indicateurs de grisou ; et généralement les observations systématiques à faire sur l'air des mines ; les meilleures méthodes d'aérage et d'éclairage ; l'emploi des explosifs dans l'abatage ; et toutes autres particularités relatives aux mines et aux opérations minières ; les ressources que la science pourrait fournir comme moyens pratiques, non utilisés actuellement, et qui pourraient avoir pour effet d'éviter le retour des accidents ou d'en limiter les conséquences désastreuses.

Cette commission qui est appelée *Royal commission on accidents in mines*, est composée, sous la présidence de *M. Warrington W. Smyth F. R. S.*, l'éminent directeur de l'Ecole des mines de Jermyn street, à Londres, de MM :

Lord Lindsay, M. P., F. R. S. (1), propriétaire de houillères dans le Lancashire ;

Professeur Abel, F. R. S., le célèbre chimiste de Woolwich ;

Th. Burt, M. P. pour Morpeth, un des principaux représentants des associations ouvrières et particulièrement des associations de mineurs ;

Professeur Clifton, F. R. S., l'électricien de l'Université d'Oxford ;

---

(1) M. P. est l'abréviation par laquelle on désigne en Angleterre les membre de la chambre des communes.

F. R. S. veut dire membre de la société royale.

Sir Georges Elliot, Bar^t, de la maison « Elliot brothers », ingénieur bien connu et propriétaire de mines importantes dans le Durham et le South-Wales ;

W. Thomas Lewis, un des principaux *mining engineers* du South-Wales ;

Professeur Tyndall, F. R. S., qu'il suffit de nommer ;

Lindsay Wood, un des principaux *mining engineers* du nord de l'Angleterre.

Toutes les spécialités et tous les intérêts se trouvent donc représentés dans la commission par des personnes éminentes et compétentes.

D'après les renseignements qu'ont bien voulu nous fournir son président et son secrétaire, M. *Arthur Williams*, la Commission a commencé par procéder à une enquête où elle a entendu 65 témoins comprenant les inspecteurs du gouvernement, les *mining engineers* des divers districts, les représentants des associations ouvrières et toutes les personnes qui étaient supposées en mesure de fournir quelque utile indication. Ces témoins ont été appelés à donner tous les renseignements qu'ils pouvaient avoir sur les points formant le programme tracé à la Commission. La Commission a en outre visité un certain nombre de houillères où ont eu lieu quelques-unes des grandes catastrophes récentes, notamment Dinas et Abercarn dans le South-Wales, Blantyre en Ecosse, les Oaks dans le Yorkshire, Leycett dans le Staffordshire-Nord. En outre des renseignements fournis à la Commission par divers déposants sur les expériences faites par eux sur les lampes de sûreté et les poussières, la Commission a assisté à diverses expériences de cette nature. Son intention serait d'en faire entreprendre ou d'en entreprendre elle-même d'autres, tant sur ces deux points que sur les divers explosifs, leur emploi ou leur remplacement par des appareils appropriés. Ce ne serait que lorsque son étude serait complétée de

façon à lui permettre d'asseoir quelque conclusion avec une
suffisante autorité qu'elle arrêterait et déposerait son rapport.

Comme on le voit, le rôle de la Commission anglaise est
à la fois plus étendu et mieux défini que celui de notre
Commission du grisou. Ses recherches ne doivent pas seulement porter sur les accidents dus au grisou, mais bien sur
tous les autres accidents qui peuvent survenir dans les mines.
Elle doit faire un exposé de la situation des choses, de l'état
de la question, bien plus que faire elle-même de nouvelles
recherches scientifiques. Comme conclusion, elle doit dire
s'il y a lieu de modifier la législation, sur quels points et
dans quel sens.

La discussion dans les journaux permet de deviner les
diverses réclamations en face desquelles se trouvera la
Commission. Les exploitants ne réclameront probablement
aucune modification à la législation actuelle : ils ont franchement accepté la loi de 1872 et, d'une façon générale, on
peut dire qu'ils s'y conforment loyalement et complètement.

Du côté des ouvriers ou des personnes qui ne sont pas
directement intéressées dans l'exploitation, on verra reproduire un certain nombre des réclamations qui ne
furent pas accueillies en 1872 : des inspecteurs plus nombreux, à pouvoirs plus étendus, ayant qualité notamment
pour intervenir dans des questions d'ordre général, telles
que l'aménagement des travaux, les méthodes d'exploitation, etc. ; la limitation du champ d'exploitation d'un siège
ou l'augmentation du nombre des puits d'une mine ; l'interdiction plus ou moins complète du tirage à la poudre
dans toute couche exploitée avec lampes de sûreté. Des
réclamations nouvelles se produiront aussi probablement
contre les *certificated managers* et le rôle qu'ils jouent actuellement. On reproche à cet égard à la loi de 1872, et nous
avons entendu des gens autorisés nous faire cette observa-

tion, d'avoir déplacé d'une façon fâcheuse les responsabilités.
On prétend que parfois les *certificated managers*, qui peuvent
obtenir leurs certificats, dans certains districts, avec trop de
facilité, jouent un rôle analogue à celui de certains gérants
de journaux ; parfois, en un mot, ce seraient de véritables
hommes de paille, dégageant la responsabilité de l'employé
supérieur, l'*agent* ou le *mining engineer*, qui est la personne
véritablement responsable en fait et qui ne le serait plus en
droit.

§ 2.

APPLICATION DE LA RÉGLEMENTATION ACTUELLE.

1. — Inspecteurs royaux.

Étendue des districts d'inspection. — Les Inspecteurs
royaux (*her Majesty's inspectors of mines*), auxquels est
confiée la surveillance de l'exécution de la loi de 1872,
sont aujourd'hui encore au nombre de 12 (1), aidés chacun
par un sous-inspecteur. En 1879, ces 12 inspecteurs
avaient sous leur surveillance 3,673 houillères, sans
compter les mines assimilées aux houillères, telles que celles
de fer en couches, d'argile et de schiste, et, d'autre part, les
mines métalliques soumises à une loi spéciale. Le nombre
total des mines de certains districts s'élève à plus de six
cents. Dans cette même année 1879, les 3673 houillères
précitées ont produit 133.720.323 tonnes ; les mines assimilées aux houillères, 11.433.855 tonnes soit un total de
145.154.178 tonnes produites par une population ouvrière
de 476.810 ; les mines métalliques soumises à la sur-

---

(1) Il y a deux autres inspecteurs qui sont exclusivement chargés de la surveillance des mines métalliques dans des districts
distincts des districts houillers.

veillance des 12 inspecteurs de houillères (1) ont produit
3.504.033 tonnes avec une population ouvrière de 22.086.
Ce qu'il faut retenir de ces chiffres, dont on trouvera les
détails dans l'annexe n° II, c'est que certains districts d'inspecteurs ont, comme nombre de mines et comme extraction, une importance tout à fait analogue à celle de la Belgique entière ou même de la France. Ainsi, un inspecteur
anglais, secondé par son sous-inspecteur, serait seul pour
exercer une action dévolue dans chacun de ces deux pays
du continent au corps des mines tout entier. Il faut ajouter
que l'inspecteur anglais et son sous-inspecteur n'ont pas
le moindre employé pour les aider dans leur travail.

Malgré le zèle et l'activité déployés par ces fonctionnaires, une surveillance préventive sérieuse, telle qu'on
la comprend généralement sur le continent, paraît matériellement bien difficile, sinon même impossible, dans de
telles conditions.

Pouvoirs et action des inspecteurs. — L'inspecteur
placé à la tête d'un district se trouve à peu près indépendant. Le lien qui le rattache au ministère de l'Intérieur
(*Home office*), dont il dépend hiérarchiquement, est quasiment nominal ou de pure forme. L'inspecteur, quand il
veut provoquer des poursuites contre quelqu'un pour violation de la loi, doit bien au préalable demander l'autorisation du Ministre ; mais ce n'est qu'une simple formalité qu'il
remplit. D'autre part, le *Home office* appelle de temps en
temps, par des circulaires, l'attention des inspecteurs sur
certains points spéciaux, et ils se réunissent à Londres deux
fois par an pour conférer entre eux et avec le Ministre. Mais,
en somme, il ne paraît même pas qu'on se préoccupe beaucoup
d'établir une unité de doctrine dans l'interprétation à

---

(1) Nous avons fait la déduction des données relatives aux districts soumis à la surveillance des deux inspecteurs spéciaux
mentionnés dans la note précédente.

donner à certaines parties de la loi. Ainsi, par exemple, en ce qui concerne l'emploi de la poudre dans les mines grisouteuses, certains inspecteurs croient avoir le pouvoir de l'interdire, le cas échéant, en recourant, s'il le faut, à un arbitrage, comme cela a eu lieu récemment dans le Durham (1). Dans d'autres districts, des inspecteurs considèrent qu'ils sont sans pouvoirs à cet égard ; ils ne veulent pas recourir à l'arbitrage, parce que, l'arbitrage leur donnât-il raison, ils croient que les tribunaux ne tiendraient pas compte de décisions qu'ils considèrent comme étant contraires à la loi. L'un d'eux nous faisait même remarquer qu'antérieurement à la loi de 1872, il avait fait interdire l'usage de la poudre dans une mine par décision arbitrale ; mais, depuis la nouvelle loi, il considère cette décision comme sans valeur. Pour ces inspecteurs, la huitième règle générale de l'article 51 de la loi de 1872 (2), doit être entendue en ce sens qu'elle ne permet pas d'imposer à l'exploitant l'interdiction absolue de l'emploi de la poudre dans une mine, si grisouteuse qu'elle soit.

Les pouvoirs des inspecteurs ne laisseraient pas que d'être fort étendus si on voulait interpréter la loi de 1872 comme on interprète généralement les lois sur le continent. L'article 46 de ladite loi est, en effet, rédigé en des termes tels (3), qu'on ne voit pas bien quelle serait la matière, la pratique ou la mesure, de détail ou d'ensemble, pour laquelle l'inspecteur ne pourrait pas intervenir. L'article 50 de notre loi de 1810, l'article 196 de la loi prus-

---

(1) Voir ci-dessous, ch. VII.

(2) Cette huitième règle détermine les conditions d'emploi de la poudre et des substances explosives dans les travaux souterrains.

(3) Cet article donne aux inspecteurs le pouvoir d'intervenir auprès des exploitants par des avertissements d'abord, par l'arbitrage ensuite, pour tout objet qui n'est pas spécialement prévu, par la loi ou par les règlements particuliers, et qui leur paraîtrait constituer un danger pour les personnes.

sienne de 1865, qui sont les fondements de tous les systèmes réglementaires du continent, ne diffèrent guère, dans
l'ensemble de leur rédaction, de l'article précité de la loi
anglaise. Mais l'interprétation et l'application d'un texte
de loi sont comprises d'une façon bien différente d'un côté
à l'autre de la Manche. Nous ne pensons pas, par exemple,
qu'un inspecteur se soit jamais cru autorisé par l'article 46
de la loi de 1872 à intervenir dans l'emplacement à donner
aux puits, le plan d'ensemble et les méthodes d'exploitation, etc., alors qu'un article pareil pourrait être considéré
sur le continent comme donnant pareil droit.

Tout le monde admet que les pouvoirs des inspecteurs
d'aujourd'hui ressemblent bien peu à ceux des premiers
inspecteurs de la loi de 1850, qui n'avaient qu'à tenir note
des accidents et à assister les *coroners* dans leurs enquêtes. Mais aujourd'hui, comme en 1850, les inspecteurs
restent fidèles à cette idée, développée dans la circulaire
ministérielle de cette première époque (V. p. 10) qu'ils doivent s'abstenir scrupuleusement de toute intervention qui
aurait pour effet d'atténuer l'initiative des exploitants et,
par suite, de diminuer leur responsabilité.

On semble admettre dans la pratique que tout ce que
la loi ou les règlements particuliers n'ont pas positivement
et formellement interdit est licite et que les inspecteurs
seraient *sans pouvoirs*, suivant l'expression consacrée, pour
s'y opposer. Ainsi, nous avons rencontré un inspecteur re-
connaissant qu'il serait *sans pouvoirs* contre une mine
dont il trouverait les retours d'air pleins de grisou parce
que la première règle générale se borne à demander que
la ventilation dilue le gaz et le rende sans dangers seulement *dans les places où l'on travaille et dans les voies de
circulation qui y conduisent*, et ne dit rien par conséquent
pour les retours d'air où l'on ne circule pas.

D'une façon générale, l'inspecteur laisse donc librement
agir l'exploitant, ne s'occupant que de relever, quand elles

parviennent à sa connaissance, les infractions, assez formelles pour être incontestables, qui peuvent être commises contre les prescriptions peu douteuses de la loi ou des règlements particuliers, et, le cas échéant, il les défère aux tribunaux. Les inspecteurs peuvent user de la voie de la persuasion pour faire cesser des pratiques plus ou moins défectueuses ou pour en introduire de meilleures ; mais ils nous ont paru ne le faire qu'avec une extrême circonspection. Les *notices* ou avertissements officiels donnés aux exploitants sont rares (1) et plus rares encore les cas où on a recours à l'arbitrage. D'ailleurs, conseils officieux, avertissements officiels, arbitrages ne portent jamais que sur des questions relativement secondaires ou de détail, telles que l'emploi exclusif de la lampe de sûreté dans une mine ou dans une couche, l'interdiction du tirage à la poudre, etc. En outre, l'intervention n'a pour objet que d'interdire une chose ou une pratique vicieuses, et non d'imposer obligatoirement son remplacement par une autre chose ou une autre pratique spécialement indiquées.

Des arbitrages. — Les cas d'arbitrage dont nous avons pu avoir connaissance sont trop rares pour que l'on puisse en tirer quelques conclusions sur cette procédure spéciale. Beaucoup d'inspecteurs n'y ont jamais eu recours encore. Le seul dossier que nous ayons pu examiner est relatif à l'interdiction du tirage à la poudre pour l'abatage du charbon dans une mine du Durham que nous avons déjà mentionnée et sur laquelle nous reviendrons au chapitre du tirage à la poudre. *A priori*, il semble que, comme dans l'espèce précitée, le tiers-arbitre, dont la responsabilité morale est directement et gravement engagée, se rangera

---

(1) Nous ne parlons pas des avis que l'inspecteur peut donner quand il rencontre une contravention à la loi de nature telle qu'il ne croit pas devoir la déférer aux tribunaux.

toujours du parti de la prudence, et, par suite, du côté de l'inspecteur. Ainsi, comme le faisait remarquer M. Van Scherpenzeel-Thim, dans sa discussion avec l'Union des charbonnages de Liège (1), on peut se demander si cette procédure ne sera pas tout simplement beaucoup plus longue et surtout beaucoup plus coûteuse que celle admise sur le continent, où l'exploitant a un recours contre les erreurs toujours possibles et les excès de zèle de tout agent du premier degré par l'appel auprès de fonctionnaires ou de conseils supérieurs.

Poursuites judiciaires. — Pour assurer l'exécution de la loi, l'inspecteur ne se borne pas à donner des *notices* ou avertissements officiels plus ou moins platoniques ; il provoque assez souvent des poursuites contre l'exploitant, non seulement pour des infractions matérielles à des prescriptions tangibles de la loi, telles que celles concernant l'emploi des femmes et des enfants, mais encore pour des prescriptions où l'infraction ne peut résulter que d'une interprétation qui peut être toujours plus ou moins contestée. Le cas se présente notamment pour la 1re règle générale, dite la règle de la ventilation.

Nous avons relevé dans les rapports des inspecteurs pour 1879, 42 cas de poursuites, faites par 8 d'entre eux (2), la plupart du temps sans qu'il y ait eu d'accidents. Près de la moitié de ces poursuites ont été provoquées par des ventilations jugées insuffisantes. Dans plusieurs de ces cas, relatifs, il est vrai, à des mines peu ou pas grisouteuses, le mauvais air avait envahi les chantiers ; dans quelques mines grisouteuses l'insuffisance de la ventilation avait produit des accumulations de gaz.

---

(1) Voir notre rapport sur la Belgique, chap. I.
(2) Les quatre autres n'ont pas donné de renseignements sur ce point dans leurs rapports.

Malgré la théorie que le *manager* doit être responsable comme le commandant d'un bateau, ou comme le gérant d'un journal français, les poursuites remontent parfois jusqu'à l'*agent* ou ingénieur réellement dirigeant et même jusqu'au propriétaire, quand ils ne justifient pas qu'ils ont pris les mesuees nécessaires pour éviter que la contravention ne se produisît.

Nous allons préciser ce point par quelques exemples.

Ainsi, à la suite de l'accident survenu le 6 mars 1877 à la houillère Great Boys où 8 ouvriers avaient été tués, des poursuites eurent lieu. L'accident avait été occasionné par le tirage d'un coup de mine dans une atmosphère trop grisouteuse. Le *boute-feu* fut condamné pour ne pas avoir examiné le chantier avant le tirage ; le *fireman*, pour ne pas s'être assuré que le *boute-feu* s'acquittait convenablement de ses fonctions ; le *manager* et le propriétaire-directeur, pour ne pas avoir pris les mesures raisonnables à l'effet de faire respecter la 8ᵉ règle générale sur le tirage à la poudre.

En 1877, le *manager* de Hayside-Colliery fut condamné pour laisser employer de la poudre libre, pour ne pas avoir une double porte entre les voies principales d'entrée et de sortie, et pour ne pas tenir convenablement le livre de rapports prescrit par la 29ᵉ règle générale ; l'*agent* fut également condamné parce qu'il ne put pas établir qu'il avait pris les mesures raisonnables pour faire respecter la loi.

Plaintes des ouvriers. — Pour rendre la surveillance des inspecteurs plus efficace, le gouvernement, s'inspirant des idées qui ont donné lieu à la 30ᵉ règle générale (1), a poussé les ouvriers, lorsqu'une discussion au parlement lui en a fourni l'occasion, à s'adresser directement aux inspecteurs,

---

(1) C'est la règle qui a posé le principe de l'inspection des travaux et de la mine par les ouvriers.

même par lettre anonyme, toutes les fois qu'ils croient avoir un sujet légitime de plainte ou d'appréhension.

Nous rappellions ci-dessus les termes d'une circulaire ministérielle récente (V. p. 22) qui invite les inspecteurs à prêter la plus grande attention à ces plaintes d'ouvriers. Il suffit de consulter les rapports annuels de ces fonctiontionnaires pour reconnaître que les désirs du ministre ont produit leurs effets. Chaque année, tout inspecteur reçoit un certain nombre de plaintes, qui s'élèvent à plus de quarante dans quelques districts. Beaucoup ont trait à des infractions aux règles relatives à l'emploi des enfants; mais il en est d'autres signalant des défectuosités de l'aérage, permanentes ou momentanées, une insuffisance du personnel de la surveillance, etc. Toutes donnent lieu à une instruction de la part de l'inspecteur ou du sous-inspecteur, qui, à la suite de leur visite font, s'il y a lieu, des observations ou donnent un avertissement formel à l'exploitant.

Cette sorte d'intervention des ouvriers dans la surveillance est un trait distinctif du système anglais ; nous aurons occasion de signaler plusieurs autres exemples du même genre. Le principe de cette intervention admise, ce système de plaintes peut, en effet, remédier, en partie tout au moins, à l'insuffisance du nombre des inspecteurs.

2. — Règlements particuliers.

M. du Souich a justement fait ressortir, dans son rapport, le rôle joué dans le système anglais par le règlement particulier, ou, comme l'on dit, les *special rules* par opposition aux *general rules* de l'article 51 de la loi de 1872. Ce règlement particulier, que toute mine doit avoir et a sans exception, prend la même force et la même autorité que la loi, une fois qu'il a été dûment approuvé par le gouvernement : il a l'avantage de donner plus d'élasticité à la réglementation, le règlement particulier pouvant être, s'il y a lieu, facilement modifié.

M. du Souich a également indiqué, et nous avons eu nous-même l'occasion de dire déjà, que le même règlement particulier est commun, à de très rares exceptions près, à une région plus ou moins étendue. Les inspections officielles correspondant à des bassins naturels, on ne trouve dans chaque inspection que quelques règlements-types et quelquefois même un seul règlement. Nous en citerons quelques exemples.

Le grand bassin du South-Wales, partagé entre deux inspections, n'a que trois types : l'un pour les mines du Monmouthshire et quelques mines voisines du Glamorganshire ou pour le district de Newport ; l'autre pour les mines du district d'Aberdare et de Rhondda ou plus exactement pour le district de Cardiff ; le dernier enfin pour le district de Swansea. C'est ce dernier type qui a été analysé par M. du Souich, à titre de règlement particulier de la mine de Morfa.

L'inspection du Sud-Ouest comprend, en dehors de la partie précitée du bassin du pays de Galles située dans le Monmouthshire, les deux bassins de la forêt de Dean et de Bristol. Chacun d'eux a un type de règlement particulier qui lui est propre. Deux ou trois mines nous ont été pourtant signalées dans le bassin de Bristol, comme ayant des règlements particuliers spéciaux, assez peu différents, il est vrai, du règlement type.

Tout le bassin houiller du Lancashire, qui appartient à deux inspections (Manchester et Liverpool), n'a qu'un seul type.

Dans cette même inspection de Liverpool, il existe un autre type de règlement pour les bassins du nord du pays de Galles (Denbigshire et Flintshire).

Tout le bassin houiller du Yorkshire n'a qu'un seul type.

Le grand bassin du Nord de l'Angleterre, qui est partagé en deux inspections, n'a aussi qu'un seul type de règlement : seulement toutes les parties relatives aux lampes de sûreté sont spéciales aux mines qui les emploient, et il n'en est pas tenu compte dans toutes celles exploitées à feu nu dans la région Ouest et peu profonde du bassin. C'est le type complet que M. l'inspecteur général du Souich a fait connaître comme règlement particulier de la mine d'Eppleton.

Dans l'inspection du South-Staffordshire, qui porte sur le South-Staffordshire et le Worcestershire, on ne trouve qu'un seul type.

L'Écosse enfin a un même type pour ses deux inspections.

On a pu arriver à cette uniformité régionale par l'intervention des Comités ou Associations d'exploitants, d'une part, et d'ouvriers, de l'autre, qui sont constitués d'une façon permanente dans chaque bassin anglais.

Nous avons vu quelque chose d'analogue se produire en France dernièrement, pour l'étude des règlements particuliers à appliquer dans le Nord, la Loire et le Gard. Toutefois en Angleterre, non seulement les usages, mais encore le texte formel de la loi, ont appelé les ouvriers ou leurs associations à discuter ces règlements au même titre que les exploitants.

A vrai dire, ces *special rules* d'un district, que l'usage nous a fait appeler en France des « règlements particuliers », sont bien plutôt des règlements régionaux, plus ou moins analogues à certains arrêtés réglementaires de nos préfets, qu'à ces recueils de prescriptions exclusives à une mine que l'on a jusqu'ici plus spécialement nommés en France des règlements particuliers. D'autre part, il est évident que de pareilles *special rules*, lorsqu'elles sont destinées à être appliquées, comme le cas se présente dans certains districts, à des mines très différentes au point de vue du danger, ne peuvent être formulées qu'avec une certaine élasticité dans les détails, et en restant plus ou moins dans les généralités.

Ces règlements particuliers aux divers bassins ayant l'avantage de donner d'utiles indications sur l'organisation des mines, il nous a paru intéressant de compléter la série commencée par M. du Souich, en donnant aux annexes (nᵒˢ III, IV, V, VI), sous la forme adoptée par lui, une analyse des types les plus intéressants mentionnés ci-dessus, qui n'ont pas été déjà reproduits. Nous avons cru seulement devoir conserver partout le mot anglais par lequel sont désignés les divers agents de la surveillance, sauf à expliquer, le cas échéant, à qui ils correspondent. Outre que la couleur locale est ainsi mieux respectée, il serait bien difficile, dans certains cas, de trouver dans notre langue le mot propre correspondant, et il peut être parfois dangereux, au point de vue de l'exactitude, d'en prendre un qui s'en rapproche ou paraît s'en rapprocher (1).

En dehors des *special rules*, quelques mines ont, en outre, sous la désignation de *bye-laws*, des ordres de service intérieur qui ne sont pas soumis à l'approbation des inspecteurs et n'ont, par conséquent, pas force de loi. Ces *bye-laws* traitent plus spécialement des mesures de

---

(1) Ainsi, dans aucune mine anglaise, le *fireman* n'est aujourd'hui un « surveillant spécial du grisou ». Partout c'est un agent de la surveillance, qui correspond assez bien aux sous-maîtres mineurs, sous-gouverneurs, ou chefs de poste de nos mines françaises. Le *fireman* anglais correspond encore mieux aux *surveillants* de la Belgique, qui ne sont pas davantage, comme nous l'avons dit pour ce pays, des *chercheurs de grisou*. Toute la maistrance et sous-maistrance des mines anglaises a été en quelque sorte créée par la législation ; ce mot de *fireman* a été emprunté, dans certains districts, à l'appellation que l'on donnait autrefois à l'ouvrier allumeur du grisou, au *pénitent* de la Loire.

police du personnel, et notamment fixent les amendes qui peuvent être infligées pour absence non justifiée, travail mal ou incomplètement fait, etc.... On trouve quelquefois cependant dans ces *bye-laws* des clauses d'un caractère plus général analogues à celles qui figurent dans les *special rules*. Ainsi, c'est par deux articles de ses *bye-laws* que M. William Galloway a réglé l'arrosage des voies comme moyen de prévenir l'inflammation des poussières dans la houillère de Dinas (South-Wales), qu'il dirige actuellement (V. ces articles, chap. des « Poussières », VIII).

3. — De l'application de la loi en général.

Nous aurons occasion de montrer dans les chapitres suivants comment sont appliquées, dans le détail, les diverses prescriptions de la loi et des règlements particuliers; mais, restant ici dans les généralités, nous pouvons dire que, en principe, toutes les prescriptions dont l'exécution est de nature à laisser une trace matérielle, nous ont paru être fidèlement exécutées.

Cela ne veut pas dire qu'il n'y ait pas d'exploitants laissant plus ou moins de côté certaines prescriptions de la loi. Les rapports des inspecteurs établissent au contraire que les contraventions sont plus ou moins nombreuses : en tout cas, toute dérogation à la loi ou aux règlements a lieu à leur insu, et non par suite de leur tolérance. En un mot, la loi et les règlements peuvent être plus ou moins bien exécutés par les exploitants ; mais ils ne sont pas une lettre morte.

Maintenant on pourrait peut-être trouver que, dans bien des cas, on se préoccupe plus d'être en règle avec la lettre de la loi que de satisfaire à l'esprit d'après lequel ses prescriptions ont été édictées. Ainsi, pour ne citer qu'un exemple, tous les registres que la loi ordonne de tenir tous les rapports qu'elle ordonne de faire, sont tenus où laits. Mais il serait permis peut-être de concevoir quelque doute sur la valeur et l'intérêt des inscriptions ainsi faites.

D'autre part, on paraît s'être beaucoup préoccupé de définir très minutieusement les attributions et la responsabilité de chacun, en risquant parfois, avec un tel luxe de réglementation, d'arriver finalement à ce résultat, dont on nous signalait justement le danger en Belgique, de déplacer les responsabilités du haut en bas de l'échelle, sans amener, tant s'en faut, une augmentation dans la sécurité.

C'est ce qui nous a paru avoir lieu souvent en Angleterre, où l'on se préoccupe de faire tenir tous ces nombreux registres dans le but de mieux établir, le cas échéant, certaines responsabilités et d'en dégager d'autres.

Il convient, il est vrai, de noter que, dans la plupart des districts anglais, l'organisation de la surveillance ne résultait pas des traditions et des usages comme sur le continent ; il a fallu la créer législativement, et par suite entrer dans des détails de réglementation qui sont d'ailleurs dans le tempérament de la nation. Si on ne réglemente pas tout en Angleterre, quand on se met à réglementer, on le fait avec un luxe de développement et de détails qui peut avoir plus d'apparence que de fond.

Nous ne pourrions quitter ce sujet sans faire une observation sur un point auquel en France on a donné une certaine importance. On sait la difficulté rencontrée en matière de réglementation pour la définition de la *mine à grisou*, et pour la classification des mines suivant l'abondance du gaz. On a cité à cet égard l'exemple de la loi anglaise de 1872 où, dans trois des règles générales de l'article 51, on a fait certaines distinctions entre les mines où du grisou a été ou n'a pas été vu dans les 12 mois (règles 2ᵉ et 3ᵉ) (1) ou dans les 3 mois (8ᵉ règle) (2). De tout ce que

---

(1) Relatives aux visites des chantiers avant l'entrée des ouvriers.

(2) Relative au tirage à la poudre.

nous avons vu et entendu, il résulte pour nous que ces distinctions faites dans la loi sont purement théoriques, et qu'en réalité, on ne s'en préoccupe pas dans la pratique courante. Les visites de surveillance et le tirage à la poudre sont organisés une fois pour toutes d'après les conditions et le système propres à la mine, et conformément aux règlements particuliers ; or, ce règlement est le même pour tout le district, que la mine soit plus ou moins grisouteuse, ce qui fait donc généralement disparaître cette distinction de la loi. Tout au plus pourra-t-on, dans certains districts, après un accident, batailler devant les tribunaux pour établir s'il y a, oui ou non, contravention établie, et, par suite, responsabilité correctionnelle engagée. En résumé, nous pensons que ce serait à tous égards faire fausse route que d'invoquer l'exemple de la loi anglaise, dans nos discussions; à cet égard.

4. — Résultats généraux de la réglementation.

L'opinion la plus répandue en Angleterre est que, aux progrès successifs faits dans la voie réglementaire correspondent des progrès obtenus dans la sécurité.

On cite assez volontiers, à l'appui de cette opinion, les statistiques que M. Dickinson, l'inspecteur de Manchester, donne chaque année dans son rapport annuel et qui se résument ainsi :

	PÉRIODE décennale de 1851 à 1860 (10 ans). — Moyenne annuelle.	PÉRIODE décennale de 1861 à 1870 (10 ans). — Moyenne annuelle.	PÉRIODE de 1873 à 1878 (6 ans). — Moyenne annuelle.
Nombre total d'accidents dus au grisou ayant entraîné mort d'hommes.	82	56	41
Nombre total de personnes ayant péri à la suite d'accidents de grisou.	211	226	263
Nombre moyen de personnes tuées par accident.	2,92	4,01	6,11
Nombre d'ouvriers (jour et fond compris) occupés pour un accident de grisou ayant entraîné mort d'homme.	3.000	5.080	12.517
Nombre d'ouvriers (jour et fond compris) occupés pour un individu tué à la suite d'accidents de grisou.	1.008	1.408	2.981

Ce tableau conduit aux conséquences suivantes :

Malgré le développement de la production houillère qui de 64.661.401 tonnes en 1854 a passé à 132.612.063 en 1878, c'est-à-dire à plus que doublé, le nombre moyen annuel des accidents de grisou ayant entraîné mort d'hommes aurait, au contraire, diminué de 50 p. 100 ; mais le nombre moyen annuel des victimes serait resté sensiblement le même et le nombre moyen d'ouvriers tués par accident aurait plus que doublé. Ce seraient donc les accidents individuels qui auraient plus particulièrement diminué. Si on considère la proportion des accidents ou des victimes par rapport à la population ouvrière, l'amélioration est beaucoup plus saillante. Il est vrai que les chiffres donnés par M. Dickinson ne sont pas tout à fait comparables : ceux des premières périodes ne comprennent pas certaines mines de fer en couches en dehors du terrain houiller, d'argile et de schistes, mines assimilées aux houillères depuis 1873 seulement ; en outre les chiffres relatifs à l'Irlande n'ont été introduits dans les statistiques que depuis 1874. Les corrections à faire de ce double chef ne seraient sans doute pas très importantes. A défaut des données qui nous permettraient de les faire, nous avons refait ces calculs en prenant comme base de réduction l'extraction au lieu de la population ouvrière. Ils peuvent se résumer de la manière suivante en rapportant d'une part le nombre d'accidents et le nombre de tués à 1.000.000 de tonnes extraites, et en comparant, d'autre part, les chiffres desdeux dernières périodes à ceux de la première.

	NOMBRE d'accidents par million de tonnes extraites.	NOMBRE d'ouvriers tués par million de tonnes extraites.	RAPPORT P. 100	
			Nombre d'accidents.	Nombre d'ouvriers tués.
Période de 1854(*)-1860, moyenne des 7 années.	1,136	3,900	100	100
Période de 1861-1870, moyenne des 10 années.	0,558	2,312	49	59
Période de 1873-1879, moyenne des 7 années.	0,307	1,930	27	49

(*) On sait que la statistique officielle de l'extraction n'a commencé qu'en 1854.

A part les critiques de principe qui peuvent toujours être faites à de pareils calculs statistiques, ils semblent justifier l'opinion que l'on paraît avoir en Angleterre sur l'utilité pratique qu'on a retirée des modifications successives apportées à la législation et à la réglementation depuis 1850.

CHAPITRE II.

OBSERVATIONS SUR LES CONDITIONS AU MILIEU DESQUELLES LE GRISOU SE PRÉSENTE DANS CERTAINES MINES ANGLAISES ET SUR LES CAUSES DE QUELQUES-UNES DES CATASTROPHES QUI S'Y SONT PRODUITES.

§ 1.

GISEMENT DU GRISOU. — DÉGAGEMEMT NORMAL.

Bassins et districts plus spécialement grisouteux. — Les bassins anglais les plus grisouteux ou dans lesquels ont eu lieu les plus nombreuses et les plus grandes catastrophes, sont ceux du South-Wales, du Lancashire, du Yorkshire et du Durham; on pourrait ajouter à cette liste le bassin de l'Écosse-Est et celui du Staffordshire-Nord, bien qu'il soit assez généralement admis, les rapports de l'inspecteur en font foi, que les accidents dont ce dernier bassin a été le théâtre sont dus à des vices d'organisation ou d'aménagement encore plus peut-être qu'à l'abondance du grisou. Aussi nous sommes-nous abstenus de visiter le Staffordshire-Nord. Dans les bassins autres que ceux cités ci-dessus, les accidents n'ont jamais eu une bien grande importance (1).

(1) Voir annexe n° VII, la liste des accidents de grisou survenus en Angleterre, où ont péri plus de six personnes.

Les grandes catastrophes ont été, en général, limitées à
des districts particuliers où l'on n'exploite que certaines
couches dans des conditions données. Dans un bassin,
la même couche peut être d'ailleurs plus ou moins grisouteuse suivant la profondeur à laquelle elle est exploitée.

Ainsi, dans le South-Wales, trois districts sont plus spécialement grisouteux : celui de Risca-Abercarn ; celui des vallées d'Aberdare et de Rhondda; celui de Brigdend-Swansea,
sur le relèvement Sud du bassin, le seul que nous n'ayons
pas visité. Dans le district de Risca-Abercarn, on exploite à
5oo mètres de profondeur une seule couche de charbon à
coke et à vapeur, la trop fameuse *Black-vein*, de 2^m.20 de
puissance. Dans les districts d'Aberdare et de Rhondda, les
couches grisouteuses sont celles qui fournissent les classiques charbons à vapeur de Cardiff et particulièrement la
couche supérieure de la série, l'*Aberdare upper four feet*.
La profondeur des exploitations varie de 200 à 700 mètres,
profondeur maxima à laquelle l'*Aberdare upper four feet*
a été recoupée par les nouveaux puits d'Harris' navigation. Au-dessus de la série des charbons à vapeur se
trouve la série des charbons gras à coke qui n'est presque
pas grisouteuse et est à peu près partout exploitée à feu
nu. On admet que l'*Aberdare upper four feet seam* correspond à la *Big-vein* exploitée à Ebbw-Vale (au charbonnage
de Wain-Llwyd notamment), laquelle est également la plus
grisouteuse de la région orientale du South-Wales, bien
qu'elle le soit à un moindre degré qu'à Aberdare.

Dans le Lancashire, les districts les plus grisouteux sont
ceux de Wigan et de Saint-Helens, et le premier plus encore
que le second. La couche *Arley-Mine*, la plus basse de la
formation, et celle dite *Wigan* 9 *feet*, celle-ci surtout, sont
peut-être les plus franchement grisouteuses de l'Angleterre.
On cite encore comme très grisouteuses dans ce district,
bien qu'à un moindre degré que les premières, la *Wigan*
4 *feet* et la *Pemberton* 4 *feet*, qui leur sont supérieures. Tou-

tefois, il est à remarquer que, dans ce district, l'abondance du grisou dans une même couche dépend essentiellement de sa profondeur. Autrefois, la couche la plus grisouteuse et celle où avait lieu le plus d'accidents, était l'*Arley-mine*. A cette époque la *Wigan 9 feet* était exploitée à feu nu, par des puits peu profonds. Aujourd'hui, les nouveaux puits ont recoupé la *Wigan 9 feet* au-dessous de 300 mètres, et, à cette profondeur, cette couche s'est montrée bien plus dangereuse que ne l'avait jamais été l'*Arley-mine*.

Dans le Lancashire-Ouest, district de Bolton, les couches inférieures sont les plus grisouteuses. Celle qui l'est le plus est la *Trencherbone*, qui est à la base de beaucoup d'exploitations actuelles entre 300 et 560 mètres ; elle correspond géologiquement à la *Wigan 9 feet*.

Dans le Yorkshire, deux couches ont donné au district de Barnsley sa triste célébrité : la *Barnsley*, de 2 mètres à $2^m.50$ de puissance et la *Silkstone*, de 1 mètre à $1^m.50$ de puissance, celle-ci à 285 mètres au-dessous de celle-là. Les deux couches de *Park-gate* ($1^m.50$) et de *Thorncliffe* ($0^m.90$), exploitées en certains points entre les deux premières, sont infiniment moins grisouteuses. Hors du district de Barnsley, le grisou n'a qu'une importance tout à fait secondaire dans le Yorkshire.

Le seul district grisouteux du grand bassin du Nord est celui des houillères à grande profondeur (330 à 550 mètres) qui exploitent au-dessous des morts-terrains, au voisinage de la mer et en certains points au-dessous d'elle, au sud de la Tyne, aux environs de Sunderland et de Seaham-Harbour. L'abondance du grisou dépend également ici de la profondeur. Les trois à quatre couches sur lesquelles porte l'exploitation de ces houillères sont travaillées à feu nu sur l'amont-pendage, à l'Ouest, sans trace sensible de grisou. La plus grisouteuse de ces couches est l'inférieure, *Hutton seam* ($0^m.91$ à $1^m.50$ de puissance).

En Écosse, le grisou ne se rencontre en proportion notable que dans les mines de la partie orientale du comté de Lanark, c'est-à-dire dans la partie du bassin qui suit la vallée de la Clyde. Le district de Hamilton, le seul que nous ayons visité, est particulièrement grisouteux. Les mines y sont les plus profondes, et, en plusieurs points, le terrain houiller est recouvert de mort-terrain formé d'alluvions et d'argile.

Caractères spéciaux des couches grisouteuses d'Angleterre. — Un examen, même aussi rapide que nous l'avons fait, des divers districts grisouteux de l'Angleterre porte fortement à penser que les couches réputées les plus dangereuses ne donnent lieu qu'à un *dégagement normal,* suivant l'expression très heureuse consacrée par la Commission du grisou belge, relativement faible. Tout ce qui a été écrit en Angleterre sur ce sujet, et notamment les rapports annuels des inspecteurs, confirment cette opinion. Tout au plus pourrait-on faire une exception pour quelques couches du district de Wigan et notamment pour la *Wigan* 9 *feet* ou encore pour l'*Aberdare upper four feet* du sud du pays de Galles. Dans les couches du district de Wigan elles-mêmes, nous avons pu le constater, le grisou se dégage encore plus par de nombreux petits soufflards que par un véritable *dégagement normal* continu. En tout cas, quand on examine les houillères qui exploitent la *Barnsley* et la *Silkstone* du Yorkshire et même la *Blackvein* du Monmouthshire, qui sont certainement les couches ayant donné lieu aux plus grandes catastrophes, il est difficile de les classer parmi les couches à *dégagement normal* considérable, telles par exemple que certaines couches du bassin de Liége-Seraing ou du midi du couchant du Mons.

Nous entendons par là, que, dans la généralité des cas, il suffirait d'un aérage relativement assez faible pour diluer au chantier le grisou qui se dégagerait normalement du front de taille, même au moment de l'abatage, tandis qu'en Belgique, dans les couches auxquelles nous faisions allusion, on ne peut pas parvenir, à ce moment, malgré un courant d'air très vif à se débarrasser du grisou au chantier et dans les retours d'air. Nous ne perdons pas de vue, dans cette comparaison, que la moyenne des couches n'est guère que de $0^m,60$ à $0^m,70$ en Belgique, tandis qu'elle doit être assez voisine et même supérieure à $1^m,50$ en Angleterre et que par suite, à vitesse égale, le volume est ici double de ce qu'il est en Belgique.

D'autre part, il n'est pas douteux que les formations houillères anglaises contiennent, dans les districts grisouteux, des masses de gaz relativement considérables ou abondantes, qui peuvent affluer de diverses manières dans les travaux d'une couche exploitée, soit que le grisou provienne de cette couche sans qu'il ait été entraîné en dehors par le courant d'air, soit qu'il provienne d'ailleurs. A un autre point de vue, ces affluences de grisou peuvent provenir de causes naturelles ou être dues aux pratiques suivies dans l'exploitation ou enfin résulter de ces deux causes réunies. Quoi qu'il en soit, il est incontestable qu'il y a lieu de donner en Angleterre une attention spéciale à ce que nous nommerons des *dégagements exceptionnels* de grisou, qui comprennent notamment ces divers phénomènes que les Anglais nomment *blowers*, *sudden outbursts*, comme aussi l'invasion de grisou venant des vieux travaux.

Avant d'entrer dans l'examen de ces divers phénomènes, il ne sera pas inutile de montrer par quelques faits l'abondance avec laquelle le grisou peut être rencontré dans une mine en dehors des couches exploitées.

Ainsi, à la mine de Llwynpia, district de Rhondda (South-Wales) le puits par lequel on exploite les couches de charbon à vapeur a rencontré vers le haut de cette série de couches un banc de grès craquelé dégageant du grisou en telle abondance, qu'après captage par un tuyau traversant le muraillement du puits et le recueillant par derrière pour l'amener au jour, il sert depuis plusieurs années à éclairer, la nuit, tous les abords du puits. Un très grand nombre de puits du district sont dans les mêmes conditions et ont opéré de même.

A Brynn, dans le district de Wigan (Lancashire), un des puits a été foncé jusqu'à 180 mètres au-delà de la couche *Wigan 9 feet*. Cette couche n'est pas exploitée pour le moment, et aucun travail n'y est fait. L'exploitation porte uniquement sur les couches supérieures. La venue de grisou à la traversée de la couche et particulièrement à la traversée d'un banc de grès craquelé de 1 mètre d'épaisseur qui lui sert de toit, était telle, qu'on a également dû capter le gaz en disposant des menus matériaux derrière le muraillement en briques formant la colone du puits, et en en faisant partir un tuyau de 5 centimètres de diamètre qui amène le grisou au jour où, depuis huit ans, il sert toutes les nuits à l'éclairage des abords de la houillère.

§ 2.

DÉGAGEMENTS EXCEPTIONNELS DE GRISOU.

On paraît assez fréquemment confondre en Angleterre les apparitions brusques de grisou qu'on y désigne sous les appellations de *blowers* et de *sudden outbursts*. Nous pensons, pour les raisons ci-dessous données, qu'on doit établir une certaine distinction entre ces faits. Sans doute, leur analyse exacte et complète est délicate ; elle demanderait en tout cas une connaissance intime des faits bien autrement approfondie que celle que nous avons pu acquérir. Toutefois, de ce que nous avons vu et entendu sur place et de ce que nous avons appris en étudiant avec soin les discussions de diverses sociétés anglaises (1) et les

----

(1) Notamment : 1° les *Proceedings of the South-Wales institute of engineers* et, dans ceux-ci, les mémoires de M. Th. Joseph et

rapports annuels des inspecteurs royaux, il nous paraît possible de déduire un certain nombre d'observations qui ne seront pas sans intérêt au double point de vue de l'étude du gisement du grisou et des catastrophes de mines en Angleterre.

Tout d'abord, nous devons faire remarquer que si le *soufflard* est, à tous égards, la traduction exacte du *blower* anglais, il faudrait craindre d'apporter une confusion regrettable dans l'étude de ces phénomènes en traduisant le *sudden outburst* par le *dégagement instantané*. Les phénomènes anglais désignés sous le nom de *sudden outbursts* n'ont pas les caractères essentiels de ceux devenus aujourd'hui classiques en Belgique sous l'appellation de *dégagements instantanés*. Celui-ci vient du charbon, du massif vierge, vers le vide laissé en arrière par les travaux : il est caractérisé par la projection de charbon menu qui l'accompagne le plus souvent. Celui-là vient toujours en arrière du front de taille, dans le vide laissé par les travaux, généralement du mur et quelquefois du toit.

Nous avons très attentivement recherché s'il y avait eu en Angleterre des exemples caractérisés de vrais *dégagements instantanés* belges. Nous n'avons pas pu en trouver de bien nettement établis. On nous a parlé de régions limitées extrêmement grisouteuses rencontrées dans la *Black vein* du Monmouthshire, régions, correspondant assez généralement a des parties tendres de la couche, et qui don-

---

George Wilkinson, ainsi que les discussions auxquels ces travaux ont donné lieu ; 2° les *Transactions of the Midland institute of mining, civil and mechanical engineers*. Le comité de cette dernière association a réuni en une brochure spéciale, sous le titre *Narrative of sudden outbursts of gaz...* tout ce qui, dans les transactions, avait rapport à ces curieux phénomènes du district de Barnsley ; ce volume a été préparé pour être remis à la commission royale sur les accidents. M. T. W. Embleton, le président de l'association, a bien voulu nous en remettre un exemplaire.

nent lieu, dans un temps relativement court, à des dégagements extrêmement abondants. Mais ce fait, qui se présente, avec un degré plus ou moins marqué, dans beaucoup de couches grisouteuses, correspondrait beaucoup plutôt à ce que l'on a nommé des *sacs de grisou* qu'à des *dégagements instantanés*.

Blowers ou soufflards. — Les *blowers* ou soufflards anglais ne présentent rien de bien différent des dégagements de grisou connus depuis longtemps sous ce nom, si ce n'est qu'en Angleterre ce phénomène paraît s'être présenté parfois avec des intensités prodigieuses. Dès le siècle dernier, les mines de Whitehaven en avaient donné un exemple fameux. Nous n'en rapporterons ici que quelques exemples très récents. A la mine d'Outwood (Lancashire-Ouest) en faisant, à la profondeur de 3oo mètres, dans une région parfaitement réglée, un travers-bancs, que nous avons examiné, allant de la couche *Old Doe* à la couche inférieure *Trencherbone*, inclinées en ce point de 1/3, on rencontra à 15 mètres au toit de *Trencherbone* un soufflard, venant des fissures d'un banc de grès crevassé, d'une telle puissance que la continuation du travail était devenue absolument impossible. On dut le capter et le mener au jour par un tuyau de 5 centimètres de diamètre à l'extrémité duquel le gaz brûla d'une façon continue pendant douze mois, avec une flamme de 1 mètre de hauteur. Le fait nous avait été signalé par M. l'inspecteur Dickinson, de qui nous tenons qu'un dégagement tout semblable s'est produit à la mine voisine de Ladyshore, dans les mêmes conditions géologiques et qu'il a fallu opérer comme à Outwood pour se débarrasser du gaz. On a attribué à une irruption de grisou provenant de ce même horizon l'accident survenu le 7 février 1877 à la mine voisine de Foggs, où 10 ouvriers périrent. Il y aurait là une sorte de niveau de grisou existant par places, en quantités plus ou moins considérables, dans un banc de grès crevassé, rappelant tout à fait les circonstances que nous avons signalées dans le district de Rhondda (South-Wales).

Il arrive fréquemment, lorsque le soufflard vient d'une craque ou d'une fracture assez nette, qu'on rencontre en même temps des sources d'eau abondantes. M. George Wilkinson a pu relever ce fait (1) dans l'exécution d'un travers-bancs à mi-pente mené de la couche *Four feet* à la couche *Six feet*, à la houillère Middle Duffryn du district d'Aberdare. La venue d'eau était d'un mètre cube à l'heure. A Corton Wood, dans le district de Barnsley, un soufflard avec venue d'eau a été rencontré, dans une descenderie à galeries conjuguées, à la distance de 700 mètres des puits. La venue de grisou fut telle pendant deux heures et demie que l'air était inflammable à l'ouïe d'un ventilateur Guibal qui débitait à ce moment 94 mètres cubes à la seconde. M. Th. Bell, inspecteur du Durham, nous a signalé des venues d'eau beaucoup plus abondantes à la rencontre de soufflards venant de failles. En Angleterre, comme partout ailleurs, du reste, les vrais soufflards sont plus particulièrement en relation avec des failles.

Sudden outbursts. — Pour nous, tandis que le *blower* ou soufflard est caractérisé par ce fait que la fracture par laquelle se produit le dégagement, simple fente ou faille, est préexistante et que le gaz se dégage aussitôt que les travaux arrivent à cette fracture, ce qui caractérise, au contraire, le *sudden outburst*, c'est que la fracture n'est plus préexistante ; elle se fait brusquement et c'est elle qui produit le dégagement ; on a distingué les *sudden outbursts* venant du toit de la couche et ceux venant du mur. Ces derniers se présentent tout particulièrement avec une netteté qui donne à ce phénomène, dans certains districts, un caractère spécifique assez remarquable.

---

(1) *Proceedings of the South-Wales institute*, 1873, vol. IX, p. 184.

Sudden outbursts du mur. — C'est dans l'exploitation des deux couches *Barnsley* et *Silkstone* du district de Barnsley (Yorkshire) que ces faits se présentent avec le plus de fréquence et d'ampleur. Depuis une dizaine d'années, les ingénieurs de ce bassin en ont soigneusement relevé et étudié un très grand nombre dans des conditions qui ne permettent pas d'en contester la réalité. Nous avons pu nous-mêmes, lors de notre visite à la mine de Hoyland, en observer un qui venait de se produire quelques jours auparavant.

Dans le Yorkshire ces faits se produisent dans des conditions générales à peu près identiques ; il n'y a de différence de l'un à l'autre que dans l'amplitude du phénomène. A un moment donné, et sans que rien ait pu prévenir, le toit d'une taille donne, le mur immédiatement après se soulève plus ou moins et sur une plus ou moins grande étendue, en se rompant suivant une ligne de fracture plus ou moins nette, qui court, sur une plus ou moins grande longueur, et parallèlement au front de taille en se ramifiant parfois le long des galeries qui y aboutissent. Un dégagement de grisou plus ou moins violent se produit immédiatement par la fracture ainsi faite, éteignant toutes les lampes dans une partie plus ou moins étendue des travaux. Le *sudden outburst* est souvent accompagné de bruits violents, tels que ceux produits par une forte explosion. Dans certains cas, le mouvement d'affaissement du toit ne paraît pas avoir eu lieu. L'exhaussement du mur est très variable ; il est quelquefois à peu près nul ; d'autre fois il a été de $0^m,50$ à $0^m,60$ et même plus. Le dégagement du grisou est d'une abondance et d'une durée également très variables. La durée est toujours relativement courte ; elle peut être de deux ou trois jours, comme de quelques heures seulement. Le dégagement du gaz va en décroissant d'une façon continue pour disparaître complètement.

Quelques chiffres empruntés aux renseignements fournis

par les ingénieurs du Yorkshire donneront une idée de ce que peuvent être ces phénomènes.

Un *sudden outburst* survint, le 30 août 1876, à la mine des News-Oaks, située à l'aval-pendage de la mine des Oaks, tristement célèbre par l'accident de 1866 ; il se produisit dans un *long-wall* montant de la couche *Barnsley* aéré par un courant de 5 mètres cubes à la seconde ; le retour d'air fut assez chargé de grisou pour que les lampes Mueseler, qui éclairaient le bas du puits de sortie d'air, fussent éteintes dans un courant d'air de 66 mètres cubes à la seconde, circulant dans un envoyage de 9 mètres carrés de section. A Thorncliffe, en 1862, un *outburst* eut lieu à 1,000 mètres du foyer d'aérage ; la fracture se fit sur 60 mètres de longueur, le long d'une grande taille chassante menée en escalier, qui recevait $5^{m3},50$ d'air. Le courant général de retour, de 21 mètres cubes, qui passait sur le fourneau vint s'y enflammer et y fit explosion. La taille où avait eu lieu l'*outburst* resta inaccessible pendant trois jours par suite de l'abondance du dégagement.

A la même houillère, en 1870, un courant d'air frais de $5^{m3},600$ fut infesté à 170 mètres en amont du point où se produisit l'*outburst*. On ne put tenir une lampe Stephenson allumée au point de l'accident que six heures après et, la fracture, qui avait 55 mètres de longueur, souffla pendant six jours.

De pareils faits ont été relevés dans plusieurs autres bassins, notamment dans les couches de charbon à vapeur d'Aberdare (South-Wales) et dans le district de Wigan. Mais c'est incontestablement dans le district de Barnsley qu'ils ont été les plus fréquents et les plus intenses.

Ces *sudden outbursts* pourraient expliquer bien des accidents : aussi ne faut-il pas s'étonner que dans les enquêtes devant le *coroner*, on les ait invoqués en toute circonstance d'un côté et que, de l'autre, on les ait plus ou moins systématiquement niés. Aujourd'hui, après les nombreux faits relevés soigneusement dans le Yorkshire en dehors de tout accident, personne ne songe sérieusement à nier la réalité ou tout ou moins la possibilité de pareilles invasions subites de grisou. Seulement il restera toujours à savoir si c'est bien à eux qu'il faut attribuer un accident donné.

Les ingénieurs du Yorkshire et du South-Wales, les premiers notamment, ont beaucoup discuté sur ce qu'il y avait à faire contre ces *sudden outbursts*. Ils paraissent être arrivés à cette conclusion qu'il n'y avait pas possibilité de se garer de ces envahissements, qui se produisent avec toutes les méthodes d'exploitation et toutes les dispositions de chantiers et ils pensent qu'aucune ventilation, si puissante qu'elle soit, ne pourrait diluer de telles masses de grisou. Suivant eux, il faut se résoudre à vivre avec cet ennemi, sauf à employer des lampes qui s'éteignent dans le gaz, comme la Stephenson et la Mueseler, toujours tenues en parfait état, sévèrement contrôlées et surveillées, à s'abstenir autant que possible du tirage à la poudre et à maintenir dans toute la mine la discipline la plus sévère.

Il ne nous paraît pas cependant tout à fait prouvé que la méthode d'exploitation et l'aménagement des chantiers ne puissent rien et ne soient pour rien dans cette question.

Il faut tout d'abord remarquer que la fracture qui donne passage à ces *outbursts* est une conséquence même de l'exploitation. En effet, quelle que soit la méthode employée, — *Long-wall* ou *Pillar and Stall*, pure ou plus ou moins modifiée, — le principe de toutes les méthodes anglaise est, sauf de très rares exceptions, de ne remblayer que plus ou moins incomplètement le vide (*goaf* ou *gob*) formé derrière le front de taille, en laissant l'éboulement se produire de lui-même. Dès lors, si l'on a, comme dans le Yorkshire, des murs très raides, un déhouillement complet ainsi conduit détermine inévitablement sur le mur la production d'efforts irréguliers, dont l'effet doit être d'amener des cassures le long du front de taille, d'autant plus brusques et d'autant plus importantes que, d'une part, les murs seront plus raides et que, d'autre part, l'éboulement du toit se fera plus irrégulièrement. Que cet effet soit augmenté par la pression du gaz emprisonné au-dessous, c'est possible et nous reviendrons sur ce point; mais, si on exploitait sans provoquer la cassure du mur, peut-être pourrait-on espérer que le grisou emprisonné au-dessous ne se dégagerait pas. Or, on pourrait se demander si une exploitation par remblais complets soigneusement faits, et, par suite, par remblais rapportés du jour, avec étages de hauteur modérée, pris méthodiquement en descendant, ne serait pas de nature à régulariser la pression et à combattre efficacement les ruptures du mur. La question n'a jamais été examinée à ce point de vue en Angleterre où l'exploitation par remblais rapportés est tout-à-fait inconnue encore.

D'où vient le grisou qui se fait ainsi jour par ces fractures du mur? Cette question a donné lieu à bien des discussions, sans qu'elle ait été pour cela tout-à-fait tirée au clair.

La plupart des couches affectées par ce genre d'accidents ont au-dessous d'elles, en plus ou moins grand nombre, des couches de houille inexploitables ou inexploitées, des couches de schiste tendre ou de grès craquelé, qui contiennent du grisou avec plus ou moins d'abondance et qui peuvent en contenir notamment sous la forme de *sacs à grisou*, dans des conditions semblables à celles que nous avons eu déjà occasion de signaler.

Dans plusieurs cas on a pu de la sorte s'expliquer l'origine de ces dégagements exceptionnels.

Ainsi, la couche *Silkstone*, la plus sujette de toutes aux *outbursts* du mur, a un mur extrêmement raide de six mètres d'épaisseur au-dessous duquel se trouvent des couches tendres, mêlées de charbon et très grisouteuses. A la houillère de Stafford-Main, qui a eu un grand nombre d'*outbursts*, un sondage a été poussé dans ces couches à 20 mètres au-dessous de la couche Silkstone : on a pu faire monter la pression du gaz jusqu'à 7 kilos par cent. carré au manomètre placé à l'extrémité des tubes logés dans le sondage. On a également vérifié que le trou de 5 centimètres de diamètre, mis en communication avec un compteur, débitait 1 mètre cube de gaz par heure.

M. Hewlett, l'habile directeur de la Wigan Coal and Iron C°, avait remarqué dans une de ses exploitations portant sur la couche *Wigan* 9 *feet* qu'à chaque rencontre de faille il recevait d'une petite couche, située à 13 mètres au-dessous, des quantités énormes de gaz. On avait découvert cette couche et reconnu son grand rendement en grisou en approfondissant le puits pour y faire un puisard. On fit alors, de distance en distance, dans tous les retours d'air principaux de la *Wigan* 9 *feet*, des sondages verticaux poussés jusqu'à la petite couche grisouteuse. Ces trous ainsi pratiqués en manière de drains verticaux donnèrent des quantités énormes de gaz ; mais l'exploitation de la *Wigan* 9 *feet* devint plus facile et on remarqua notamment que le mur qui se soulevait fréquemment auparavant cessa de le faire.

Dans le district de Barnsley on a bien essayé ces sondages au mur : ils ont parfois donné de bons résultats mais généralement ils n'auraient pas empêché, dit-on, les *outbursts ;* si le grisou existe par *sacs*, comme tant de faits rapportés par nous tendent à le montrer, plus qu'il ne forme un gisement continu, il ne faut pas trop s'en étonner.

Sudden outbursts du toit. — Les *sudden outbursts* du toit ne sont pas autre chose que des envahissements de grisou qui suivent les éboulements du toit ou se font par des fractures survenant au toit sans qu'il y ait parfois un véritable éboulement. Ils ne se présentent pas avec des caractères aussi nets et aussi tranchés que les *sudden outbursts* du mur. Ils se font aussi en arrière du front de taille, dans le *goaf* ou à la limite du *goaf* et du chantier, facilités par la nature du toit et les nombreuses cassures que détermine le système d'exploitation par remblais incomplets ou sans remblais.

Dans plusieurs des mines plus particulièrement affectées par ce genre d'accidents, on a pu reconnaître la couche d'où provenait le grisou et jusqu'à laquelle se propageaient l'éboulement ou les fractures. Ainsi, dans l'*upper 4 feet* d'Aberdare, le grisou venait de la couche 2 *feet mine* située à 3o mètres au-dessus. M. Jordan, le directeur des mines de la Compagnie d'Ebbw-Vale, nous a montré les dispositions spéciales adoptées par lui dans l'exploitation d'une couche, dite *Old coal*, sujette à ce genre d'accidents. L'*Old coal* est une couche de 2^m,10 d'ouverture, en deux bancs de charbon, séparés par o^m,45 de terres ce qui permettait par suite de remblayer le *goaf*. Au-dessus de la couche, sur 3^m,5o de hauteur, se trouve une succession de petits bancs de charbon et de schistes charbonneux qui forment une sorte de faux-toit épais jusqu'au vrai toit formé par un banc de grès puissant et résistant. L'exploitation amenait le décollage du faux toit et laissait des vides qui se remplissaient de grisou provenant du dégagement normal de la couche exploitée ou de la mise en mouvement de celles laissées au-dessus. Chaque fois qu'un éboulement survenait, ce grisou refluait dans les chantiers ou les galeries en plus ou moins grande quantité. M. Jordan eut alors l'idée d'établir une petite galerie de drainage A (voir la *fig.* 1 ci-dessous),

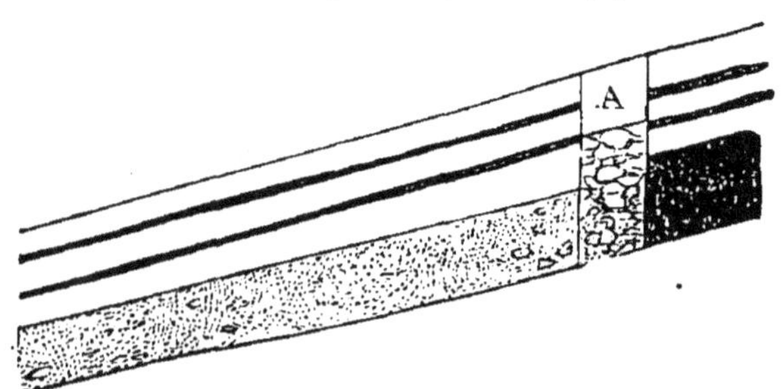

Figure 1. Drainage du grisou dans l'exploitation de la couche *Old Coal* à Ebbw-Vale

communiquant avec le retour d'air, qui était placée en direction à la partie haute de l'étage, en avant, contre le vrai toit, ainsi que l'indique le croquis. Depuis lors, l'exploitation de la couche a été débarrassée du grisou. Il va de soi que pour pouvoir employer fructueusement une pareille galerie de drainage il faut que l'exploitation soit menée par tailles chassantes et que la longueur du front ne soit pas trop considérable ; sinon, il faudrait le fractionner et faire une galerie de drainage pour chaque partie du front de taille.

Invasion du grisou des vieux travaux. — Les envahissements de chantiers par du grisou provenant des vieux travaux, du *goaf* ou du *gob*, sont une des causes principales qui ont été admises après de sérieuses enquêtes, pour expliquer plusieurs des catastrophes anglaises, comme on peut s'en assurer par les tableaux dans lesquels nous avons résumé les principaux accidents survenus dans ces dix dernières années (annexe n° VIII). Les *sudden outbursts* du toit ou du mur ne sont, en réalité, que des cas spéciaux de ce genre. La crainte inspirée par le grisou du *goaf* est assez générale dans tous les bassins et elle nous a paru être d'autant plus prononcée que le remblai du *goaf* est plus incomplet ou se fait plus lentement.

On a beaucoup discuté, en Angleterre comme en France, la question de savoir si les vieux travaux contenaient ou ne contenaient pas du grisou. Ici comme là, la question n'est peut-être pas susceptible de généralisation et n'est pas de nature à être traitée sous forme de thèse ; il faudrait l'examiner suivant les circonstances propres à chaque cas.

Il y a tout d'abord une distinction importante à faire. Le grisou des vieux travaux peut provenir du *dégagement normal* de la couche résultant de son exploitation ; mais il peut venir également du grisou existant dans les bancs autres que la couche exploitée. Que le gaz provenant de la première cause disparaisse plus ou moins promptement à la longue, on n'est pas plus éloigné de le croire en Angleterre qu'en France. Toutefois, il est à remarquer que nombre d'exploitations anglaises présentent des circonstances beaucoup moins favorables que la plupart de celles du continent, à l'évacuation du grisou des vieux travaux. Ces exploitations de couches plateuses, de moyenne puissance, déhouillées par des puits contigus, s'étendant dans toutes les directions à plusieurs milliers de mètres autour de ces puits, seule communication de la mine avec le jour, ne constituent pas évidemment des conditions favorables pour l'écoulement du grisou. Mais le danger devient autrement sérieux lorsque le grisou peut être amené d'une façon continue, pour ainsi dire, de couches ou de bancs supérieurs ou inférieurs, mis en communication avec les anciens travaux par des fractures et des dislocations, naturelles ou résultant de l'exploitation. Or, nous avons surabondamment montré avec quelle abondance on rencontrait fréquemment le grisou en masse plus ou moins considérable dans les formations houillères anglaises au voisinage plus ou moins immédiat des couches exploitées, et nous montrerons que les exploitations anglaises doivent généralement produire des dislocations dans tout le terrain avoisinant. On peut donc aisément concevoir que le *goaf* contienne d'une façon permanente ou accidentelle du grisou en plus ou moins grande quantité; que ce grisou puisse en être subitement chassé et passer dans les travaux par suite de causes accidentelles diverses et notamment à la suite d'éboulement du toit. Le fait a été positivement constaté dans plusieurs cas, comme on peut le voir dans les tableaux de l'annexe n° VIII (Voir notamment les accidents des 26 décembre 1879, 12 mars 1878, 18 décembre 1876, 6 décembre 1875, Methley junction).

En résumé, si la majorité des couches grisouteuses anglaises ne donnent qu'un *dégagement normal* peu ou médiocrement considérable, les exploitations y sont exposées à des envahissements de grisou subits plus ou moins considérables, soit par suite de causes naturelles, soit par suite de causes tenant aux méthodes d'exploitation ou d'aménagement, plus ou moins commandées, il est vrai, par les conditions du gisement. Ces circonstances expliquent qu'on ait pu arriver, comme les statistiques le constatent, à diminuer considérablement les accidents individuels, mais non peut-être les grandes catastrophes.

§ 3.

ACCIDENTS DE GRISOU EN ANGLETERRE.

Nous avons donné, dans un tableau (annexe VII), la liste des principaux accidents survenus en Angleterre depuis 1850; et nous avons analysé, dans un autre (annexe VIII), les circonstances dans lesquelles se sont produits ceux survenus dans ces dix dernières années. Ces tableaux nous dispensent d'entrer ici dans tout autre développement; nous nous bornerons à présenter sur ce sujet une seule observation.

Si certains accidents ont eu en Angleterre les terribles proportions que tout le monde sait, cela ne tient pas exclusivement au nombre d'ouvriers relativement plus grand qui peuvent être occupés dans une même mine, à ce qu'on a appelé la *concentration des travaux*, mais en partie aussi aux conditions d'exploitation et d'aménagement. Ainsi que nous aurons occasion de le dire, les quartiers entre lesquels il faut nécessairement fractionner l'exploitation d'une couche plateuse aérée par deux puits contigus pour assurer un aérage suffisant ne sont pas, en ce qui concerne la ventilation, indépendants l'un de l'autre à ce point qu'un accident arrivant dans l'un d'eux soit sans influence sur les autres. Bien au contraire, pour peu qu'un accident un peu intense survienne dans un quartier, les croisements d'air (*crossings*) et barrages sautent, arrêtant ou bouleversant l'aérage, non seulement dans le quartier où l'inflammation s'est produite, mais encore dans les quartiers voisins. Peu d'ouvriers peuvent périr par suite de brûlures ; un très grand nombre succombent à l'asphyxie (1).

---

(1) Le récent accident de Seaham, survenu le 8 septembre dernier, pendant notre séjour en Angleterre, est venu apporter une nouvelle preuve à cette manière de voir.

L'accident a eu lieu à l'étage de 468 mètres de profondeur (Voir page 97, la *fig.* 16), par lequel on exploitait d'un côté d'une faille la couche *Hutton* et de l'autre la couche supérieure *Maudlin* amenée à peu près au même niveau, par suite du jeu de la faille. Un autre étage, à 23 mètres au-dessous, exploitait, au toit de la faille, la couche *Hutton* rejetée ; à deux autres étages supérieurs, situés respectivement à 409 et 430 mètres de profondeur, on exploitait, au mur de la faille, les couches *Maudlin* et *Main Coal*, celle-ci étant la plus élevée dans la série. Les ouvriers de tous les étages autres que celui de 468 ont été sauvés : ceux de cet étage, au nombre de 164, ont au contraire tous péri. L'étage formait trois grands quartiers, dits de Hutton n° 1, Hutton n° 3, et Maudlin n° 3, ayant leurs grandes voies d'exploitation et leurs courants d'air généraux distincts. Au moment de notre visite le 22 septembre, 13 jours après l'accident, on avait complètement exploré les deux quartiers de Hutton où on avait recueilli 91 cadavres : on entamait l'exploration de Maudlin n° 3, où on était arrêté par un grand éboulement. Tous les ouvriers qui se trouvaient dans les chantiers des deux quartiers de Hutton, ont péri par asphyxie ; quelques-uns ont vécu plusieurs heures après l'accident, ainsi qu'en témoignaient les inscriptions ou papiers laissés en plusieurs points par ces malheureux. Nous avons su depuis que, d'après les conditions dans lesquelles ont été retrouvés les premiers cadavres rencontrés, après notre visite, dans Maudlin n° 3, au-delà de l'éboulement, quelques ouvriers avaient également péri là par asphyxie, après avoir laissé des inscriptions ou papiers avant de mourir. Malheureusement l'exploration de ce quartier a dû être suspendue par suite d'un incendie qui s'y est déclaré et dont on n'a pas pu se rendre maître. Le quartier où il reste encore 28 cadavres a dû être barré, et on ne pense pas pouvoir y rentrer avant quelques mois. L'enquête a été suspendue jusqu'à ce que la mine ait pu être complètement explorée et l'on ne peut encore dire aujourd'hui à quelle cause la catastrophe doit être attribuée. Il est certain qu'il n'y a pas eu inflammation dans les chantiers des deux quartiers de Hutton ni dans les voies qui en dépendaient immédiatement. L'inflammation n'a pu se produire que dans la partie inex-

C'est par ces diverses considérations qu'on arrive à s'expliquer, d'une façon assez plausible, la nature et l'étendue de bien des catastrophes anglaises.

Nous n'avons rien dit du rôle qu'ont pu et que peuvent jouer les poussières : nous renvoyons à cet égard au chapitre spécialement consacré à cette question.

§ 4.

VARIÉTÉS DIVERSES DE GRISOU.

Nous avons retrouvé en Angleterre les distinctions que font les mineurs entre le grisou de divers districts ou de diverses mines dans le même district. Dans certains districts anglais on dit que le grisou y est « *quick* » ou « *sharp* », ce qui veut dire qu'il suffit d'une faible addition de grisou pour qu'un mélange où la lampe marque à peine devienne, en masse, inflammable ou explosif. On dit ainsi qu'un retour d'air du district de Wigan où la lampe marque un centimètre, est beaucoup plus dangereux qu'un retour du South-Wales où l'auréole bleue aurait trois centimètres de longueur. On admet généralement que ces différences entre les diverses espèces de grisou tiennent à une plus ou moins grande quantité d'acide carbonique; mais nous n'avons pas pu nous procurer d'analyses exactes correspondant à ces diverses variétés admises par les mineurs.

---

plorée de Maudlin ou aux environs des puits près desquels se trouvaient le foyer d'aérage et les générateurs. Dans le voisinage de ces puits, en plusieurs points, les traces de feu étaient évidentes sur les bois, et des ouvriers ont été brûlés. L'enquête, qui paraît devoir être très minutieuse et très complète, fera le jour, il faut l'espérer, sur cette lamentable catastrophe. Nous avons voulu dans ces quelques mots montrer, par un exemple récent et précis, pour quelles causes spéciales le nombre des victimes pouvait être considérablement augmenté en cas d'accident dans une mine anglaise.

CHAPITRE III.

AMÉNAGEMENT ET EXPLOITATION.

---

§ 1.

ORGANISATION DES CHARBONNAGES ANGLAIS.

Bassins houillers visités. — Les bassins houillers que nous avons visités en Angleterre sont donnés dans l'ordre où nous les avons parcourus, dans le tableau ci-dessous. Ce tableau indique pour chaque bassin, en même temps que le nom de l'inspecteur qui en a le contrôle, les districts dans lesquels nous nous sommes arrêtés et la production de ces districts en 1879.

Les noms des inspecteurs imprimés en lettres italiques, sont ceux de ces fonctionnaires que nous avons vus nous-mêmes et avec lesquels nous avons visité les mines qu'ils nous avaient signalées comme les plus dignes d'intérêt au point de vue spécial de la mission dont nous étions chargés.

BASSINS HOUILLERS visités.	NOMS des inspecteurs qui en ont le contrôle.	DISTRICTS spécialement étudiés.	PRODUCTION de ces districts en 1879.
			tonnes.
Sud du pays de Galles : Partie occidentale.	Thomas E. Wales.	Glamorganshire. . . .	11.663.140
— orientale...	*Thomas Cadman...*	Monmouthshire. . . .	4.660.745
Yorkshire.	*Frank N. Wardell.* .	West Riding.	16.241.443
Lancashire : Partie orientale. . .	*Joseph Dickinson...*	District de Manchester	8.993.697
— occidentale..	*Henry Hall.*	St-Helens et Wigan. .	9.562.170
Durham.	*Thomas Bell.*	District sud de Durham	17.146.644
Cumberland.	James Willis. . . .	Cumberland.	1.525.039
Écosse : Partie occidentale.	William Alexander.	Partie occidentale. . .	6.169.360
— orientale...	*Ralph Moore:....*	Partie orientale. . . .	11.300.565
Sud Staffordshire. . .	James P. Baker. .	Staffordshire sud. . .	7.806.435

Avant de décrire l'organisation générale extérieure et intérieure des houillères que nous avons visitées dans ces bassins, nous croyons indispensable de résumer rapidement les conditions générales de gisement et d'organisation en face desquelles se trouvent les exploitants anglais. Ces conditions ne doivent jamais être oubliées, quel que soit le point de vue auquel on étudie l'industrie houillère anglaise. Au point de vue spécial du grisou, qui est et doit rester exclusivement le nôtre, ces conditions, fort connues de tous ceux qui s'intéressent à l'art des mines, ne sont pas inutiles à rappeler, ainsi que nous le verrons par la suite.

Allure et puissance des couches exploitées dans les districts visités. — Dans tous ces bassins, le terrain houiller se présente avec une régularité remarquable, inconnue en Belgique et en France. Les couches de houille y sont nombreuses : il y en a plus de 100 dans le pays de Galles, dont 25 exploitables, de la puissance la plus favorable à une exploitation facile et économique. Cette puissance varie en effet de $0^m,60$ à 3 mètres, et on n'exploite guère les couches qui ont moins de $0^m,914$. Dans le sud Staffordshire seulement, nous avons vu une couche puissante, la fameuse couche de *Ten-Yards*, dite aussi *Thick-Coal*. Enfin, l'inclinaison des couches est tellement faible que, dans bien des cas, on peut les considérer comme horizontales. Lorsqu'elles ne le sont pas, leur inclinaison varie le plus souvent de $0^m,027$ à $0^m,167$ par mètre. Quelques couches du Lancashire et du Staffordshire ont seules une inclinaison supérieure.

C'est à Pendlebury, près Manchester, que nous avons vu les couches les plus inclinées ; leur inclinaison varie à ce charbonnage de $0^m,29$ à $0^m,33$ par mètre.

Nature de la houille en place. — Le plus habituellement, surtout dans le pays de Galles et en Écosse, les couches sont coupées par des plans de clivage tellement nets, que d'abord l'abatage y est grandement facilité, et qu'ensuite les morceaux abattus ont des formes géométriques naturelles, qui diminuent beaucoup la proportion des menus donnés par l'abatage ou le transport.

Nature des terrains encaissants. — En général les terrains encaissants sont d'une solidité exceptionnelle, si on les compare à ceux de nos couches françaises, et cette grande solidité ne semble pas être étrangère à certains des accidents de grisou signalés dans le chapitre précédent, en ce sens que fort souvent, à cause de cette solidité exceptionnelle, le toit se maintient parfaitement bien à 4o et 5o mètres du front de taille, jusqu'au moment où cédant brusquement à la pression supérieure, il s'affaisse sur une très grande étendue. Ces chutes brusques du toit peuvent précisément provoquer les accidents que nous avons indiqués précédemment, en donnant naissance aux *sudden outbursts* ou en chassant dans les tailles le grisou qui peut se trouver dans le *goaf.*

Accidents géologiques affectant la formation houillère. — Dans les régions que nous avons étudiées, en dehors de quelques grands accidents généraux qui établissent des séparations effectives entre les parties d'un même bassin, les failles souvent nombreuses qui coupent le terrain houiller ont elles-mêmes une régularité assez grande pour ne créer aucune difficulté dans la préparation et l'aménagement des travaux. On peut même dire que souvent ces failles viennent, fort utilement pour la sécurité, obliger l'exploitant à créer des quartiers distincts plus nombreux et plus nettement isolés que ceux que les Anglais abandonnés à eux-mêmes découpent dans les champs d'exploitation si merveilleusement continus que la nature leur a préparés.

Concessions. Mode de concession. — En Angleterre, le tréfonds appartient, on le sait, au propriétaire de la surface. Il est concédé à l'exploitant, pour un temps qui varie de

19 à 30 ans en Écosse, à 90 ans dans la plupart des autres comtés, par les propriétaires du sol qui perçoivent en échange de cette concession une redevance annuelle (*royalty*) très variable.

Étendue des concessions. — L'étendue des concessions (*acreage of royalties*) est des plus variables. Les concessions de 200 à 500 hectares sont les plus fréquentes. Celles de 500 à 1,500 hectares le sont moins et celles de plus de 2,500 hectares sont tout à fait exceptionnelles. C'est dans le Stafford-shire et en Ecosse que se trouvent les plus petites concessions; dans la *Black country*, entre Birmingham, Wolverhampton et Dudley, 20 hectares constituent une houillère importante, et en Écosse les concessions ont le plus généralement de 50 à 100 hectares. C'est dans le Yorkshire et le Durham que nous avons rencontré les plus étendues. En général, on peut dire que, sauf dans ce dernier bassin, des concessions très étendues ne sont données par les propriétaires que lorsqu'il y a incertitude sur les richesses houillères qu'elles contiennent, et que, par suite, le propriétaire a besoin d'attirer l'exploitant sur son domaine.

Redevance. — La redevance payée par l'exploitant au propriétaire du sol (*royalty*) varie beaucoup avec les bassins.

Tantôt elle a pour base le nombre de tonnes extraites, comme c'est le cas le plus fréquent dans le pays de Galles, le Durham et l'Écosse, avec un taux différent pour le gros charbon et le menu criblé.

Tantôt, comme dans nombre de houillères du Yorkshire, du Lancashire et du Sud-Staffordshire, la base est la surface déhouillée, c'est-à-dire que la redevance est de tant par acre déhouillé dans l'année.

Quelquefois, comme au charbonnage de Pemberton, près Wigan, la redevance est établie au volume abattu, c'est-à-dire qu'elle est de tant par acre et pied d'épaisseur de chaque couche.

D'autres fois enfin, comme dans certaines houillères du

Sud-Staffordshire, la redevance est une fraction déterminée (souvent le tiers) du prix de vente, plus moitié de l'excédant lorsque ce prix dépasse un chiffre donné.

Le plus généralement, quelle que soit la base adoptée, la redevance payée par l'exploitant au propriétaire représente une charge par tonne qui peut aller jusqu'à 8 et 12 deniers (0^f,80 et 1^f,25), mais qui normalement oscille autour de 5 et 6 deniers (0^f,50 à 0^f,625).

Presque toujours une somme minimum à payer par an, quelle que soit la production de la surface amodiée, pousse l'exploitant à produire au moins le tonnage qui, par la redevance fixée, correspondrait à ce minimum.

Conséquences de ce mode de concession temporaire. — Ce mode de location du sous-sol à l'exploitant par le propriétaire a, au point de vue de l'exploitation, plusieurs conséquences qu'il importe de noter : d'abord la forme des concessions peut être bizarrement déterminée par les limites des propriétés de surface, ce qui oblige parfois à prendre par des artifices des parties considérables du champ d'exploitation.

Ensuite, la multiplicité des propriétaires et la nécessité de payer à chacun en redevances un minimum fixe peut obliger, comme nous l'avons vu à Blantyre, en Écosse, à multiplier d'une manière désavantageuse le nombre des puits creusés sur une surface donnée.

Enfin, la situation transitoire de l'exploitant le conduit le plus généralement, pour réduire au minimum ses frais de premier établissement, lorsqu'il n'a pas des raisons analogues à celles que nous avons indiquées précédemment, à n'établir, quelle que soit l'étendue de son territoire, qu'un seul siège d'exploitation, double il est vrai, puisque la loi lui impose les deux puits, mais par lequel il ira exploiter des quartiers qui sont parfois à 4 et 5 mille mètres des puits d'entrée et de sortie d'air. C'est là une des causes incontestables de l'importance des accidents de grisou qui chaque année surviennent en Angleterre.

Cette situation conduit également l'exploitant anglais à n'exploiter, dans le terrain houiller recoupé par ses puits, que les couches les plus avantageuses soit à cause de leur facilité d'exploitation, soit à cause de la qualité recherchée de leur charbon. De là vient que souvent on voit exploiter simultanément et sans aucune préoccupation de l'ordre à suivre, surtout dans le cas d'exploitation sans remblai, des couches prises de la façon la plus arbitraire dans l'ensemble du terrain houiller. Cela peut amener dans ce terrain, au-dessus ou au-dessous de la couche en exploitation, des mouvements déterminant l'envahissement des exploitations par le grisou sous forme de *Sudden outbursts*, ainsi que cela a été dit précédemment. On peut craindre également que, en faisant travailler les couches non exploitées, et en provoquant des décollages plus ou moins étendus entre les strates du terrain houiller, cette absence de méthode ne tende à créer, dans l'ensemble des terrains, des magasins de grisou qu'un accident d'exploitation quelconque, tel par un exemple qu'une chute de toit dans les travaux, peut inopinément mettre en communication avec ces travaux.

Siéges d'exploitation créés par concession. — D'une manière générale on peut dire qu'à moins d'accidents géologiques séparant d'une façon absolue les parties d'une même concession, ou de raisons économiques comme celles de propriétaires différents, obligeant à mettre en valeur simultanément des points éloignés, il n'y a habituellement qu'un *siège d'exploitation* [par concession, ce siège comprenant toujours au moins les deux puits qu'impose la loi anglaise.

En Ecosse, à Blantyre et pour la raison économique indiquée ci-dessus, nous avons vu multiplier les sièges sur un territoire d'un seul tenant, mais appartenant à des pro-

priétaires différents. Dans ce charbonnage, les puits, qui
sont au nombre de 6 sur une étendue de 283 hectares,
sont à des distances de 25 à 260 et 540 mètres, et tout naturellement le développement des travaux de chaque puits
a mis rapidemment en communication les champs d'exploitation de chacun.

*Inconvénients des communications établies entre deux
champs d'exploitation.* — Cette communication, établie entre
des puits trop rapprochés pour permettre d'assurer à
chacun un aérage nettement indépendant, est regardée
par l'inspecteur royal de l'Écosse orientale comme expo-
sant en cas d'explosion à des accidents plus étendus qu'ils
ne l'auraient été, si le champ d'exploitation travaillé par
chaque siège restait nettement isolé. Lors de la catastrophe arrivée à ce charbonnage le 22 octobre 1877,
catastrophe qui a fait 207 victimes, on a attribué à ces
communications mal définies la perte de 100 ouvriers qui,
sans cela, auraient été soustraits aux conséquences de
l'explosion.

Position des sièges dans les concessions. — L'allure si
peu inclinée des couches, jointe à la régularité de la formation houillère, permet habituellement de placer les puits
en un point quelconque du champ d'exploitation, en donnant la certitude presque complète qu'on trouvera partout
les mêmes facilités d'exploitation. Dans ces conditions,
l'habitude qu'ont les Anglais d'employer presque constamment dans les travaux des tractions mécaniques et des
pompes intérieures allant prendre à de très grandes distances dans l'aval-pendage les charbons et l'eau, d'ailleurs
fort rare dans leurs mines, les rend indifférents aux considérations géologiques et techniques qui déterminent chez
nous la répartition des centres d'exploitation sur un territoire appartenant à une même société. Loin de chercher,
comme on le fait sur le continent, à établir les puits de
manière à répartir aussi également que possible tout autour

d'eux les travaux, afin de réduire au minimum les distances à franchir par le charbon et l'air, les Anglais placent leurs puits là où ils ont à la fois le terrain nécessaire, les moyens de transports tout créés et la main d'œuvre agglomérée, subordonnant ainsi tout à des considérations de surface qui ont assurément leur importance, mais qui ne doivent pas faire oublier les considérations d'aménagement intérieur, surtout lorsqu'elles peuvent avoir une influence sur la sécurité du personnel. En fait, nous avons vu en Angleterre un grand nombre de sièges d'exploitation placés soit à proximité d'une des limites du territoire qu'ils devaient exploiter, soit même dans un des angles de ce territoire : de telle façon qu'on voit bien souvent dans les charbonnages anglais un siège d'exploitation atteindre les couches à exploiter au point le plus excentrique du champ d'exploitation, et de manière à avoir la plus grande partie des travaux en aval-pendage. De là l'immense développement des voies de roulage et d'aérage qui est un des points caractéristiques de l'aménagement des mines anglaises.

Champ d'exploitation attribué à chaque siège. — Le champ d'exploitation attribué à chaque siège varie naturellement beaucoup suivant les bassins et, dans chaque bassin, suivant les charbonnages. Mais, d'une manière générale, on peut dire que, sauf en Ecosse et dans le Sud-Staffordshire, l'étendue des travaux desservis au point de vue de l'extraction et de l'aérage par l'ensemble des puits conjugués constituant un siège d'exploitation, est considérable par rapport à ce qui se fait sur le continent. Cela ressort du tableau suivant dans lequel nous avons donné, pour quelques-uns des charbonnages visités par nous, l'étendue des travaux préparés ou projetés dans les différentes directions.

NOMS DES CHARBONNAGES.		DISTANCE DU SIÈGE D'EXPLOITATION aux limites les plus éloignées suivant			
		LA DIRECTION		LE PENDAGE	
		d'un côté.	de l'autre.	en amont.	en aval.
		mèt.	mèt.	mèt.	mèt.
Sud du pays de Galles.	Risca	500	500	»	800
	Celynen	1.200	500	960	»
	Wain Llwyd	822	1.189	550	730
Yorkshire	Rockingham	2.400	»	400	1.040
	Hoyland	2.400	2.400	1 200	150
	Thrybergh Hall	2.400	3.200	2.000	1.600
	Lund-Hill	440	920	1.600	2.400
Lancashire	Oak	2 612	730	500	»
	Pendlebury	1.100	1.100	500	1.277
	Pemberton	1.500	1.500	1.200	1 600
Durham	Eppleton	4.000	»	»	3 600
	Murton	2.560	1.440	1.440	1 920
	Haswell	1.200	1.200	»	1.200
	Ryhope	1.880	1.880	1.740	3.600
	Seaham	1.600	2.740	1 100	3.000
	Silksworth	2.600	800	2.400	1.200
Cumberland	Whitehaven	2.500	»	»	3.500
Ecosse	Allanshaw	1.600	100	731	75
	Blantyre	1 600	500	350	700
Sud-Staffordshire	Sandwell Park	2.600	»	800	800

Raisons de l'extension considérable des travaux de chaque siège. — Cette extension considérable des travaux desservis par un seul siège qui est un des caractères des exploitations anglaises, tient à la fois au mode de constitution de la propriété minière et à l'allure des couches.

Le mode de constitution de la propriété minière en Angleterre fait de l'exploitant un locataire passager fortement intéressé à tirer, avec la moindre immobilisation possible, de la couche la plus commerciale, comme disent les Anglais, les bénéfices les plus gros et le plus rapidement réalisables ; pour cela, il faut réduire au minimum toutes les installations permanentes qu'entraîne l'établissement d'un puits et dont la plus coûteuse est souvent le puits lui-même. On remplace les puits par des machines intérieures, qui restent la propriété de l'exploitant, et qui, par des galeries creusées dans la couche même, payées par conséquent au jour le jour par le charbon qu'elles donnent, vont au moyen de câbles ou de chaînes flottantes chercher les produits de chantiers établis à 4 et 5 kilomètres des puits d'extraction.

L'allure des couches qui sont, à bien dire, complètement plates dans la plupart des régions activement exploitées, invite également l'exploitant à développer ses travaux plutôt dans le sens horizontal que dans le sens vertical. Il peut ainsi en supprimant tous travaux au rocher, travaux lents et coûteux par excellence, obtenir d'un puits donné des extractions considérables ; et, lorsque le charbon d'une couche est spécialement recherché, il peut avec ces longues tractions mécaniques actionnant des roulages établis en tous sens dans la couche même, n'en point sortir pendant de longues années.

L'inconvénient capital de cet énorme développement des travaux dans la même couche, est d'obliger, eu égard au rapprochement presque constant des deux puits qui constituent l'entrée et la sortie d'air d'un champ d'exploitation, à faire revenir à son point de départ un courant d'air qui par lui-même a déjà nécessairement une très grande longueur, et de n'en permettre la division, nécessaire pour d'aussi longs parcours, que par des *croisements d'air* (*crossings*) dont la résistance en cas d'explosion est toujours douteuse. La rupture de ces *crossings* qu'une explosion de quartier rend pour ainsi dire inévitable, étend presque toujours à toute la couche les conséquences d'un accident de grisou qui, avec une indépendance mieux assurée de l'aérage de chaque quartier n'aurait atteint le plus généralement que les ouvriers du quartier où l'explosion se serait produite.

§ 2.

ORGANISATION DES SIÈGES D'EXPLOITATION.

Constitution d'un siège d'exploitation ; nombre de puits par siège. — La loi anglaise du 10 août 1872 spécifie formellement, article 20, que, à moins d'une exemption spéciale et formelle, chaque mine doit être pourvue de deux puits ou orifices communiquant avec toutes les couches en exploitation et pouvant servir distinctement pour l'introduction et la sortie des personnes employées à l'exploitation de ces couches. Ces orifices doivent être séparés par un massif de terrain naturel d'au moins $3^m,o5$ (10 pieds) d'épaisseur; des ouvertures peuvent être pratiquées à travers ce massif en vue de la ventilation ou du drainage. Toutefois ces ouvertures ne doivent être que temporaires, s'il s'agit de mines où des gaz inflammables ont été rencontrés pendant le cours des douze mois précédents.

Chaque puits ou orifice doit être pourvu d'un appareil propre à monter et à descendre les personnes, cet appareil devant être ou en activité ou en état d'être mis en marche dans un délai *raisonnable.*

Dans la mine, entre les deux puits ou orifices, il doit être établi une communication d'au moins $1^m,22$ de largeur sur $o^m,914$ de hauteur.

L'article 22 dit que cette obligation des deux orifices n'est pas applicable à une mine nouvellement ouverte tant que vingt personnes au moins ne sont pas employées à la fois dans l'ensemble des différentes couches en communication avec le puits.

Le même article dit également que cette obligation des deux orifices ne s'applique pas à un travail ayant pour objet l'établissement d'une communication entre deux ou plusieurs puits, tant que vingt personnes au moins ne sont pas employées à la fois dans l'ensemble des différentes couches en relation avec chacun des puits.

Donc, de par la loi, un siège d'exploitation comprend toujours au moins deux puits, à moins d'autorisations spéciales qui ne peuvent être demandées au ministre que dans des cas déterminées par l'article 22.

En fait, tous les charbonnages que nous avons visités

sont pourvus d'au moins deux puits, quelques-uns même de trois ; ce n'est que tout à fait exceptionnellement à Bickershaw, près Wigan en Lancashire, et à Blantyre en Écosse, que nous avons vu plus de trois puits communiquant les uns avec les autres.

Composition d'un siège d'exploitation. — D'une manière générale, on peut dire que tout siège d'exploitation anglais se compose d'au moins deux puits, l'un d'entrée d'air et l'autre de sortie d'air, ce dernier servant très souvent, comme le premier, à l'extraction et à la circulation des ouvriers, tandis que le premier, s'il y a lieu, sert en même temps à l'épuisement.

Disposition des puits. — Les dispositions les plus généralement adoptées sont les suivantes :

1° Deux puits de grands diamètres, placés à peu de distance l'un de l'autre, servant l'un à l'entrée et l'autre à la sortie de l'air, et pourvus : l'un, de puissants appareils d'extraction et d'épuisement ; l'autre, d'un appareil de ventilation et quelquefois d'une machine-cabestan permettant en cas d'accident de retirer le personnel par ce puits ;

2° Deux puits de grands diamètres placés à peu de distance l'un de l'autre et servant : l'un à l'extraction, à l'entrée de l'air et quelquefois à l'épuisement ; l'autre à la sortie de l'air, avec appareil d'extraction de réserve moins puissant pour la continuation du service en cas d'accident au grand puits ;

3° Deux puits à grand diamètre placés à côté l'un de l'autre, pourvus tous deux d'appareils d'extraction puissants quelquefois doubles dans l'un au moins des deux puits ; appareils établis entre eux ou du même côté ; les deux puits servant, l'un à l'entrée de l'air, l'autre à la sortie ;

4° Deux puits à diamètre réduit placés côte à côte et desservis par la même machine : une cage dans chacun des puits avec câbles s'enroulant sur un tambour unique ;

un ventilateur ou un foyer déterminant la sortie de l'air par l'un des deux puits;

5° Trois puits à grands diamètres, deux d'extraction et d'entrée d'air, un de sortie d'air, quelquefois aussi utilisé à l'extraction ;

6° Quatre puits à grands diamètres, trois d'extraction et d'entrée d'air, un de sortie d'air pouvant également servir à l'extraction.

Écartement entre les puits. — L'écartement entre les puits est des plus variables, ainsi que le présente le tableau relatif à l'aérage des mines, tableau dans lequel nous avons donné cette distance pour tous les charbonnages visités par nous et auquel nous renvoyons.

En Écosse, cette distance n'est souvent que de 6^m,07, mais partout ailleurs elle varie de 18 à 96 mètres.

Aérage diagonal. — Très rarement, — nous n'avons vu le fait qu'au charbonnage d'Abram près Wigan, dans le Lancashire, où le puits de sortie d'air est à 458 mètres en amont des puits d'entrée d'air et à Dinas, dans le pays de Galles, où le puits de sortie d'air est à 496 mètres des puits d'entrée, — le puits spécial de sortie d'air est assez éloigné du puits ou des puits d'entrée d'air pour permettre l'établissement d'un aérage diagonal. Nous entendons par là, suivant la formule heureuse de M. Murgue, une organisation de l'aérage telle que l'air entrant à l'une des extrémités des travaux sort à l'autre, après avoir aéré par des courants distincts et indépendants des chantiers disposés de chaque côté de la ligne reliant les deux puits, ligne qui forme la diagonale du rectangle enveloppant les travaux, que l'air parcourt tout en avançant vers sa sortie, et sans que par conséquent il ait jamais à revenir sur lui-même par des voies croisant ou longeant les voies d'entrée d'air.

Ainsi que nous l'avons déjà dit, les Anglais ne paraissent pas s'être ordinairement préoccupés de réduire par cet artifice, pas plus que par d'autres équivalents, le parcours souvent considérable de leurs courants d'air.

Nous ne pouvons d'ailleurs pas ne pas noter que quelques-unes des mines où l'aérage est diagonal n'ont pas été pour cela plus épargnées que les autres. Dinas a eu en 1879 un accident qui a fait 63 victimes ; et à Penygraig, où 102 ouvriers viennent d'être tués, le 10 décembre 1880, le puits d'entrée d'air était à 1,000 mètres du puits de sortie d'air (1).

----

(1) Penygraig est un charbonnage voisin de celui de Dinas qui se trouve dans la vallée de Rhondda, où ont eu lieu déjà de si nombreuses catastrophes. On y exploite par deux puits, à 400 mètres environ de profondeur, une des couches à charbon à vapeur de Cardiff. L'un des puits est dans la vallée ; l'autre à mi-côte a son orifice à 56 mètres au-dessus. La couche est à peu près plateuse. A moitié distance entre les puits elle était coupée par une faille qui déterminait un rejet de 54 mètres vers la vallée. Chacun des puits servait à l'extraction ; ils exploitaient l'un au toit et l'autre au mur de la faille : cela faisait en quelque sorte deux mines distinctes, la mine inférieure du côté de la vallée et la mine supérieure du côté de la montagne. Les deux puits étaient réunis par une grande galerie qui traversait la faille. Les chantiers d'abatage s'étendaient d'un côté et de l'autre de cette galerie dans la mine inférieure, d'un seul côté dans la mine supérieure. L'air entrait par le puits inférieur et sortait par le puits supérieur. Les travaux de ces puits étaient aérés par l'air qui avait circulé dans les travaux inférieurs. La mine était, comme toutes celles du voisinage, très grisouteuse, très chaude et très poussiéreuse.

L'explosion a eu lieu à 1 heure du matin pendant le poste de réparation durant lequel on travaillait à la poudre. On n'a sauvé que cinq ouvriers qui étaient occupés tout près du puits d'entrée d'air ; tous les autres ont péri, et, bien que la plupart aient été brûlés, la majeure partie paraissent avoir succombé à l'asphyxie produite par les gaz de la combustion, l'*after-damp* des Anglais. Des croûtes de coke abondantes trouvées sur les bois semblent indiquer que les poussières ont pu jouer un rôle plus ou moins considérable dans cet accident.

La mine était aérée par un ventilateur Schiele placé au puits supérieur dont l'orifice était fermé par des clapets ordinaires. La veille de l'accident, à la suite d'une mise de la cage aux molettes, les clapets avaient été brisés, et, au moment de l'accident, on s'oc-

Sièges triples. — Lorsque le siège comprend trois puits, comme c'est le cas de quelques grands charbonnages du Yorkshire (Hoyland et Lund Hill), du Lancashire (Outwood), et du Durham (Murton), tandis que les deux puits principaux consacrés à l'extraction sont assez rapprochés pour pouvoir avoir des parties de leur installation communes, le troisième qui, dans ce cas, est alors le plus souvent exclusivement consacré à la sortie de l'air, est absolument séparé des deux premiers dont il est distant de 60 à 80 mètres.

Quelquefois, comme à Eppleton dans le Durham, ce troisième puits sert aussi à l'extraction en même temps qu'à la sortie de l'air.

Siège quadruple. — Le seul siège d'exploitation à quatre puits groupés que nous ayons vu est celui de Bickershaw près Wigan, dans le Lancashire. A ce siège, les quatre puits sont à 33 et 45 mètres les uns des autres, ils servent tous à l'extraction et débouchent sur une plate-forme de réception unique; mais, sauf la sortie de l'air qui se faisant par l'un des quatre puits est commune à tous, ce siège quadruple n'est réellement que la réunion de deux sièges doubles dont chacun exploite un ensemble de couches distinctes. Si nous le citons ici, c'est parce que cet ensemble montre bien la tendance anglaise à concentrer en un seul point de la surface, choisi en dehors de toute préoccupation de l'aménagement des travaux intérieurs, les moyens d'extraction et d'aérage ;

---

cupait, paraît-il, de retirer le câble tombé au fond du puits. L'enquête apprendra si, par suite de ces conditions, il n'y a pas eu un arrêt plus ou moins long ou tout au moins une diminution plus ou moins grande de l'activité de la ventilation, qui aurait permis à l'atmosphère de la mine supérieure de devenir explosive. Il y a lieu, en effet, de relever dans cet accident, que l'on avait à faire ici à un circuit quasiment unique pour toute la mine, chose rare en Angleterre. D'autre part, si l'explosion a coïncidé avec un ralentissement de l'aérage, on voit aussi que les catastrophes peuvent devenir générales, même dans les mines faiblement ventilées.

les uns et les autres sont d'une puissance inusitée sur le continent ; mais, en ne subordonnant pas tout l'aménagement des travaux intérieurs à la concentration d'énormes productions en un seul point de la surface, on pourrait peut-être arriver à une meilleure utilisation des forces employées, à un meilleur emploi des immenses volumes d'air mis en mouvement dans les houillères anglaises, et surtout à une sécurité plus grande dans l'exploitation, sans que le résultat économique fût inférieur au résultat très remarquable assurément qu'obtiennent les Anglais.

Installation au jour d'un siège d'exploitation. — Les installations au jour des charbonnages anglais sont bien connus de tous ceux qui s'intéressent à l'industrie houillère, et malgré l'intérêt que cela pourrait avoir, il n'entre pas dans le cadre de ce rapport d'étudier les transformations faites dans cette partie de l'organisation des exploitations depuis les dernières publications relatives à la matière. Nous ne parlerons ici que de la partie de ces installations qui, directement ou indirectement, touche à l'aérage.

Dispositions prises pour l'entrée de l'air. — Au point de vue de l'entrée de l'air frais, entrée qui presque toujours a lieu par le puits d'extraction principal, nous signalerons la précaution que prennent quelquefois les Anglais de dégager l'orifice des puits au niveau du sol, de manière à ce que l'air n'entre pas au niveau de la plate-forme de réception, où les poussières produites par la manutention et le criblage des charbons chargent l'atmosphère. Pour cela, au lieu d'entourer le puits de constructions massives en maçonnerie, ils font porter la plate-forme de réception, qui est le plus souvent à une certaine hauteur au-dessus du sol (5 à $9^m,5o$), par une charpente très légère à larges mailles, laissant de toutes parts arriver l'air frais.

Lorsque, comme au charbonnage de Wain Llwyd, la recette est établie sur le sol même formant terre-plein, avec quai le long d'une tranchée dans laquelle est établi le chemin de fer, à un niveau permettant l'installation des appareils de criblage et de chargement, on fait partir du fond de cette tranchée une galerie voûtée de longueur égale au diamètre du puits-galerie par laquelle arrive directement l'air frais.

Dispositions prises pour la sortie de l'air. — Pour la sortie de l'air les dispositions adoptées à l'orifice des puits varient beaucoup suivant que l'aérage se fait par foyer ou par ventilateur et suivant que l'on extrait ou que l'on n'extrait point par le puits de sortie d'air.

Puits à foyer par lesquels on ne fait pas l'extraction. — Le plus habituellement, lorsque l'aréage se fait par foyer, et que le puits n'est affecté à aucun autre service que la sortie de l'air, on surmonte l'orifice du puits d'une cheminée ronde en briques de même diamètre que le puits et de 27 à 30 mètres de hauteur, de manière à éloigner de la surface l'air contaminé de l'intérieur. Nous avons vu cette cette disposition à Lund-Hill, dans le Yorskhire, à Outwood dans le Lancashire, à Murton dans le Durham, et à Blantyre en Écosse.

Puits à foyer par lesquels on fait l'extraction. — Lorsque l'aérage se faisant par foyer, on utilise pour l'extraction le puits de sortie d'air, comme c'est le cas dans un très grand nombre de charbonnages anglais à foyers, on guide les cages dans le puits au moyen de câbles en fil de fer, et on laisse les fumées sortir par l'orifice même du puits, en ne les éloignant de la recette par aucun artifice. C'est là la pratique presque constante dans toute l'Angleterre.

Nous avons vu cependant dans le Durham, quelques puits où, pour éloigner les fumées de la recette, on prolonge le puits par un coffre en tôle montant à l'intérieur du châssis à molettes jusqu'aux molettes et présentant au niveau de la recette, de chaque côté du puits, deux portes de sections calculées de manière à ne démasquer que strictement le passage nécessaire à la rentrée et à la sortie des wagonnets amenés par les cages.

A Silksworth, dans le Durham également, et dans une installation encore inachevée, mais qui passe à bon droit pour l'une des mieux étudiées de ce bassin si remarquable, le puits de sortie d'air en arrivant au jour est réduit à la section strictement nécessaire pour le passage des deux cages d'extraction ; sur une hauteur de 7ᵐ,61 et, de chaque côté, partent au-dessus du rétrécissement des conduites muraillées qui aboutissent à deux cheminées de 27ᵐ,40 de hauteur. Cette disposition indiquée sur le croquis ci-contre (*fig.* 2), est complètement efficace.

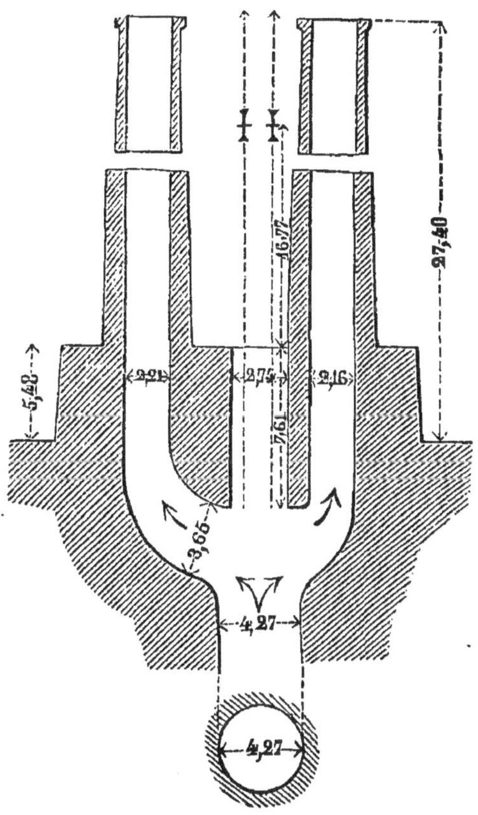

Figure 2. — Dispositions prises pour l'évacuation des fumées au puits de sortie d'air et d'extraction de *Silksworth*.

Puits à ventilateur par lesquels on ne fait pas l'extraction.
— Lorsque l'aérage est fait par ventilateur et que le puits
est exclusivement affecté à la sortie de l'air, on ferme le puits
par un plancher en madriers présentant au centre une ouverture à fermeture mobile pour le passage éventuel du câble
nécessaire à la circulation d'une benne pour l'entretien du
puits, et on établit à la surface du sol ou souterrainement,
suivant la disposition des lieux, une galerie maçonnée qui
mène l'air dans l'ouïe du ventilateur. En différents points
de ces galeries on établit souvent des vitrages en glace
qui permettent de vaquer à l'entretien de l'installation sans
avoir à y porter des lampes.

Les croquis suivants donnent deux dispositions qui font

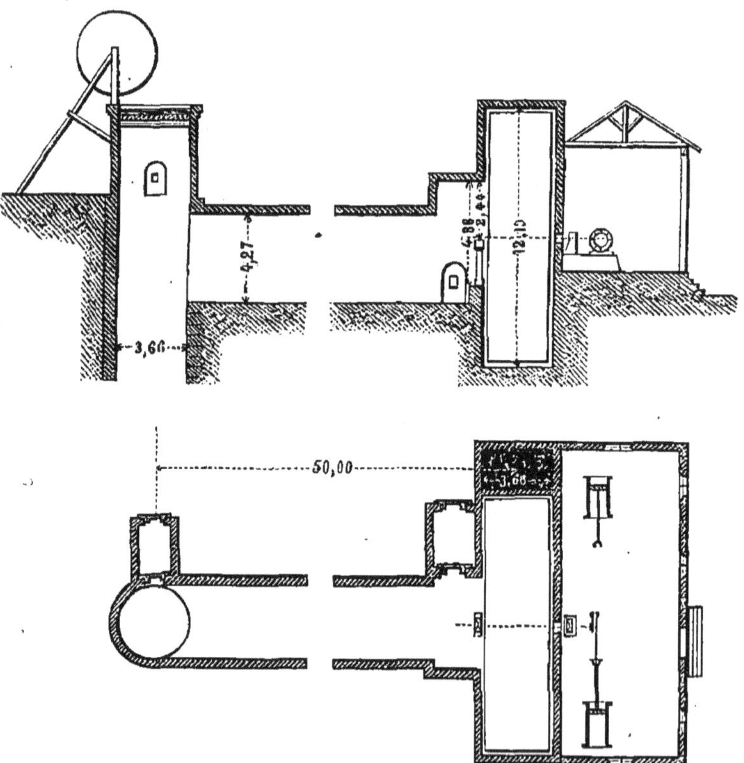

Figure 3. — Installation au jour du puits de sortie d'air de Oak
avec ventilateur Guibal.

comprendre la manière dont ces installations sont agencées en Angleterre.

Le premier croquis (*fig.* 3) montre l'ensemble de l'installation du puits d'air de Oak, près Manchester, puits sur lequel aspire un ventilateur Guibal. Une molette unique portée par un chevalet est là en cas d'accident, aussi bien que pour permettre les visites du puits.

Le second croquis (*fig.* 4) fait connaître l'installation du puits d'air de Celynen dans le sud du pays de Galles, puits sur lequel aspire un ventilateur Waddle. Tout est disposé pour pouvoir transformer ce puits en puits d'extraction, au cas où le besoin s'en ferait sentir.

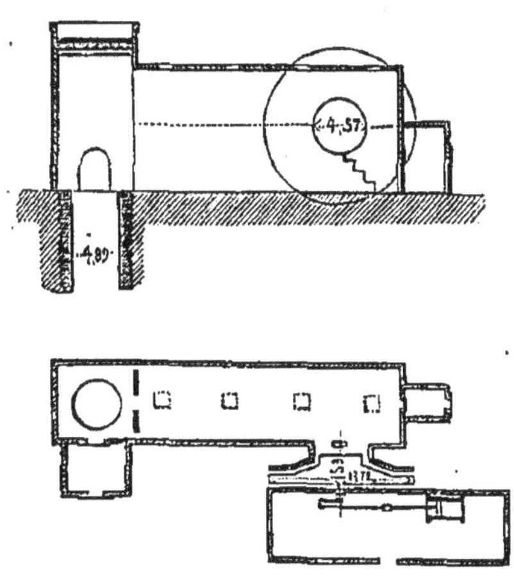

Figure 4. — Installation au jour du puits de sortie d'air de Celynen avec ventilateur Waddle.

Puits à ventilateur par lesquels on fait l'extraction. — Lorsque le puits de sortie d'air est utilisé [normalement pour l'extraction, et la substitution progressive des ventilateurs aux foyers ne s'est faite en général, qu'en conservant avec les ventilateurs cet avantage de la ventilation par foyers, on ferme le puits par des clapets du genre des clapets dits Clapets Briard en Belgique, et on conduit l'air au ventilateur par une galerie débouchant dans le puits au-dessous d'une double gaine en bois de longueur au moins égale à celle des cages, gaine dans laquelle le fond de la cage vient faire obturateur un peu avant que, par la partie supérieure, elle ne soulève le clapet du compartiment considéré.

Nous donnons, dans le croquis ci-contre (*fig.* 5), le plan de l'installation du puits de sortie d'air de Bickershaw près Wigan. Dans cette installation les deux murs de la galerie d'amenée d'air au ventilateur forment la gaine dans laquelle la cage s'engage en arrivant au jour, et qu'elle ferme avant de soulever le clapet qui en recouvre l'orifice. Ces murs qui sont tangents à la circonférence intérieure du puits, portent la plate-forme de réception et contenaient les ventilateurs Schiele primitivement employés. Aujourd'hui, on installe perpendiculairement à cette galerie un ventilateur Guibal de 14 mètres, c'est-à-dire du plus grand diamètre donné actuellement en Angleterre à ces ventilateurs. Le ventilateur de Bickershaw présente ces deux particularités, dont le diagramme rend compte, d'admettre l'air par

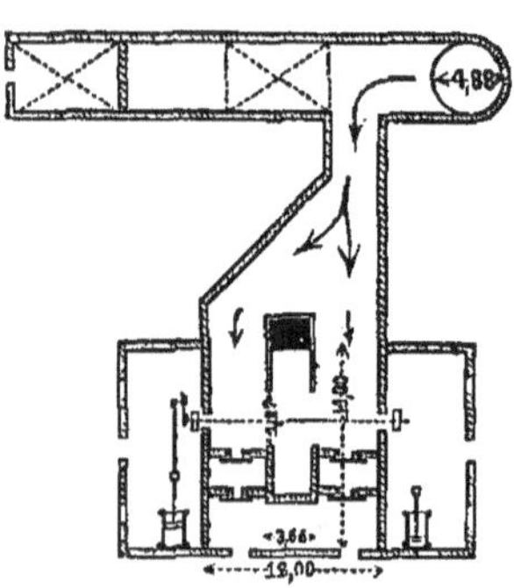

Figure 5. — Installation au jour du puits de sortie d'air et d'extraction de Bickershaw, avec ventilateur Guibal à deux machines et à deux ouïes.

les deux côtés à la fois, au moyen de deux ouïes de $4^m,27$ de diamétre et d'être commandé par deux machines horizontales directes dont l'une reçoit la vapeur qui a servi dans l'autre (machines Compound).

Fermeture à clapets mobiles. — Partout on peut dire que les clapets employés en Angleterre sont moins bien étudiés que ceux qu'on rencontre sur le continent. Tous ceux que nous avons vus consistent en de grands coffres pyramidaux en tôle ou en bois, profilés de manière à envelopper les chaînes d'attelage de la cage et à poser sur la cage elle-même lorsqu'elle arrive à la surface. Ceux qui nous ont paru les mieux étudiés sont ceux établis par M. Galloway au charbonnage de Dinas qu'il dirige dans le sud du pays de Galles.

Dans cette fermeture, dont le croquis ci-contre (*fig.* 6) donne la disposition, la patte du câble enlève en arrivant un obturateur en planches très légères qui ferme le haut de la pyramide tronquée et a toute la légèreté et la mobilité voulues pour suivre les mouvements du câble sans le fatiguer, tandis que c'est le cadre supérieur de la cage qui, par l'intermédiaire de deux ressorts suspendus au-dessous du clapet,

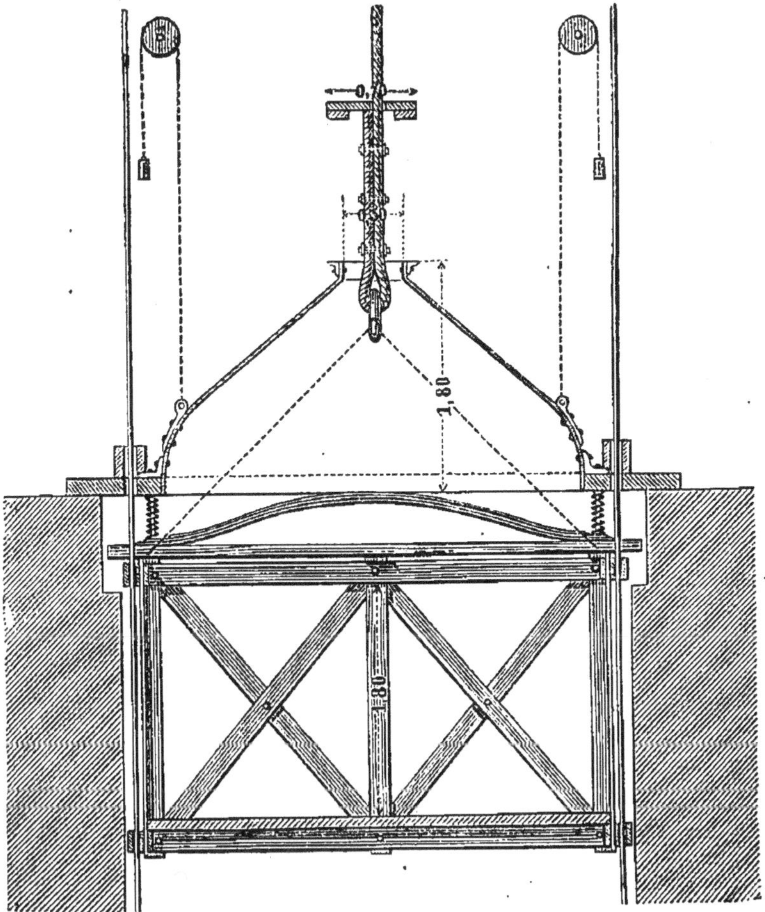

Figure 6. — Clapets mobiles fermant le puits de sortie d'air et d'extraction de Dinas.

soulève le corps principal du clapet dont le poids propre est presque complètement équilibré par des chaînes à contrepoids passant sur des poulies fixées aux châssis à molettes.

Fermeture par gaine à trappes verticales. — Un système de fermeture qui nous paraît très supérieur, bien que plus coûteux, est celui que nous avons vu à Pemberton près

.Wigan et à Haswell, dans le Durham. Il consiste, comme le montre le croquis ci-contre (*fig.* 7), en deux gaines rectangulaires en bois, maçonnerie ou tôle, enveloppant chacune jusqu'à quelques centimètres des molettes le compartiment dans lequel circule chaque cage. Entre cette gaîne et le fond plein de la cage, découpé de manière à former obturateur, on laisse aussi peu de jeu que possible, et on établit sur chacun de ses petits côtés des ouvertures rectangulaires de dimensions strictement suffisantes pour livrer passage aux wagonnets. Ces ouvertures sont fermées à l'intérieur par une trappe glissant verticalement dans deux rainures ménagées dans les montants de la gaine, et que la cage soulève en arrivant au jour ; à l'extérieur, par une trappe de sûreté équilibrée que le receveur lève au moment où la cage arrive et qui rend plus étanche en la doublant la fermeture obtenue par la trappe intérieure. Cette dernière est garnie, sur l'arête par laquelle la cage vient la soulever, d'une bande de caoutchouc qui amortit le choc toujours assez préjudiciable au câble.

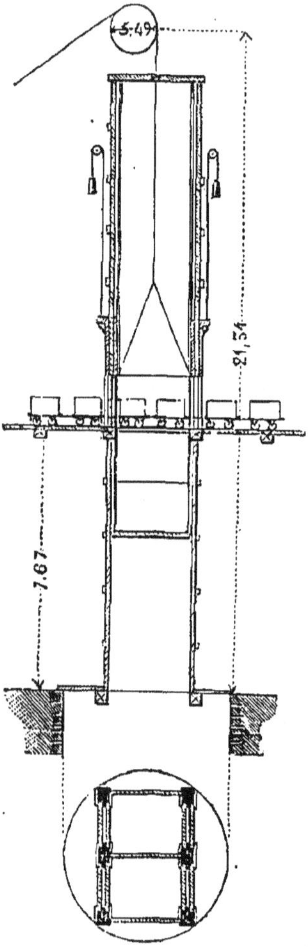

Figure 7. — Gaine à trappes verticales fermant le puits de sortie d'air et d'extraction de Pemberton.

Puits à ventilateur par lesquels on remonte les hommes en cas d'accident. — Nous avons vu à Wain Llwyd, dans le pays de Galles, un puits d'air sur la moitié duquel on avait directement installé le ventilateur, et dont l'autre moitié était fermée par un sas à air permettant l'entrée et la sortie des ouvriers, pour la circulation desquels une molette, un câble et une machine de secours étaient spécialement installés. Le croquis ci-dessous (*fig.* 8) donne l'idée des dispositions adoptées

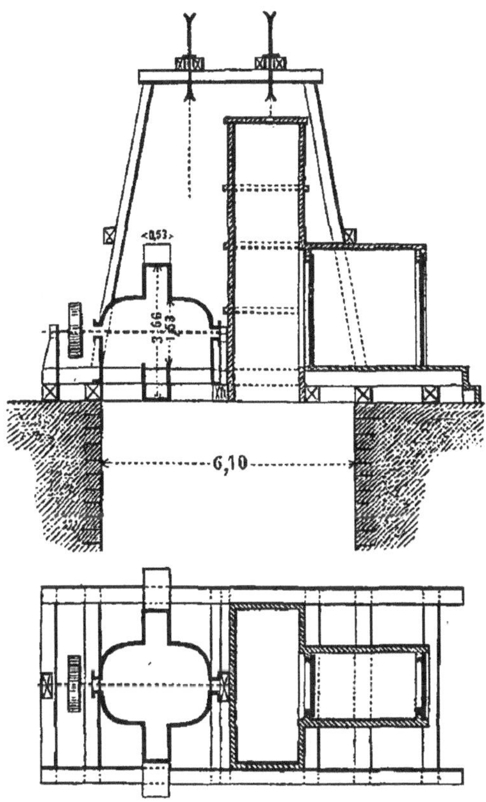

Figure 8. — Sas à air et ventilateur Gonther installés sur le puits de sortie d'air de Wain Llwyd.

à ce charbonnage. Le ventilateur est un ventilateur à force centrifuge à grande vitesse, dit ventilateur Gonther, sur lequel nous donnerons plus loin quelques renseignements.

Organisation intérieure des puits. — *Forme et dimensions.* — En Angleterre, on peut dire qu'à l'exception des puits écossais, tous les puits sont ronds d'un diamètre intérieur variant de 5 à 6 mètres, avec revêtement en briques.

En Écosse, les puits sont le plus habituellement rectangulaires de $2^m,13$ à $2^m,47$ de largeur sur $4^m,27$ à $7^m,52$ de longueur intérieurement. Ils sont boisés, plus souvent que muraillés, à cadres jointifs formés de bois équaris de $0^m,075$ à $0^m,10$ de côté. Leur construction doit être en général assez peu soignée et il semble que leur solidité soit fort médiocre; car l'inspecteur royal de l'Écosse orientale nous a dit que, dans quelques accidents, on avait regretté de ne point avoir des puits ronds avec revêtements en maçonnerie à bourrage soigneusement fait entre le muraillement et le terrain. Mais, même en Écosse, là où on a eu à traverser des morts terrains inconsistants et aquifères, on a souvent adopté, comme à Allanshaw, la forme circulaire avec revêtement en fonte à segments de $0^m,60$ de hauteur et $1^m,22$ de longueur (*Tubbing*).

Spécialisation des puits. — Rarement en Angleterre les puits sont spécialisés à un seul usage : le plus habituellement les puits de sortie d'air servent en même temps à l'extraction tandis que les puits d'entrée d'air servent souvent à l'épuisement en même temps qu'à l'extraction. Dans quelques cas cependant, comme à Oack près de Manchester, nous avons vu des puits exclusivement consacrés à l'épuisement.

Plus fréquemment, les puits de sortie d'air sont exclusivement consacrés à la sortie de l'air; cependant, dans tous les charbonnages à grande production, le puits de sortie d'air sert à l'extraction aussi bien que le puits d'entrée d'air.

Spécialisation des compartiments de sortie d'air. — Dans quelques cas, nous avons vu, lorsque le puits d'air sert en même temps à l'extraction, isoler complètement le compartiment dans lequel on fait l'extraction.

Ainsi à Ryhope, dans le Durham, le puits de sortie d'air,

qui a 4ᵐ,88 de diamètre, est divisé en deux comparti-
ments égaux par une cloison diamétrale en briques de 0ᵐ,254 d'épaisseur, portée par des poutres en fonte scellées dans le rocher à 1ᵐ,83 d'écartement. Voir le croquis ci-contre (*fig.* 9). A ce charbonnage, l'air des travaux et les fumées du foyer sont versés dans l'atmosphère par une cheminée de 24ᵐ,40 de hauteur établie à 15 mètres du puits, et disposée comme l'indique le croquis.

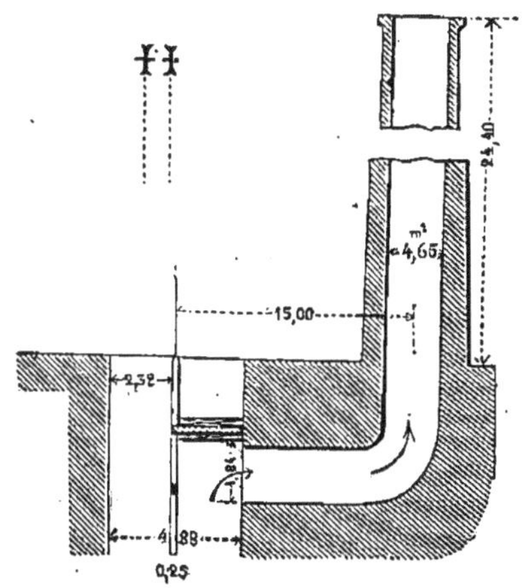

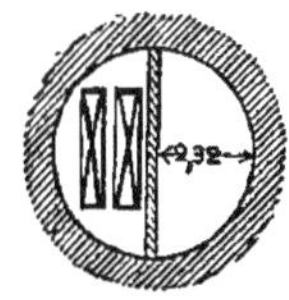

Figure 9. — Organisation du puits de sortie d'air et d'extraction de Ryhope, avec compartiment spécial de sortie d'air et cheminée d'évacuation des fumées.

En Écosse, il est rare que le puits de sortie d'air soit entièrement affecté à cet usage : le plus habituellement, ces puits sont divisés en trois compartiments par des bois de même équarissage que ceux du revêtement, soit de 0ᵐ,075 à 0ᵐ,10 de côté et également jointifs, formant par conséquent cloison continue entre chaque compartiment et permettant d'affecter l'un des compartiments à la sortie de l'air alors que les autres servent à l'entrée. C'est ainsi qu'en Écosse, très souvent, un seul puits assure le service de l'aérage (entrée et sortie d'air); le second, qui existe toujours, n'étant fait que pour obéir à la lettre de la loi. Nous donnons ci-dessous (*fig.* 10) la disposition intérieure de l'un des puits de Blantyre.

Division des puits en compartiments. — Le plus habituellement, alors même qu'ils sont affectés à plusieurs services, les puits ne sont pas divisés en compartiments distincts par des cloisons continues. C'est ainsi que dans la plupart des puits d'extraction où sont installées des machines d'épuisement, les pompes sont établies

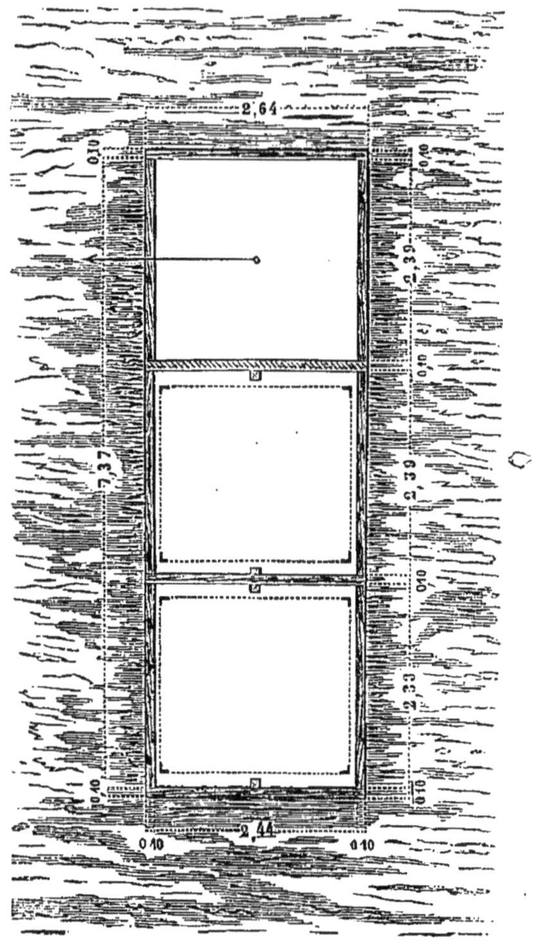

Figure 10. — Organisation intérieure du puits d'entrée, de sortie d'air
et d'extraction de Blantyre.

avec leurs tiges en arrière des bois de refend qui portent le guidage, mais sans qu'une cloison ni même une simple coulantage les isole du compartiment d'extraction.

D'une manière générale, on peut dire qu'en Angleterre la

section laissée libre pour la circulation de l'air dans les puits est aussi grande que possible, toutes les installations faites dans la colonne des puits étant réduites au strict né-cessaire. C'est ainsi que jamais dans aucun puits anglais on ne voit d'échelles à côté du guidage. Le guidage lui-même est réduit autant que possible.

Nous donnons ci-dessous (*fig.* 11) comme exemple de puits

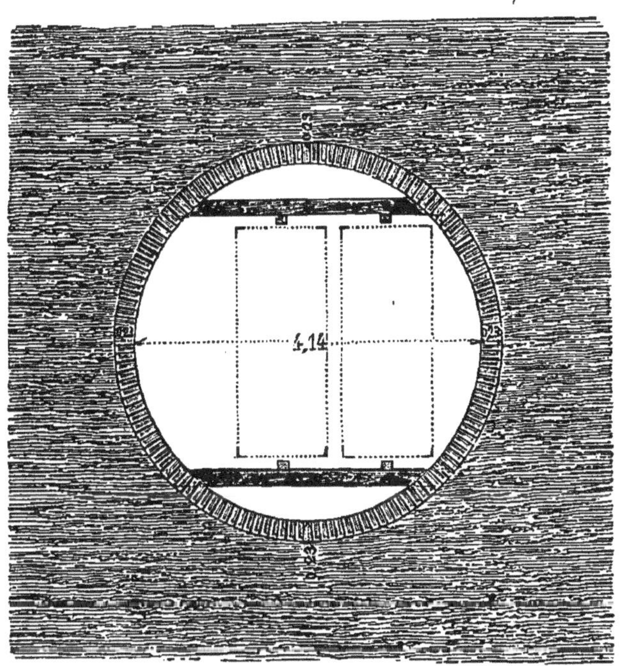

Figure 11. — Organisation intérieure du puits d'entrée d'air et d'extraction d'Allanshaw. — Guidage en bois.

guidé en bois la coupe du puits d'Allanshaw en Écosse, puits d'entrée d'air dans lequel on établira ultérieurement des pompes pour lesquelles une place a été réservée.

Toutes les fois qu'on le peut, on substitue le fer au bois, tantôt pour les guides seuls comme à Harris' Navigation dans le pays de Galles et à Silksworth dans le Durham, tantôt pour les guides et les bois de refend comme à William-Pitt dans le Cumberland.

Nous donnons ci-dessous (*fig.* 12) comme exemple de
puits guidé en rails, la coupe du puits d'Harris' Navigation,
puits d'entrée d'air et d'extraction dans lequel sont installées des pompes très puissantes.

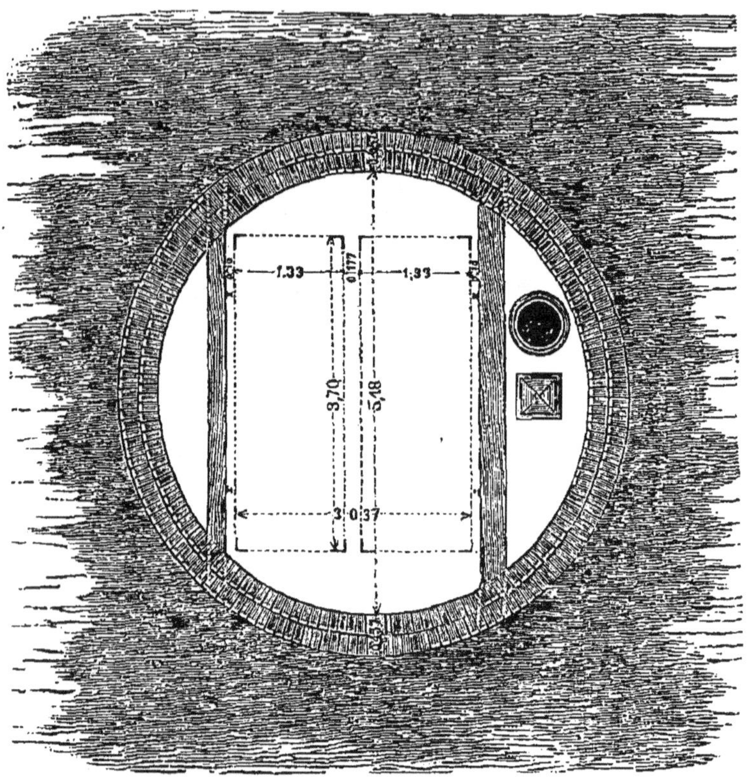

Figure 12. — Organisation intérieure du puits d'entrée d'air,
d'extraction et d'épuisement d'Harris Navigation.
Guidage en rails à patin.

Dans un grand nombre de puits, les guides sont des câbles
métalliques, fixés simplement à leurs deux extrémités et
laissant par conséquent absolument libre toute la section du
puits.

Nous donnons ci-contre (*fig.* 13) comme exemple de puits
guidé par câbles en fils de fer, la coupe du puits de Hoyland,
puits d'entrée d'air, exclusivement consacré à l'extraction.

Dans l'emploi de ces guidages par câbles métalliques, les Anglais sont d'une audace remarquable et qui semble très heureuse. C'est ainsi que nous en avons vu dans des puits de plus de 5oo mètres de profondeur.

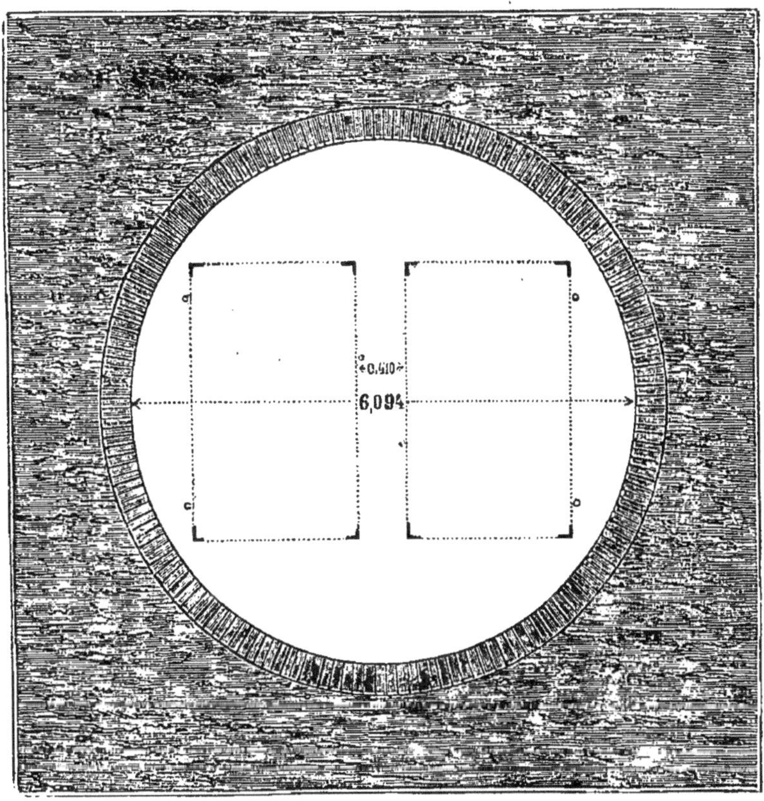

Figure 13. — Organisation intérieure du puits d'entrée d'air
et d'extraction de Hoyland.
Guidage par câbles ronds en fil de fer.

A Risca, dans le sud du pays de Galles pour un puits de 274 mètres de profondeur, ce système de guidage se compose de 6 câbles, les deux cages, guidées chacune par une paire de câbles établis sur leur long côté extérieur, n'étant séparées du côté intérieur que par deux câbles communs le long desquels elles ne font que glisser. Le croquis ci-dessous (*fig.* 14) donne la coupe de ce puits dans lequel sont installées des pompes puissantes.

A, B, C, D, E, F sont les câbles guides.

G, H sont les câbles d'une traction mécanique souterraine.

Dans le bassin de Durham, où souvent l'on rencontre

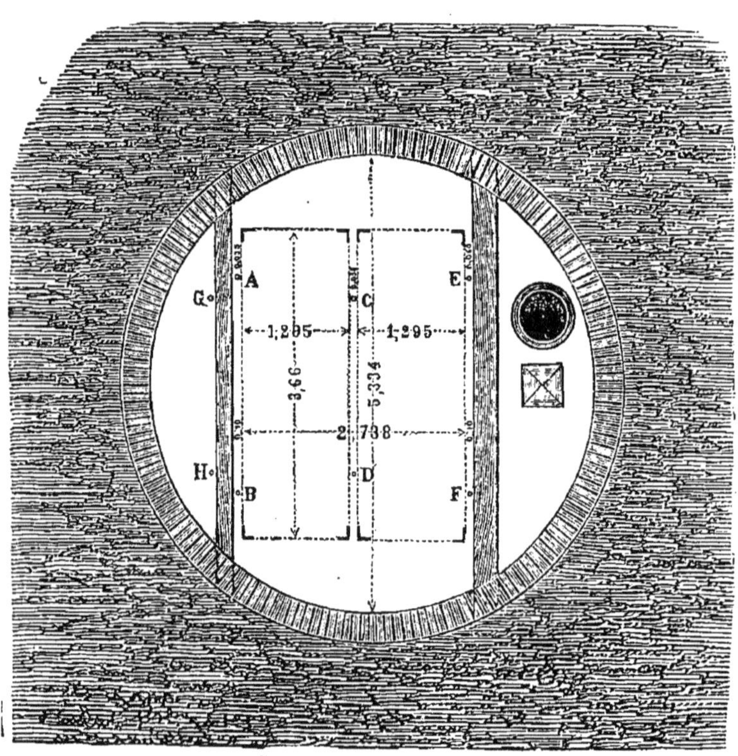

Figure 14. — Organisation intérieure du puits d'entrée d'air, d'extraction
et d'épuisement de Risca
Guidage par câbles ronds en fil de fer.

sur le même puits deux machines d'extraction actionnant chacune deux câbles et deux cages, nous avons vu à Ryhope, à Seaham et à Silksworth, les puits, dans lesquels circulent ainsi quatre cages, être divisés en deux parties égales par une cloison diamétrale formée de madriers jointifs de 0^m,076 d'épaisseur maintenus à leurs extrémités par des goussets en bois formant comme une rainure dans laquelle on les enfile.

Nous donnons ci-dessous (*fig.* 15) comme exemple de l'organisation intérieure des puits de ce genre, la coupe du puits de Silksworth, puits d'entrée d'air guidé en fer U.

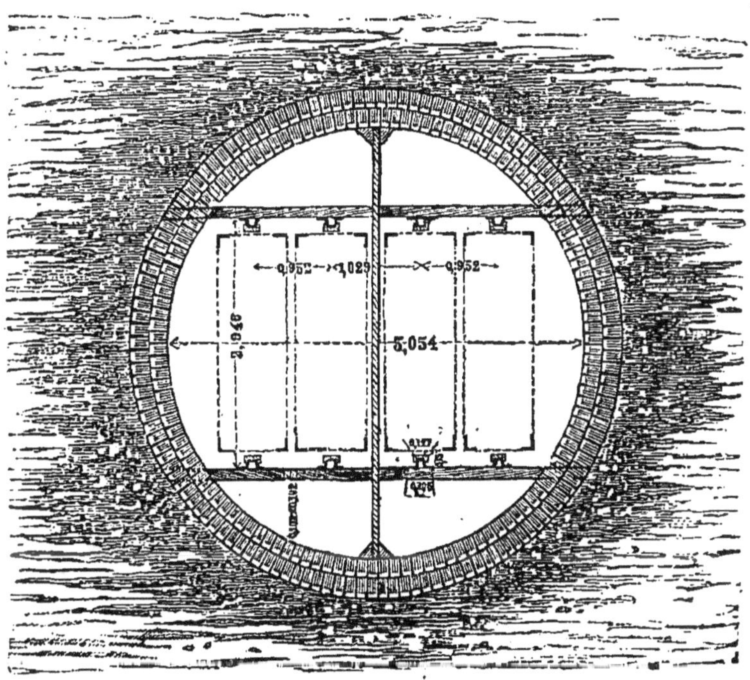

Figure 15. — Organisation intérieure du puits d'entrée d'air et d'extraction de Silksworth. — Guidage en fer U.

Section des puits. —Dans les tableaux relatifs à l'aérage, tableaux qu'on trouvera plus loin (page 218), nous avons donné le diamètre et la section de tous les puits visités par nous ; on verra dans ce tableau que les grandes sections sont fréquentes, mais souvent, à l'encontre de ce qui serait rationnel, la section du puits de sortie d'air est notablement plus faible que la section du puits d'entrée d'air. Nous montrerons plus loin que ce faible diamètre des puits de sortie d'air rend souvent impossible par la résistance qu'ils créent à la sortie de l'air la substitution du ventilateur au foyer.

Intervention de l'administration dans l'organisation des sièges d'extraction. — Nous n'avons pas trouvé trace d'une intervention quelconque des inspecteurs royaux dans l'organisation des sièges d'extraction, pas plus que dans l'organisation générale des houillères. Il ne nous a pas semblé non plus qu'ils aient une velléité quelconque d'intervenir en pareille matière où ils estiment qu'il faut laisser l'exploitant libre d'agir à sa guise. Ils n'ont d'ailleurs point de *pouvoirs* spéciaux donnés explicitement par la loi et ils ne pourraient qu'invoquer le principe général de l'article 46. Nous n'avons rencontré qu'un seul inspecteur qui ne nous a pas paru éloigné, le cas échéant, de faire des objections, pour des mines très grisouteuses, à l'extraction par le puits de sortie.

§ 3.

AMÉNAGEMENT INTÉRIEUR DES TRAVAUX.

Aménagement général. — *Exploitation à une seule couche.* — En Angleterre, on peut dire d'une manière générale que, lorsque les deux puits constituant un siège d'exploitation ont atteint la couche qui a le plus de valeur à cause de la facilité d'exploitation qu'elle présente ou de la qualité des produits qu'elle donne, on s'arrête à cette couche pour n'en point sortir, établissant dans la couche même les envoyages avec leurs dépendances, cabines et lampisteries, les écuries, les foyers, les machines et les générateurs à vapeur. Ces installations, dans les charbonnages anglais, sont concentrées dans un rayon habituellement restreint autour de la base des puits.

Exploitation à deux couches. — Lorsqu'on exploite simultanément deux couches, on consacre à chacune d'elles un des deux puits ou, si le second puits est exclusivement réservé pour la sortie de l'air, une des deux cages qui circulent dans le puits d'extraction; c'est ce que l'on fait habituellement dans le Lancashire et en Ecosse. Lorsque le puits est d'assez grand diamètre et que la production est considérable comme dans certains charbonnages du Durham, on divise le puits en deux compartiments pourvus chacun d'un appareil d'extraction spécial à deux cages, chaque couche constituant toujours une exploitation indépendante avec entrée d'air et sortie d'air dans la couche même. C'est ce qui a été fait par exemple à Ryhope dont nous donnons plus loin la coupe, voir la *fig.* 20, page 105.

Exploitation à plus de deux couches. — Lorsqu'on exploite simultanément plus de deux couches par un même puits, comme nous l'avons vu faire dans le Lancashire et le Durham, on s'arrange toujours pour concentrer toute l'extraction sur un nombre d'envoyages au plus égal à celui des cages qui circulent dans les puits, le principe constant en Angleterre étant de consacrer toujours et d'une manière absolue un puits, ou deux cages d'un même puits ou tout au moins une cage d'un même puits à chaque envoyage sans qu'on admette jamais que la même cage s'arrête successivement à plusieurs envoyages pour y prendre des wagonnets.

Dans les grands charbonnages du Durham, où l'on a assez fréquemment en exploitation quatre couches, on n'a jamais plus d'un envoyage par appareil d'extraction complet à deux cages ; seulement on a souvent, comme nous l'avons déjà dit, deux appareils d'extraction par puits.

Pour obtenir ce résultat, on réunit les couches qui doivent être desservies par le même envoyage au moyen de galeries à travers-bancs plus ou moins inclinées, ou par des puits intérieurs dans lesquels on établit des balances automotrices.

Nous donnons ici, à titre d'exemples, la coupe verticale de trois sièges d'exploitation importants :

Celui de Seaham (*fig.* 16) où on exploite simultanément

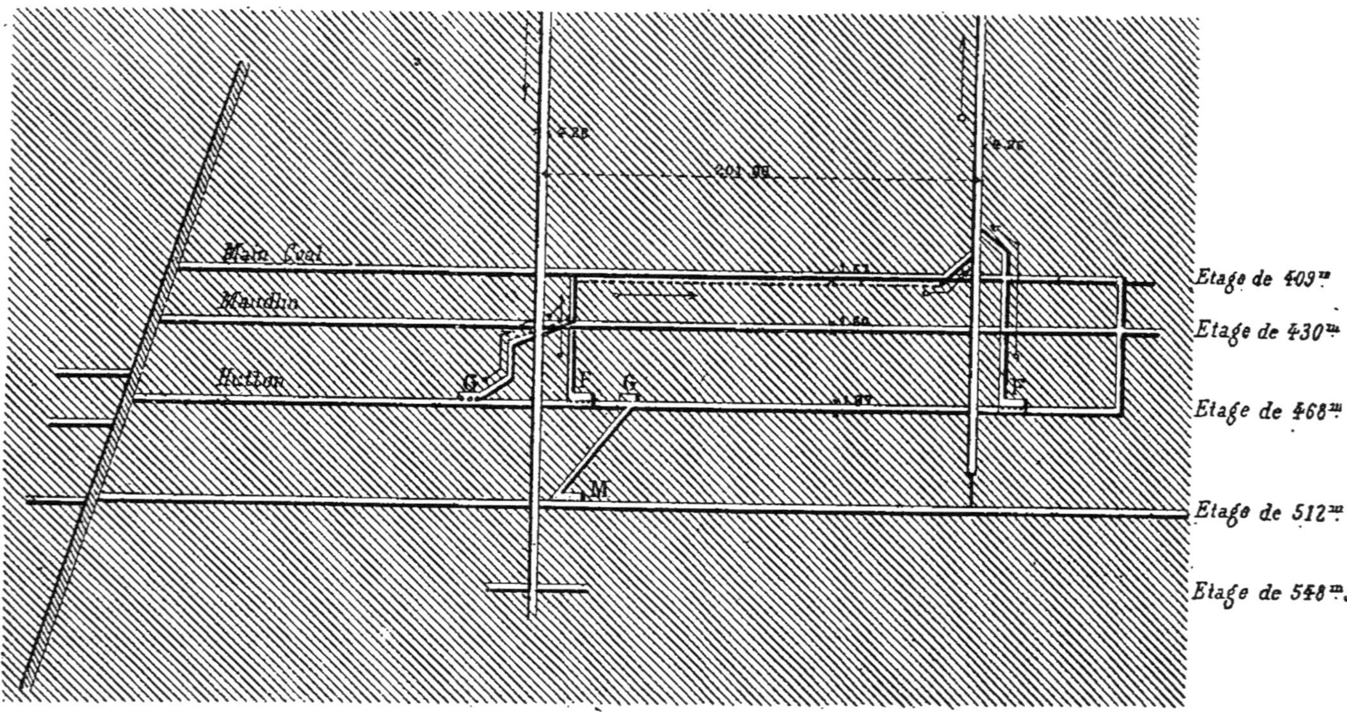

Figure 16. — Coupe verticale du siège d'exploitation double de Seaham.

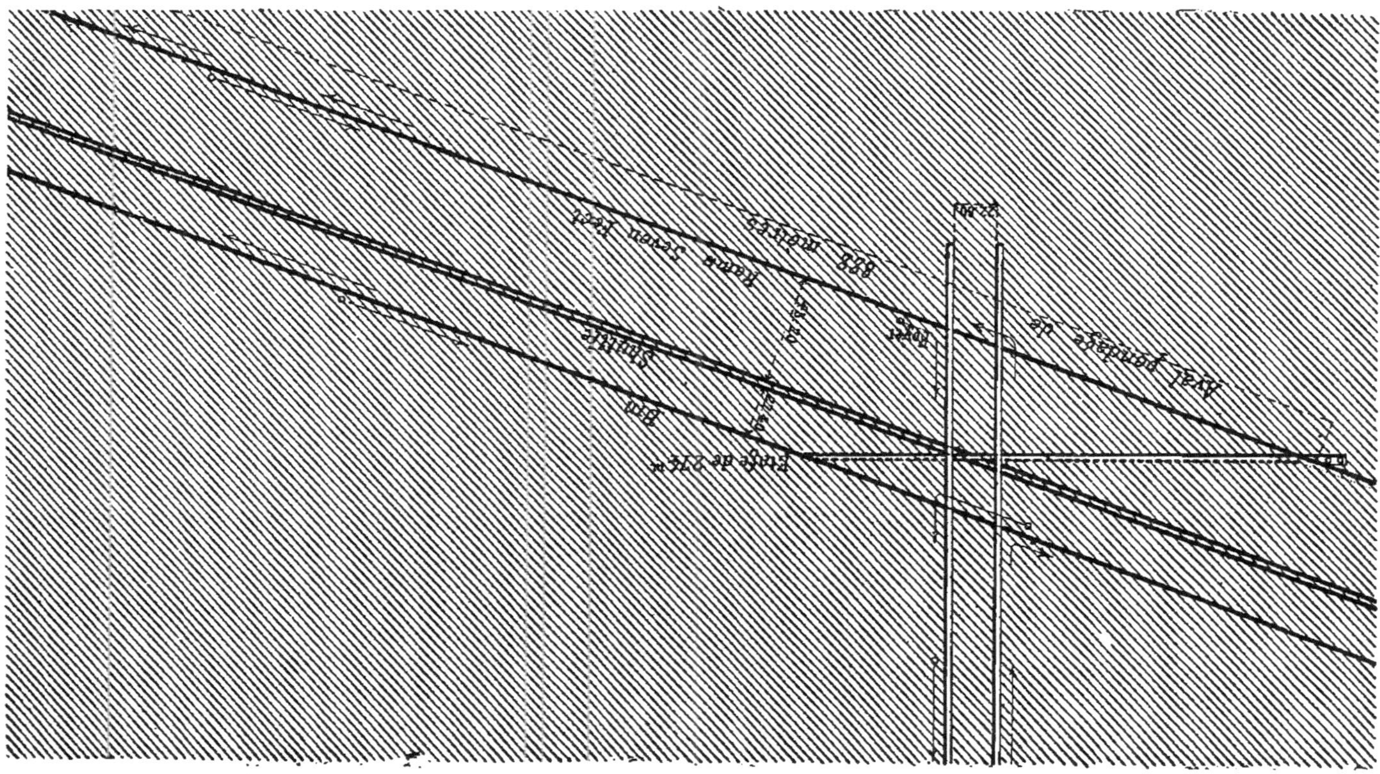

Figure 17. — Coupe verticale du siège d'exploitation double de Pendlebury.

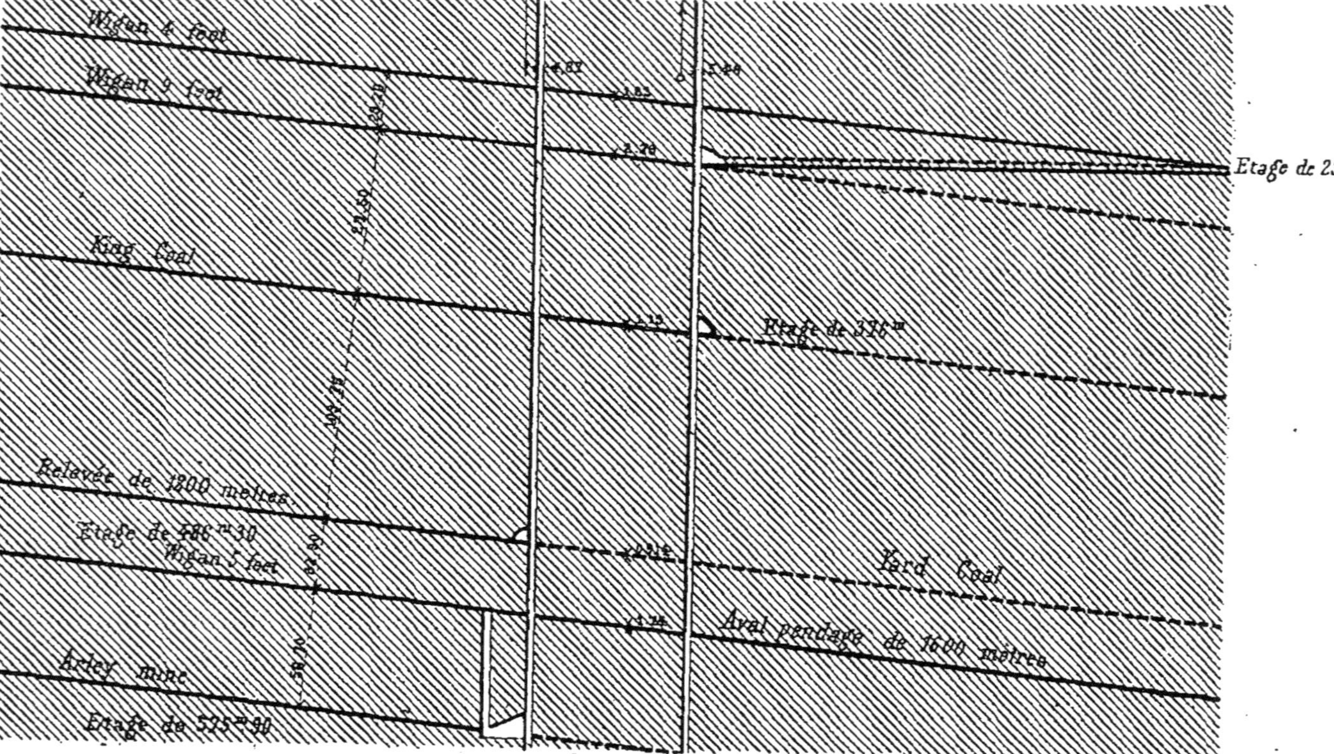

Figure 18. — Coupe verticale du siège d'exploitation double de Pemberton

quatre couches très peu inclinées en y réunissant les produits à deux envoyages ;

Celui de Pendlebury (*fig.* 17) où on exploite simultanément quatre couches assez inclinées pour que l'on ait pu par une galerie à travers-bancs réunir tous les produits à un seul et même niveau d'extraction ;

Celui de Pemberton (*fig.* 18) où on exploite simultanément par deux puits conjugués six couches dont on a réuni par un travers-bancs les deux supérieures, et par un puits intérieur les deux inférieures, les deux couches intermédiaires ayant chacune un envoyage : de telle façon que toute la production de ces six couches est extraite par quatre envoyages, deux par puits, correspondant chacun à l'une des cages de l'appareil d'extraction à deux cages établi dans chaque puits.

Travaux au rocher. — D'après tout ce que nous venons de dire, on comprend que les travaux au rocher, galeries à travers-bancs, approfondissements de puits et autres, soient excessivement rares en Angleterre. Nous n'en n'avons vu qu'à New-Tredegare dans le pays de Galles (un travers-bancs incliné de 12 mètres reliant deux couches très rapprochées simultanément exploitées), et, dans le Lancashire, à Pemberton, à Pendlebury et à Outwood. Dans ces deux derniers charbonnages, les couches ayant des inclinaisons de 20 à 35 p. 100, les galeries à travers-bancs recoupent tout un faisceau de couches sans être de longueur exagérée. Mais, même dans ces conditions d'allure qui permettraient, en creusant à des distances verticales suffisantes deux galeries à travers-bancs, de faire entrer dans chaque couche, par le pied des travaux l'air qui sortirait à leur sommet par les travers-bancs supérieurs, les Anglais ne font qu'une seule galerie par laquelle ils exploitent en aval aussi bien qu'en amont et à l'aide de tractions mécaniques tout le faisceau de couches recoupées. C'est ainsi qu'à Pendlebury (voir la *fig.* 17), dans chaque couche, l'air entre habituellement par le point où la couche recoupe le puits d'entrée d'air et en sort par le point où le puits de sortie d'air la rencontre de telle façon que, le plus souvent, les galeries à travers-bancs sont des galeries mortes au point de vue de l'aérage ou ne servent qu'à une couche.

Étages d'exploitation par couche et par étage. Organisation de l'aérage d'un étage. — D'une manière générale, et c'est là le point caractéristique de l'aménagement des travaux intérieurs en Angleterre, chaque couche constitue un étage d'exploitation qui se suffit complètement pour son aérage. Il n'y a qu'un étage par couche, et, par siège, il y a autant d'étages que de couches en exploitation. Chaque étage ou couche prend l'air au puits d'entrée là où ce dernier la recoupe pour le rendre au puits de sortie à son intersection avec la couche. c'est-à-dire presque au même point puisque les puits d'entrée et de sortie d'air sont toujours très rapprochés. De là la disposition constante des distributions d'air anglaises, distributions dans lesquelles l'air entrant par la voie de roulage principale établie dans la couche même, en partant des puits d'entrée d'air et d'extraction principale, revient à son point de départ par une voie établie dans la couche parallèlement à la première et à quelques mètres seulement d'elle. De là aussi l'impossibilité de diviser les énormes volumes d'air qui sont nécessaires pour aérer des travaux aussi développés que ceux, dont les Anglais ont la pratique, autrement que par des *crossings* et des portes très multipliées.

Niveau moyen d'exploitation. — Le niveau moyen d'exploitation des charbonnages anglais est très variable suivant les bassins. C'est à Wigan, au charbonnage de Rosebridge, qu'est le puits le plus profond ; il a, nous a-t-on dit, plus de 800 mètres. Dans le pays de Galles on a déjà quelques puits qui approchent de 700 mètres. Le puits d'extraction de Harris' Navigation a 695 mètres. Mais, sauf ces deux exceptions, les puits qui ont plus de 500 mètres sont relativement rares en Angleterre, et c'est dans le bassin du Nord, dans le Durham surtout, que les exploitations sont les plus profondes..

On trouvera plus loin dans les tableaux qui résument les conditions d'aérage des charbonnages visités par nous en Angleterre la profondeur de tous leurs puits. Voir ces tableaux à la page 218.

Approfondissement moyen annuel. — Quelle que soit d'ailleurs la profondeur moyenne à laquelle on exploite dans les différents bassins, il n'est pas sans intérêt au point de vue du grisou, sur l'abondance et les dangers duquel la profondeur semble ne pas être sans action, de faire remarquer que la profondeur dont descend chaque année en Angleterre le niveau moyen de l'exploitation dans un bassin donné est beaucoup plus faible que sur le continent et surtout qu'en Belgique. Cela tient à ce que l'exploitation s'étendant dans la même couche jusqu'aux limites mêmes du territoire appartenant au charbonnage, les travaux ne descendent, tant qu'une couche n'est pas entièrement déhouillée, que proportionnellement à la pente de la couche, pente qui est généralement très faible.

Mais ce faible approfondissement annuel moyen, qui contraste avec le rapide approfondissement des charbonnages du couchant de Mons où il coïncide avec le développement des dégagements instantanés, est, au point de vue des dangers présentés par l'exploitation des mines à grisou, largement compensé par l'allongement croissant du parcours qu'on impose à l'air. Ce développement des parcours d'air, malgré le soin que les Anglais apportent à en atténuer les inconvénients par les grandes sections qu'ils donnent aux voies d'air et les divisions multipliées par lesquelles ils cherchent à réduire les résistances opposées à son mouvement, a pour effet de rendre fort difficile l'alimentation en air frais des quartiers éloignés. C'est ainsi que pour avoir relativement peu d'air aux chantiers, les Anglais ont souvent besoin de mettre en mouvement des volumes d'air considérables, devant lesquels on s'extasie souvent sur le continent, mais qui, en réalité, ne vont pas, pour une bonne part au moins, bien loin de la base des puits, des chaudières et des écuries qui y sont installées. Cela sera montré plus loin par quelques exemples.

Organisation de la base des puits. — Pour bien faire saisir les dispositions le plus généralement adoptées en Angleterre à la base des puits, nous donnons ci-dessous quelques exemples que nous avons relevés, en nous préoccupant surtout de ce qui, dans les installations, a été fait en vue de l'aérage.

Siège double à ventilation par foyer exploitant une couche unique. Base des puits de Hindley-Field. — Le croquis ci-dessous (1) (*fig.* 19) montre les dispositions prises à Hindley-Field dans le Lancashire, dans la couche *Arley-seam*,

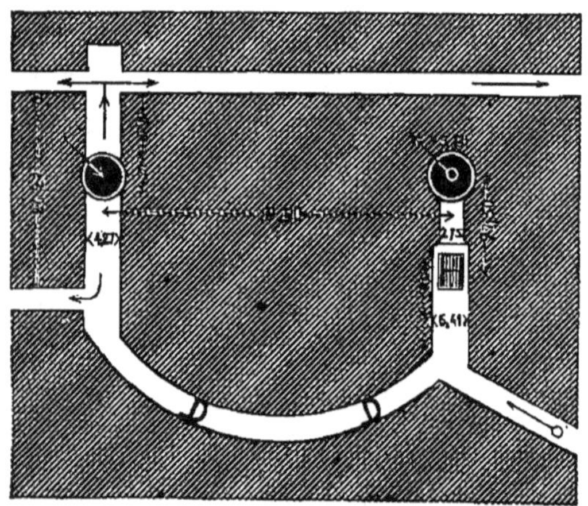

Figure 19. — Organisation de la base des puits de Hindley-Field,
dans la couche Arley-Seam.
Aérage par foyer.

---

(1) Dans tous ces croquis représentant les travaux souterrains, nous avons figuré par des hachures serrées le ferme, c'est-à dire la houille en place; par des hachures de même sens, mais moins serrées et plus fines les parties déhouillées remblayées ou non, ce que les Anglais appellent le *Gouf* ou le *Gob*, et, par des hachures

seule couche que ce charbonnage exploite à la profondeur de 329 mètres par deux puits dont un seul sert à l'extraction. Les dispositions sont complètement expliquées par le croquis. La séparation des courants d'air entrant et sortant entre les deux puits est assurée par deux portes DD qui diffèrent des portes courantes placées dans les travaux en ce qu'elles sont fermées par un loquet, ce qui ne permet pas qu'un wagonnet poussé contre elles les ouvre et que, d'une manière générale, elles puissent être ouvertes par inadvertance.

Siège double à ventilation par foyer exploitant plusieurs couches. Base des puits de Ryhope. — Le croquis ci-contre (*fig.* 20) montre les dispositions prises à Ryhope, dans le Durham, charbonnage qui exploite simultanément les couches *Maudlin* et *Hutton*. Le puits d'entrée d'air est pourvu de deux appareils d'extraction complets dont l'un dessert les couches supérieures, l'autre descendant jusqu'à la couche inférieure : le puits de sortie d'air, qui est divisé en deux compartiments dont un seul est armé d'un appareil

---

inverses moyennement serrées le rocher ou terrain encaissant. La marche du courant d'air est indiquée par des flèches :

Simples pour l'air frais, et à queue chargée d'une boule pour l'air ayant passé sur les travaux.

Conformément à l'usage anglais, nous avons figuré par des lettres placées dans les galeries mêmes, les différentes installations faites pour assurer la distribution de l'air ; ces lettres que nous conservons dans tous nos rapports sont :

D pour les portes obturatrices ;
D et L accolés pour les portes fermées par un simple loquet ;
D et C accolés pour les portes fermées à clef ;
D et D adossés pour les portes de sûreté ;
D et R accolés pour les portes à guichet régulateur ;
R pour les barrages en briques à guichet régulateur ;
T pour les toiles.

Deux traits rapprochés coupant une galerie indiquent un **barrage en bois**.

Trois traits rapprochés indiquent un barrage en maçonnerie.

d'extraction, s'arrête à la couche supérieure, où est établi un foyer ; un second foyer établi dans la couche inférieure est relié au puits de sortie d'air par un puits intérieur latéral de 1ᵐ,83 de diamètre communiquant avec lui par une galerie inclinée.

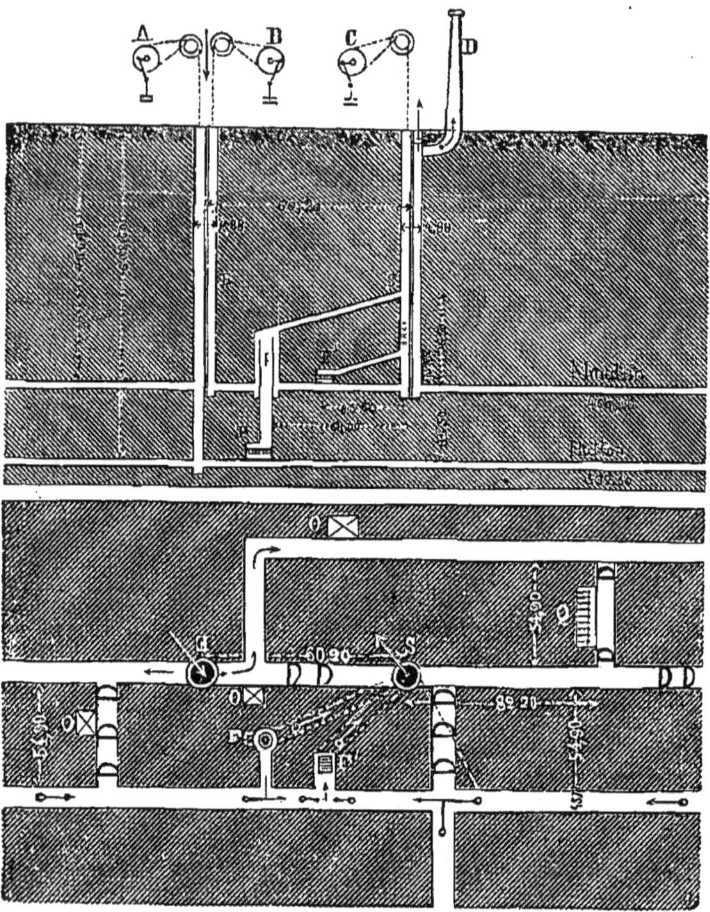

Figure 20. — Organisation de la base des puits de Ryhope.
Coupe verticale montrant la disposition des recettes et des foyers.
Aérage par foyer.

La légende ci-dessous rend complètement compte des particularités à signaler.

E puits d'entrée d'air à deux appareils d'extraction, dont un descend jusqu'à la
   couche inférieure ;
S puits de sortie d'air a deux compartiments dont l'un sert à l'extraction ; l'autre
   servant exclusivement à la sortie de l'air ;
M couche Maudlin de 2^m,13 de puissance à la profondeur de 466 mètres ;
H couche Hutton de 0^m,965 de puissance à la profondeur de 502^m,60 ;
F foyer simple de 2^m,41 × 2^m,13 de surface de grille, établi dans Hutton à 502^m,60,
   alimenté par une partie des retours d'air ;
f puits intérieur de 1^m,83 de diamètre formant cheminée pour le foyer F ; de diamètre double au-dessus de Maudlin, où la gaine qui enveloppe son muraillement, prolongé en manière de cheminée reçoit une partie du retour d'air de
   ce niveau ;
F' foyer double de deux grilles de 2^m,44 × 2^m,13 de surface, établi dans Maudlin,
   alimenté par une partie des retours d'air ;
f' rampant de 2^m,76 × 3^m,04. avec circulation d'air à l'entour, qui mène les flammes
   du foyer F' au compartiment de sortie d'air.
0, 0, 0 cabinets des chefs du fond ;
Q écuries.
A, B, C machines d'extraction ;
D cheminée qui éloigne de la recette les fumées du fond.

Siège triple à ventilation par foyer exploitant une seule couche. Base des puits de Lund-Hill. — Le croquis ci-contre (*fig.* 21) montre les dispositions prises à Lund Hill (Yorskhire), dans la couche *Barnsley* la seule qu'exploite ce charbonnage à la profondeur de 194,30.

Dans cette houillère, les deux puits d'entrée d'air servent à l'extraction, le troisième puits étant exclusivement affecté à la sortie de l'air.

La légende ci-dessous rend compte des particularités dignes d'intérêt :

E, E puits d'entrée d'air et d'extraction, de 3^m,50 et de 3^m,66 de diamètre ;
S puits de sortie d'air, de 4^m,41 de diamètre exclusivement réservé à la sortie
   de l'air ;
F foyer de deux grilles de 2^m,438 de largeur sur 3^m,657 de longueur ;
G générateurs installés à côté du foyer ;
   Le foyer et les générateurs sont alimentés par de l'air frais arrivant di-
   rectement à travers les portes à guichet qui les séparent des puits d'entrée
   d'air ;
P, P plans inclinés automoteurs desservant les exploitations de l'amont pendage
   des puits ;
V, V vallée avec traction mécanique desservant toutes les exploitations établies
   dans l'aval pendage des puits ;
0, 0 galerie servant à la circulation du personnel tout le long de la vallée ;
M cabinet de la machine à vapeur qui commande la traction mécanique ;
A cabinet de la machine à comprimer fournissant l'air aux pompes établies
   dans les travaux ;
C, C, C écuries ;
Q, Q réservoirs d'eau en communication avec le puisard ;
L lampisterie et cabine des chefs ;
D portes obturatrices ;

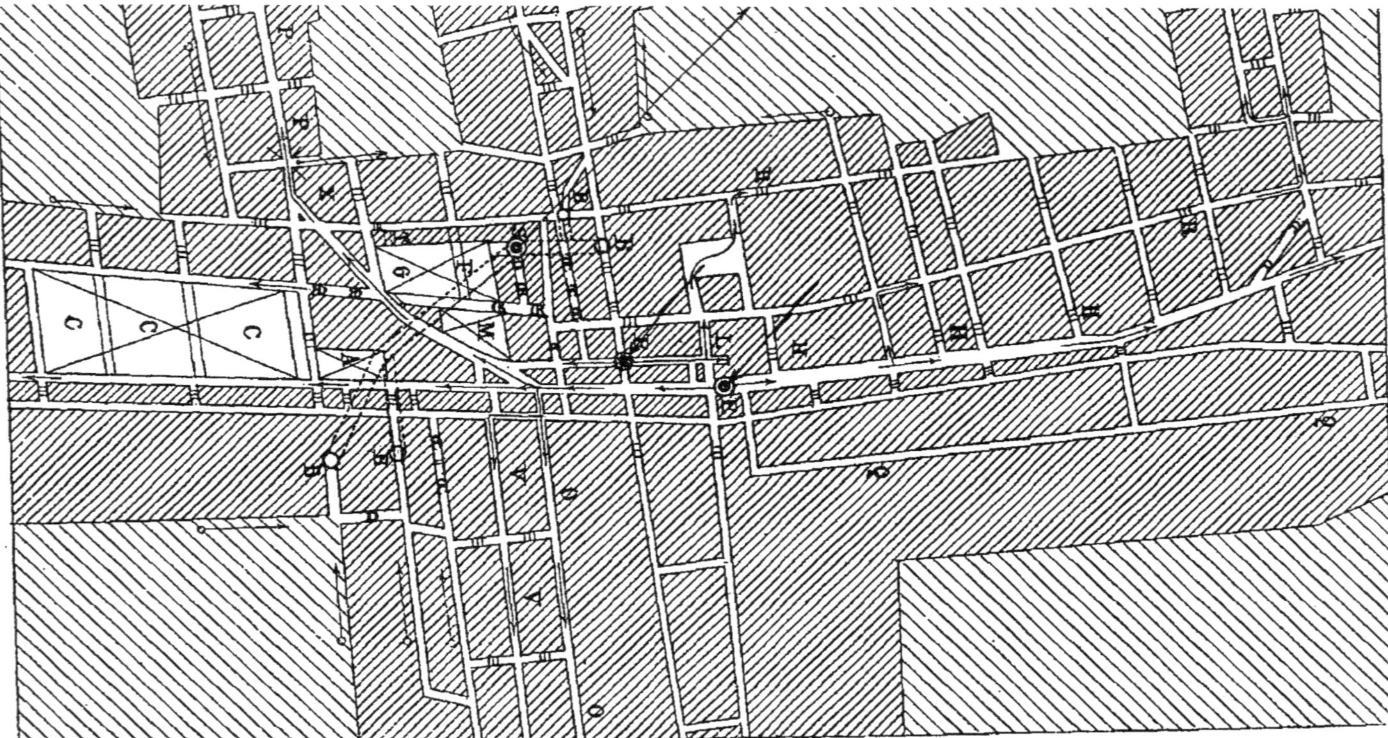

Figure 21. — Organisation de la base des puits de Lund Hill dans la couche Barnsley. — Aérage par foyer.

D, C portes fermées à clef, ne pouvant être ouvertes que par les officiers de la
        mine ;
D, R portes régulatrices à guichet servant à régler les quantités d'air à laisser
        arriver au foyer et aux générateurs ;
R   barrages en briques, avec guichet régulateur livrant passage à la quantité
        d'air attribuée aux quartiers desservis ;
H   barrages courants en briques, isolant les galeries d'entrée et de sortie d'air ;
B, B, B, B puits intérieurs de 2ᵐ,76 de diamètre mettant les retours d'air de la
        couche en communication avec les galeries montantes aboutissant au
        puits de sortie d'air. Ces galeries creusées dans le rocher passent à 24 mètres
        au-dessus des galeries d'entrée qui assurent la distribution de l'air frais à
        tous les districts. Elles sont marquées en pointillé sur le plan ci-contre :
X   croisement d'air ou *crossing ;*
T   échappement de la vapeur des machines souterraines.

Siége triple à ventilation par foyer exploitant plusieurs couches. Base des puits d'Eppleton. — Le croquis ci-contre (*fig.* 22) donne les dispositions prises à Eppleton dans le Durham, dans la couche *Hutton*, que ce charbonnage exploite à la profondeur de 325 mètres par ses deux puits d'entrée d'air, alors que le puits de sortie d'air exploite les deux couches supérieures *Main* et *Maudlin* réunies par un puits intérieur à balance automatique, de manière à ce que l'extraction puisse se faire par un envoyage unique établi dans *Maudlin.*

La légende ci-dessous rend compte de tous les points à signaler :

E, E puits d'entrée d'air et d'extraction.
S   puits de sortie d'air et d'extraction pour les couches supérieures.
F   foyer de 18ᵐ,23 × 2ᵐ,34 de surface de grille établi dans Hutton à 325 mètres,
        alimenté par une partie des retours d'air, qu'on rafraîchit au moyen d'un
        peu d'air frais que laisse passer une porte régulatrice R établie entre le
        puits d'entrée d'air et le foyer.
G   générateurs à vapeur dont le foyer est alimenté par de l'air frais.
D   portes obturatrices.
DR   portes régulatrices.
Q, Q écuries.
X, X, X, X *crossings* ou croisements d'air.

Siège double à ventilation mécanique exploitant une couche unique. — *Base des puits de Celynen.* — Le croquis ci-contre (*fig.* 23) montre les dispositions prises à Celynen (pays de Galles), dans la couche *Black-Vein*, seule couche que ce charbonnage exploite à la profondeur de 333 mètres par deux puits dont un seul E sert à l'extraction,

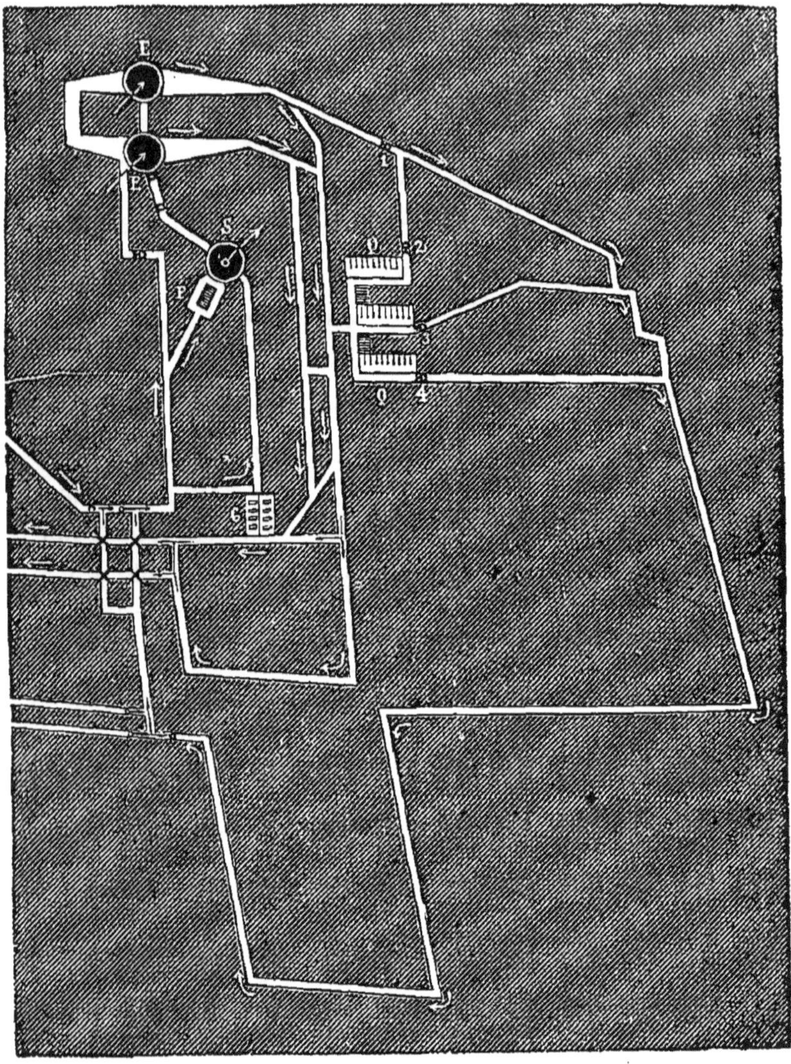

Figure 22. — Organisation de la base des puits d'Eppleton
dans la couche Hutton.
Aérage par foyer.

l'autre, S, servant exclusivement à la sortie de l'air. Le
traçage principal est fait par trois galeries conjuguées menées
parallèlement l'une à l'autre à 40 mètres et 28 mètres
d'écartement en partant du puits d'entrée d'air. La galerie

Figure 23. — Organisation de la base des puits de Celynen dans la couche Black vein. Aérage par ventilateur.

centrale et une partie de la galerie Sud servent à l'entrée
d'air et la galerie Nord à la sortie : les communications
d'air faites entre ces galeries pendant leur creusement sont
fermées à leurs deux extrémités par des murs en maçonnerie (*Stoppings*), des doubles portes fermant les communications par lesquelles il est essentiel de conserver
libre passage ; des portes régulatrices sont établies partout où il faut régler la quantité d'air à admettre. Les unes
sont à l'entrée, les autres à la sortie de l'air. Enfin des
Crossings permettent à l'air qui a parcouru les travaux établis au Sud de passer au-dessus des galeries d'entrée d'air
pour se rendre dans la galerie de retour. Les écuries, qui
sont luxueusement installées, sont en C.

*Installations diverses faites pour l'aérage à la base des
puits et dans les travaux.* — La disposition générale des
installations faites pour l'aérage à la base des puits et dans
l'intérieur des travaux diffère naturellement beaucoup avec
les charbonnages ; mais, quelle que soit cette disposition,
on retrouve partout, disposées d'une manière analogue,
les mêmes installations de détail ; nous croyons donc utile
de dire quelques mots sur chacune d'elles :

Barrages ou Stoppings. — Le mode de fermeture adopté
en Angleterre pour les communications d'air établies pendant le creusement, dans tout travail mené par galeries
conjuguées servant l'une à l'entrée et l'autre à la sortie
d'air, est invariablement le même. Il consiste en un mur de
deux à trois briques — soit 0,12 à 0,36 d'épaisseur — maçonné et enduit d'une couche de mortier ou de ciment établi
à chaque extrémité de la communication et derrière lequel
on met ou on ne met pas du menu charbon. Ces murs sont
généralement détruits dans les explosions de grisou, et
leur suppression complique inévitablement le rétablissement
de la circulation de l'air après un accident.

Portes d'aérage. — Les portes qui séparent les deux
courants d'air entrant et sortant, tant à la base des puits

que dans les travaux, sont presque partout en bois comme
sur le continent. Souvent elles sont inclinées de manière à
se refermer seules après le passage. Habituellement elles
sont de très grandes dimensions, défaut que ne compense
pas le soin avec lequel elles sont construites.

Jamais ces portes ne sont gardées. Mais lorsqu'elles ont
une importance capitale au point de vue de la distribution
de l'air, comme c'est le cas des portes établies entre les
puits d'entrée d'air et les puits de sortie, elles sont doubles
ou quelquefois même triples, et placées à une vingtaine
de mètres au moins les unes des autres, de manière à ce
que l'une étant ouverte l'obturation soit assurée par
l'autre.

Dans les exploitations où l'aérage est très soigné, on a
soin de murailler complètement la galerie dans laquelle
sont établies les portes. C'est ce que l'on a fait par exemple à Celynen.

Quelquefois, pour éviter qu'elles ne s'ouvrent spontanément ou qu'on ne les ouvre par inadvertance, on pourvoit
les portes d'un loquet simple.

D'autres fois, surtout lorsqu'aucun service obligatoire
pour tout le personnel, n'oblige à les ouvrir constamment,
on les ferme à clef, et on n'en donne les clefs qu'aux chefs
et aux seuls ouvriers que leur service appelle à passer par ces
communications dont la fermeture est essentielle à la bonne
distribution de l'air dans toute la mine. Nous avons vu de
ces portes fermées à clef entre les deux puits de Rockingham dans le Yorkshire; et, dans les travaux mêmes, entre
les deux courants fort rapprochés d'un même quartier à
proximité de points, par lesquels les ouvriers auraient pu
être tentés de passer pour raccourcir leur trajet, à Lundhill
dans le Yorkshire et à Eppleton dans le Durham.

La fermeture à clef des portes de communication, établies
entre les galeries principales d'entrée d'air et de sortie
d'un quartier pour les besoins du service, est rendue obli-

gatoire dans le Nord par les règlements particuliers. Le *master wasteman* est chargé de la vérifier. Nous avons pu constater nous-mêmes que cette prescription était parfaitement observée.

Portes de sûreté. — Dans le Pays de Galles, à Celynen, nous avons vu dans toutes les communications où l'obturation était capitale, et où, en cas d'explosion venant détruire les deux portes habituelles, il serait essentiel de pouvoir rapidement rétablir la séparation des courants, des

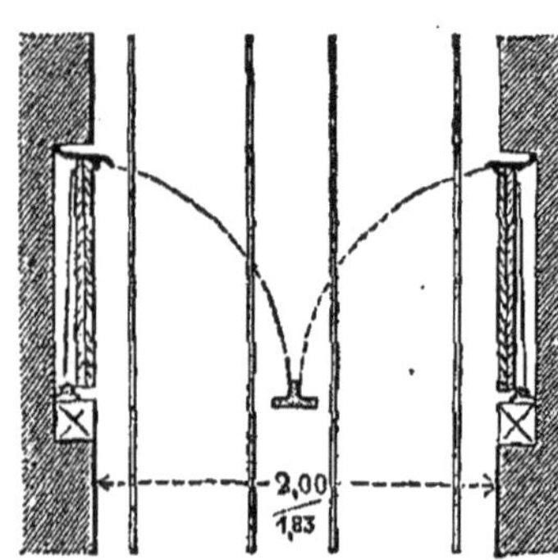

Figure 24. — Portes de sûreté
de Celynen.

portes de sûreté établies dans le milieu de l'intervalle de 24 à 34 mètres laissés entre deux portes courantes, intervalle qui est entièrement muraillé avec soin. La disposition de ces portes de sûreté est indiquée par le croquis ci-contre (*fig.* 24) : elles consistent en deux vantaux, tournant autour d'axes verticaux comme ceux des portes courantes, mais normalement effacés dans des logements ménagés *ad hoc* dans les maçonneries, et maintenus dans ces logements par un ressort faisant saillie. En pressant ce ressort, ce qui ne demande qu'un effort insignifiant, on dégage le vantail qui s'abat et vient fermer la galerie.

Portes régulatrices. — Les portes régulatrices qu'on doit installer pour répartir, suivant les besoins de l'exploitation, l'air attribué à chaque district de la mine, n'offrent en Angleterre aucune particularité remarquable. On les établit tantôt à l'entrée tantôt à la sortie des districts à aérer, mais plus généralement à la sortie.

Nous noterons que dans plusieurs charbonnages nous avons vu fixer par une cheville à cadenas la vanne qui détermine la section de l'ouverture livrant passage à l'air.

Quelquefois nous avons vu de pareilles portes régulatrices entre la galerie principale d'entrée d'air et la galerie d'accès au foyer. Il est, en effet, dans la pratique courante anglaise d'alimenter les foyers, qui existent encore en si grand nombre, avec l'air qui a parcouru les travaux, en choisissant, il est vrai, celui des courants d'air qui a le moins de chance d'être chargé de grisou. On le mêle quelquefois, en ce cas, avant de le lancer sur le foyer d'une quantité d'air frais, qu'on règle au moyen de la porte régulatrice dont il est ici question.

Toiles d'aérage. — Souvent en Angleterre, pour faciliter le roulage que les portes interrompent, et dans certains cas, comme nous l'avons vu à Wain-Llwyd dans le pays de Galles, pour permettre l'établissement dans les voies d'air de tractions mécaniques, on remplace les portes rigides en bois par des toiles suspendues aux chapeaux du boisage ou à un bois spécialement disposé à cet effet (*screens, sheets* ou *brattice cloth*), toiles pendantes que l'on multiplie en laissant entre elles un intervalle de 14 à 23 mètres, de manière à compenser l'insuffisance de cette fermeture par le nombre de fois qu'on la répète. Souvent d'ailleurs, afin de rafraîchir le courant d'air qui suit le front de taille par des dérivations successives d'air frais, on met une ou deux de ces toiles, au lieu de portes, dans les voies principales de certaines grandes tailles.

Croisements de courants d'air ou crossings. — Les installations au moyen desquelles on fait passer le retour d'air au-dessus du courant d'air frais (*air crossing*) et qui, souvent rapprochés de la base des puits, se retrouvent aussi à l'entrée de la plupart des quartiers d'une mine anglaise, consistent :

Tantôt en un coffre en bois disposé, dans les installations les plus soignées, comme l'indique le croquis ci-contre (*fig.* 25), qui représente les *crossings* établis dans le puits Alexandra de la Wigan Coal and Iron company, dans le Lancashire ;

Tantôt en un coffre, tube ou berceau en tôle rivée ;

Tantôt en une voûte en maçonnerie plus ou moins armée au moyen d'un système de rails et de cercles en fer, re-

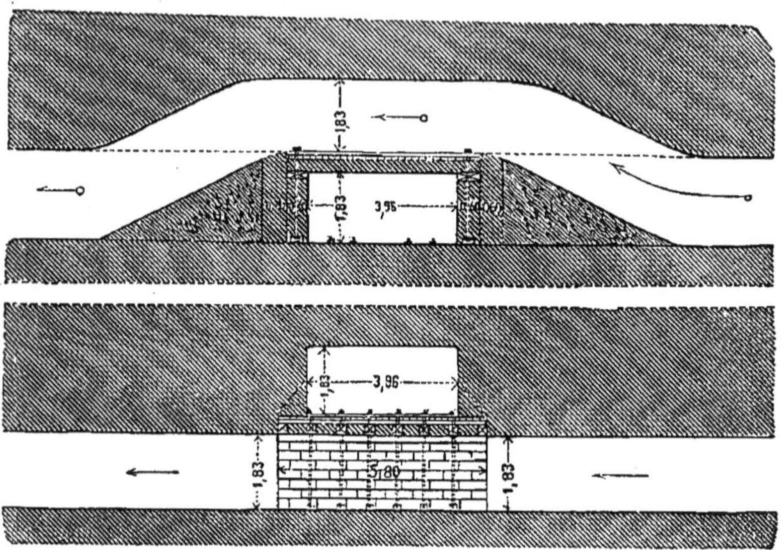

Figure 25. — Croisement de courants d'air du puits Alexandra.

couvrant la galerie d'entrée d'air et l'isolant d'une galerie perpendiculaire, qui, pour passer au-dessus de cette voûte, est creusée dans le toit de la couche sur la longueur nécessaire.

Nous donnons ci-dessous (*fig.* 26) la disposition des *crossings* établis à Llwynpia dans le pays de Galles. Ces *crossings*, formés d'un rampant circulaire en briques de cinq briques d'épaisseur, construit dans le toit de la couche sur un épais massif de remblais porté sur la voûte en briques de la voie principale d'entrée d'air, nous ont été signalés comme les mieux établis du pays de Galles.

Quelle que soit la construction adoptée pour ces *crossings*, il arrive presque toujours qu'une explosion en met un grand nombre hors de service, supprimant ainsi l'aérage de tous les districts dont les *crossings* détruits commandaient la distribution d'air.

Aussi, dans les exploitations où l'on se préoccupe d'assurer au personnel le maximum de sécurité possible,

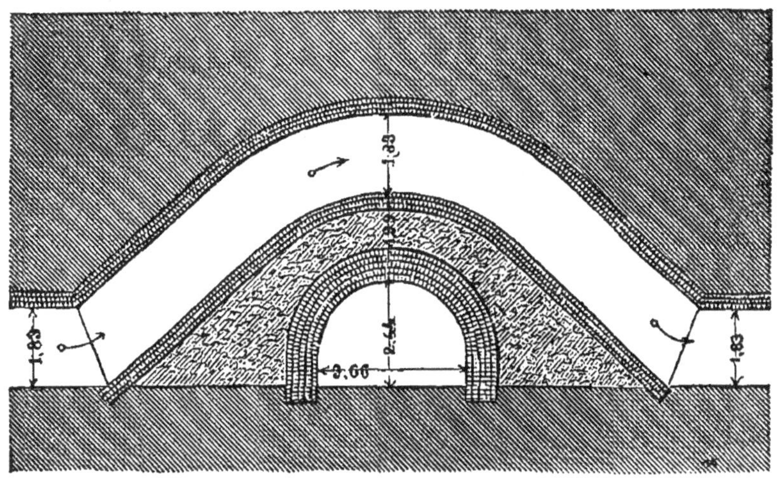

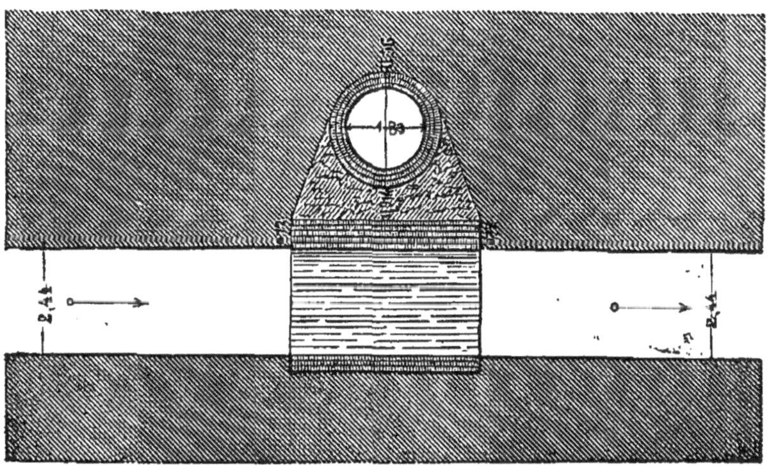

Figure 26. — Croisement de courants d'air de Llwynpia.

on établit ces *crossings* entièrement dans le mur ou le toit, en isolant les deux galeries par un massif de terrain naturel suffisant pour résister aux plus violentes explosions. Le croquis ci-contre (*fig. 27*) représente la disposition adoptée par M. Hewlet dans celles des exploitations de la Wigan-Coal and Iron company où il redoute des accidents de grisou.

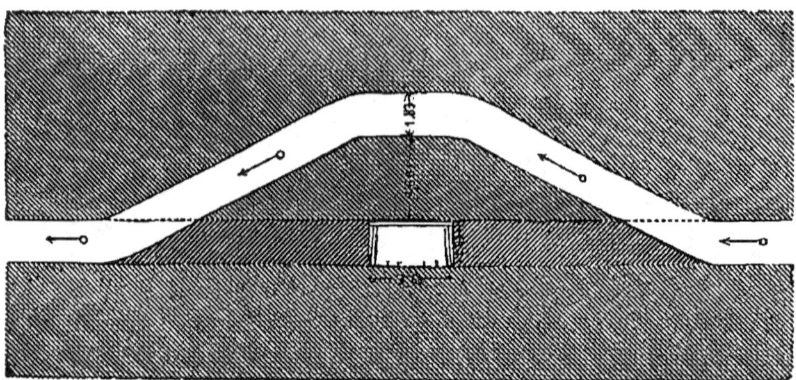

Figure 27. — Croisement de courants d'air de la Wigan-Coal and Iron company.

A Dinas, charbonnage du Pays de Galles, dirigé avec le plus grand soin par M. Galloway, et à Wain-Llwyd, charbonnage du même bassin, dirigé d'une manière également remarquable par M. Jordan, qui est le directeur général de toutes les houillères de la grande compagnie métallurgique d'Ebbw-Vale, nous avons vu établir ces croisements d'air d'une manière non moins sûre en réunissant par de petits puits de $2^m,74$ à $3^m,60$ de diamètre, la couche en exploitation à une couche supérieure non exploitée, dans laquelle on creuse très économiquement une galerie de retour d'air complètement indépendante de la galerie d'entrée qui est toujours dans la couche exploitée. Cette galerie peut aboutir au puits de retour d'air comme à Dinas, ou, par un second puits intérieur, comme à Wain-Llwyd, venir verser l'air contaminé dans le retour d'air général de la couche en exploitation. C'est une disposition analogue qui, à Lund Hill (voir les *fig.* 21 et 71), permet à l'air qui a parcouru les travaux de venir se déverser dans le puits de sortie d'air en passant au-dessus des galeries qui assurent la distribution de l'air frais aux différents districts.

Ces ga.eries collectrices des entrées d'air sont à 24 mètres au-dessus de la couche, et elles sont réunies aux galeries de retour d'air ménagées dans la couche par quatre puits B, B, B, B, de 2^m,76 de diamètre.

Croisement de courants d'air à cloison et porte de sûreté latérales. — A Celynen, dans le Pays de Galles, on crée dans le *crossing* un point faible, facilement réparable, qui, en cédant lors d'une explosion, préserve de toute destruction l'ensemble du croisement d'air. Les croisements d'air de ce charbonnage sont formés, comme le montre le croquis ci-dessous (*fig.* 28), d'une voûte cylindrique en maçonnerie portée sur

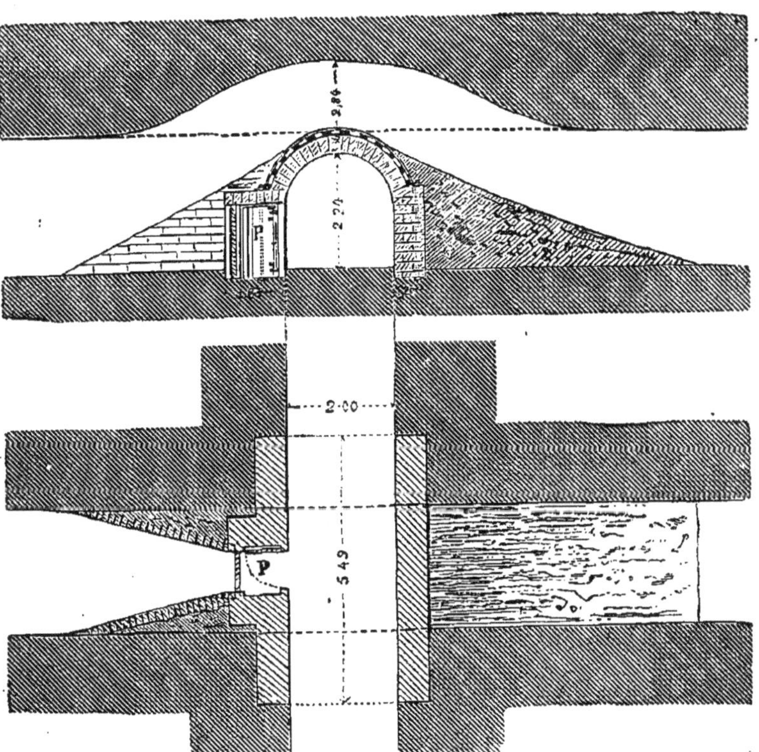

Figure 28. — Croisement de courants d'air avec cloison et porte de sûreté latérales de Celynen.

deux pieds droits, et armée par une carcasse extérieure formée de génératrices en fer plat posées sur l'extrados et maintenues par des cercles également en fer plat scellés dans les pieds droits. Latéralement à cette voûte et au milieu d'un des pieds droits, on a établi un passage maçonné de $0^m,904$ sur $1^m,20$ de hauteur qui fait communiquer les deux galeries perpendiculaires. La communication ainsi établie entre les deux courants est fermée par une tôle mince maintenue par des planches jointives formant une cloison peu résistante qui saute en cas d'explosion. Cette cloison peut alors très rapidement être remplacée par la porte de sûreté p disposée dans le passage, porte qu'on ferme en pressant le ressort qui la maintient dans le logement où elle reste effacée en temps normal. Grâce à ces précautions, on espère pouvoir rétablir le courant d'air après une explosion plus rapidement que lorsque le *crossing* tout entier est détruit par elle : pour cela, en effet, il suffit qu'un homme puisse arriver jusqu'au ressort qui maintient la porte ouverte.

Générateurs à vapeur. — Les générateurs qu'on rencontre si fréquemment à la base des puits anglais, sont installés avec les mêmes soins que les foyers, dans la chambre desquels ils sont d'ailleurs très souvent concentrés. Le principal de ces soins est d'isoler la maçonnerie de la chambre dans laquelle ils sont établis au moyen d'une gaine d'air qui empêche les couches de s'échauffer. On prend les mêmes précautions pour le rampant qui conduit les flammes de ces générateurs au puits de sortie d'air toutes les fois que ce rampant passe au voisinage de couches de charbon.

L'alimentation des foyers de générateurs est faite, comme celle des foyers d'aérage, par de l'air pris le plus souvent sur le retour d'air le moins chargé de grisou, très rarement par de l'air frais venant directement du jour.

Cabines des chefs (cabin-rooms). — Dans toutes les houillères anglaises il y a à la base des puits une ou plusieurs *cabins*, chambres rectangulaires creusées dans la couche, souvent muraillées et fermées à clef, dans lesquelles les chefs du fond laissent leurs vêtements, et où ils écrivent les rapports journaliers que l'on demande habituellement à chacun d'eux. Dans la principale de ces cabines, qui est réservée aux *overmen*, lorsqu'il y en a plusieurs, on trouve généralement un baromètre et un thermomètre, quelquefois un hygromètre.

C'est dans cette cabine que l'ingénieur et les chefs supérieurs, qui, en Angleterre, ont toujours pour descendre des costumes de laine épaisse, abandonnent le large pantalon qu'ils mettent par dessus leur culotte courte, et le gros veston qu'ils portent au-dessus de leur veste légère à dos en cuir. Avant de remonter, ils revêtent ces enveloppes supplémentaires qui ne sont pas inutiles pour la circulation dans les puits où d'abord la cage vous emporte avec une vitesse inusitée sur le continent pour la translation des hommes, et où s'engouffrent des volumes d'air considérables, ainsi qu'on le verra plus loin.

Lampisteries. — Lamp-stations. — Presque toujours également on rencontre à la base des puits, et souvent à l'entrée de chaque district, dans les mines où le service des lampes est bien organisé, une seconde cabine, dite *lamp-station*, dans laquelle se tient, parfois à demeure, un homme spécialement chargé de la visite, de l'entretien et du rallumage des lampes. Quelquefois, dans ces *lamp-rooms*, on trouve un petit établi pour la réparation des lampes et des lampes de rechange. C'est là que les chefs qui, pour la circulation dans les grandes voies, ont souvent des lanternes à grosse lentille, laissent ces lampes à feu nu pour prendre les lampes de sûreté obligatoires dans les chantiers.

Organisation d'ensemble des travaux d'une couche. — Si, en partant de la base d'un siège d'exploitation, on pénètre dans les travaux d'une couche ou d'un étage, ce qui est la même chose, on trouve que partout les travaux sont

distribués de chaque côté d'un système de galeries conjuguées doubles ou triples, mené le plus généralement
en partant des puits dans la couche même :

Suivant la direction et suivant la pente, lorsque la
couche a une inclinaison sensible ;

Suivant la direction et des lignes diagonales lorsque la
pente est assez forte pour qu'il y ait intérêt à la réduire
dans les maîtresses-voies de roulage ;

Suivant des directions quelconques, déterminées souvent
par la forme de la concession, la disposition des failles
ou accidents de toute nature qui peuvent affecter la
couche, souvent enfin par la préoccupation de créer dans
la couche le plus grand nombre possible de districts d'exploitation, districts qu'on traite isolément comme autant
de mines distinctes.

De ces grandes galeries conjuguées doubles ou triples se
détachent, à des distances variant suivant le plan adopté pour
l'exploitation, des galeries secondaires également conjuguées qui deviennent l'axe ou le point de départ d'autant
de districts.

Disposition générale des travaux. — Telle est la disposition générale des travaux d'une houillère anglaise, travaux
dont donnent complètement l'idée les deux plans reproduits
sur les planches I et II.

L'un, celui de Lund Hill (pl. I), montre ce qu'est une
houillère exploitée par massifs longs.

L'autre, celui de Eppleton (pl. II), montre ce que sont la
plupart des houillères de Durham, où, dans la même couche,
on emploie souvent simultanément la méthode par *piliers
et galeries* et la méthode par *grandes tailles*.

Travaux de Lund Hill. — La pl. I à laquelle nous renvoyons est la réduction du plan des travaux exécutés dans
la couche Barnsley, couche recoupée à la profondeur de
195^m,479 par les trois puits. Cette couche a 2^m,13 de puis-

sance avec pente continuellement décroissante variant de
0,091 par mètre à 0,055.

Les travaux y sont exécutés moitié en amont des puits,
moitié en aval. La méthode d'exploitation adoptée et partout suivie est la méthode par massifs longs, découpés, à
partir de la limite, en piliers que l'on reprend par tailles
montantes, successives, immédiatement contiguës, prises
en se rapprochant de la maîtresse-galerie menée suivant la
ligne de plus grande pente et d'où partent les galeries
horizontales de traçage des massifs. Dans ce plan, les parties
hachées figurent les quartiers déhouillés ; les quartiers
vierges ont été laissés en blanc.

Les flèches montrent la marche et la distribution des
courants d'air ;

Les flèches simples indiquent l'air frais ;

Les flèches avec une boule à la queue indiquent les retours d'air.

La légende ci-dessous explique toutes les particularités
dignes d'être signalées :

E, E puits d'entrée d'air de 3^m,50 et de 3^m,66 de diamètre ;

S   puits de sortie d'air de 4^m.41 de diamètre ;

B   puits intérieurs de 2^m,76 de diamètre, mettant les entrées d'air de la couche
en communication avec le puits de sortie d'air par des galeries au rocher,
marquées en pointillées sur le plan, galeries établies à 21^m,101 au-dessus
du niveau de la couche ;

P   plans inclinés automoteurs établis dans la couche en amont-pendage des
puits. Ces plans ont une pente de 0^m,091 par mètre ;

V   vallée armée d'une traction mécanique établie dans la couche en aval-pendage
des puits. Cette vallée présente des pentes de 0,089, 0,167, 0,055, 0,033. La
pente de 0,167 correspond à la traversée d'un rejet sans importance.

O   voie du passage pour le personnel ;

M   cabinet de la machine souterraine ;

A   cabinet de la machine à air comprimé ;

C   écuries ;

F   foyer et générateurs ;

D   portes obturatrices courantes, figurées par un simple trait ;

D, C portes fermées à clef, dont l'usage est réservé aux chefs exclusivement ;

D, R portes régulatrices ;

R   barrages régulateurs en briques ;

T   toiles ;

X   croisements d'air ou *crossings* ;

K   pompes à air comprimé.
Les barrages en briques courants sont représentés par deux traits per-
pendiculaires aux galeries.
Les chiffres indiquent les stations de jaugeage.

Travaux d'Eppleton. — La pl. II, à laquelle nous renvoyons, est la réduction du plan d'aérage des travaux exécutés dans la couche Hutton, couche recoupée à la profondeur de 325 mètres par les trois puits. Cette couche a une puissance variant de 0^m,914 à 1^m,22 avec pente de 0,056 par mètre pour la première partie des travaux, et de 0^m,028 pour la seconde partie. Toute l'exploitation est établie en aval des puits : elle est desservie par une traction mécanique qui va prendre les trains de wagonnets à 3,800 mètres des puits.

Dans ce plan les parties couvertes de hachures figurent les quartiers déhouillés et plus ou moins remblayés par l'éboulement du toit, ce que les Anglais appellent le *Gob*.

Les galeries d'entrée d'air et de roulage ou de circulation sont figurées par un trait plein, et les galeries de retour d'air par un trait ponctué.

Ce plan montre très clairement les trois méthodes simultanément employées dans l'exploitation de la couche Hutton :

Le district I est exploité par piliers et galeries tracés de chaque côté d'une vallée centrale et repris en rabattant vers ce plan incliné.

Les districts III et IV sont pris par piliers et galeries tracés dans une fraction limitée du champ d'exploitation de chaque côté d'une voie de roulage horizontale, et repris en rabattant vers la maîtresse-voie établie suivant la ligne de plus grande pente.

Les districts II, V et VI sont pris par une méthode spéciale, se rapprochant du *long wall* en ce que le déhouillement se fait sans traçage préalable en avançant dans le ferme, mais s'en distinguant en ce que le déhouillement se fait comme le dépilage des piliers par tailles étroites, successives, immédiatement contiguës, prises en montant ou en descendant de chaque côté des voies de roulage qui sont maintenues dans le *Gob*.

Ce plan montre également d'une manière frappante

combien capricieusement sont distribués et enchevêtrés les vieux travaux représentés par les parties hachées et les travaux en activité.

La légende ci-dessous explique toutes les autres particularités dignes d'être signalées :

E, E puits d'entrée d'air de 3^m,20 et 3^m,66 de diamètre ;
S   puits de sortie d'air de 4^m,88 de diamètre ;
V   galeries inclinées ou vallées dans lesquelles le câble de la traction mécanique va prendre les trains de wagonnets formés avec des poneys à l'entrée de chaque quartier ;
C   écuries ;
F   foyer ;
G   générateurs à vapeur ;
D   portes obturatrices courantes ;
R   guichets régulateurs, réglant le volume d'air circulant dans chaque district ;
X   croisements d'air ou *crossings*.

Les flèches marquées sur les lignes mêmes qui représentent les galeries indiquent le sens dans lequel marche le courant d'air.

Les points placés sur les galeries mêmes, avec un chiffre au-dessous, marquent les points où se font régulièrement les jaugeages d'air.

Préparation d'un étage d'exploitation. — Ce mode d'organisation des travaux réduit la préparation d'un étage au creusement des trois ou quatre systèmes de galeries conjuguées qui deviendront les grands axes du dessin presque géométrique, que la régularité des couches permet aux travaux d'y former, et à l'établissement de toutes les installations accessoires qui se trouvent à la base d'un siège d'exploitation.

Creusement des galeries maîtresses. — Ces maîtresses-galeries sont toujours creusées conjuguées, c'est-à-dire deux par deux ou trois par trois à 20 ou 30 mètres l'une de l'autre de manière à créer de suite par des communications d'air qu'on établit entre elles tous les 30 à 50 mètres un circuit d'air complet sur lequel on peut brancher ultérieurement tous les travaux que comportera la méthode d'exploitation adoptée.

Aérage des travaux préparatoires. — Cette manière de faire rend très simple l'aérage des travaux préparatoires. Il n'y a en effet de difficulté que pour la partie de la galerie qui est au delà de la dernière communication établie entre les galeries conjuguées. Pour assurer l'aérage de ce cul-de-sac, on n'a qu'à le diviser en deux par une cloison dont un côté communique avec la communication en empêchant l'air de la galerie d'entrée d'y pénétrer. De cette façon, l'air va jusqu'à l'extrémité de la cloison qu'on a soin de maintenir à peu de distance du front de taille et rentre dans le circuit général en suivant l'autre côté.

La seule particularité que nous ayons à citer dans ce mode d'aérage partout pratiqué, — nous n'ayons en effet jamais vu de canards dans les mines grisouteuses anglaises, — c'est que très souvent la cloison, au lieu d'être en briques ou en planches comme sur le continent, est en toile goudronnée. Ces toiles, découpées en bandes très longues de $0^m,914$ de largeur, se clouent sur des bois verticaux posés dans l'axe de la galerie et forment, si on a le soin de les faire se recouvrir suffisamment, de les maintenir contre le sol à la base avec du menu et de les appliquer exactement contre la couronne au moyen de petits bois ou autrement, des cloisons très étanches avec lesquelles nous avons vu conduire de l'air à Hindley Field, dans de très bonnes conditions, à de grandes distances. Ces toiles goudronnées peuvent rendre de grands services après un accident pour rétablir rapidement l'aérage à mesure qu'on avance dans la mine. Les Anglais les emploient beaucoup et très utilement. A Risca, mine que l'on réorganisait à la suite de la catastrophe survenue en juillet dernier, nous avons vu employer ces toiles de toutes les façons.

Distribution générale de l'air dans un étage. — Les plans que nous avons donnés précédemment indiquent par des flèches la manière dont l'air est distribué dans un étage, et leur simple inspection suffit à fixer sur le mode de distribu-

tion qui est universellement adopté dans toute l'Angleterre.
Nous y renvoyons ainsi qu'à la légende qui les accompagne.
Ce qu'il importe surtout de noter c'est le parallélisme constant et l'extrême rapprochement des voies principales d'entrée et de sortie d'air, parallélisme et rapprochement, sur
lesquels nous sommes déjà souvent revenus, et qui forment
un des traits caractérisques de la distribution de l'air en
Angleterre.

· *Entrées et sorties d'air.* —Un des points les mieux étudiés
dans les distributions d'air anglaises c'est l'entrée et la sortie de l'air.

L'entrée se fait par les envoyages et les maîtresses-galeries
de roulage, galeries qui sont souvent doubles : l'une à plus
grande section, quelquefois muraillée sur toute sa longueur, dans laquelle est établie une traction mécanique;
l'autre à moindre section, établie à 10 ou 20 mètres de la
première et exclusivement réservée pour la circulation des
ouvriers.

· Ces envoyages et les maîtresses-galeries qui en partent
ont des sections proportionnées, avec plus de soin peut être
que sur le continent, aux volumes d'air qui y circulent. La
solidité exceptionnelle des terrains le permet en Angleterre
tandis qu'en France aucun de ces grands vides, qui ont souvent fait notre étonnement au delà de la Manche, ne pourrait être conservé.

La sortie d'air se fait par des galeries parallèles aux
maîtresses-galeries et dont souvent on a soin d'augmenter
la section à mesure qu'elle reçoivent l'air des branches
secondaires de la distribution. Nous citerons comme
exemple remarquable des soins pris pour l'entrée et la sortie
de l'air, les dispositions prises à Lund Hill dispositions
que mettent-en évidence les figures 21 et 71 et les légendes
qui les accompagnent. — Voir pages 107 et 201.

Ces galeries débouchent dans le puits, le plus souvent
par deux galeries collectrices réunissant chacune les

retours d'air de tout un côté du puits. Ces galeries collectrices sont à très grande section et muraillées le plus habituellement comme les envoyages. Lorsque, ce qui est exceptionnel, elles débouchent au-dessus du foyer, on a soin de maintenir les retours d'air isolés des flammes du foyer en faisant pour ces dernières une cheminée concentrique au puits, et laissant entre elle et les parois de ce dernier un espace annulaire dans lequel chemine l'air des retours jusqu'à une hauteur suffisante pour qu'aucune flamme ne puisse y atteindre.

Galeries courantes. — Les galeries secondaires d'entrée et de sortie d'air qui viennent se brancher sur les maîtresses-galeries, dans des directions et suivant des dispositions qui varient beaucoup avec les méthodes d'exploitation adoptées, ont également, en Angleterre, des sections généralement supérieures à celles des galeries du continent, et cela s'explique par leur situation dans la couche, ce qui rend leur creusement facile, ainsi que par la solidité exceptionnelle des terrains.

Section libre pour le passage de l'air dans les chantiers. Dans les chantiers eux-mêmes, la section laissée libre pour le passage de l'air est habituellement supérieure à celle qui existe souvent en Belgique et en France ; cela tient à la puissance des couches et à la solidité des terrains ; mais l'absence presque générale de remblai, au moins complet, fait que si l'air a beaucoup plus d'espace pour circuler, il est beaucoup moins bien conduit, ce qui réduit beaucoup la proportion qui vient lécher le front de taille. De plus, l'absence de remblai suffisant et la méthode employée pour le dépilage font que très souvent l'air passe difficilement d'une taille à l'autre, ainsi que nous le montrerons en décrivant les méthodes d'exploitation.

Appareil de la distribution de l'air dans les houillères anglaises. — D'une manière générale on peut dire que l'ensemble des galeries qui constituent l'appareil de distribution de l'air dans les exploitations anglaises présente des sections qui, le plus fréquemment et pour les raisons indiquées plus haut, sont notablement supérieures à celles qu'on rencontre sur le continent. Cela ressort d'ailleurs du tableau ci-contre, tableau dans lequel nous avons réuni pour quelques charbonnages pris au hasard, les dimensions données aux différentes parties de l'appareil compliqué que l'air a à traverser dans une grande houillère anglaise.

§ 4.

MÉTHODES D'EXPLOITATION.

Classification des méthodes anglaises. — Toutes les méthodes d'exploitation que nous avons vu appliquer en Angleterre peuvent se ramener aux trois méthodes suivantes :

La méthode par *piliers et galeries* ou par *piliers tournés*, désignée en Angleterre sous le nom générique de *Pillar and Stall*;

La méthode par *massifs longs* (*Pillar and Stall* du Lancashire, *Double Stall* du Pays de Galles).

La méthode par *longues tailles* (*Long wall*).

Chacune d'elles présente des variantes assez nombreuses dont nous donnerons les principales, en insistant toujours plus particulièrement sur tout ce qui touche à l'aérage.

Explication des signes conventionnels adoptés. — Dans tous les croquis qui vont suivre, nous avons adopté les signes conventionnels ci-dessous définis :

Les hachures serrées représentent le *ferme*, c'est-à-dire la houille en place;

Les hachures plus lâches, mais de même sens, représentent.les parties déhouillées, ce que les Anglais appellent le *Goaf* ou le *Gob*;

Les traits courts et rapprochés perpendiculaires aux galeries représentent des murs en pierres sèches formant un remblai discontinu;

DISTRIBUTION DE L'AIR DANS LES HOUILLÈRES ANGLAISES.

Partie 1 — de CHARBONNAGES à PASSAGE DE L'AIR

CHARBONNAGES.	PUISSANCE TOTALE de la couche considérée.	MÉTHODE d'exploitation employée.	PUITS D'ENTRÉE D'AIR — Nombre.	PUITS D'ENTRÉE D'AIR — Diamètre.	ENTRÉE D'AIR À LA BASE DES PUITS — Largeur.	ENTRÉE D'AIR À LA BASE DES PUITS — Hauteur.	MAÎTRESSES GALERIES D'ENTRÉE D'AIR — Nombre.	— Largeur.	— Hauteur.	GALERIES D'AMENÉE D'AIR AUX DISTRICTS — Nombre.	— Largeur.	— Hauteur.	GALERIES D'AMENÉE D'AIR AUX CHANTIERS — Largeur.	— Hauteur.	GALERIES D'ACCÈS DE L'AIR AUX CHANTIERS — Largeur.	— Hauteur.	SECTION LIBRE POUR LE PASSAGE DE L'AIR AUX CHANTIERS — Largeur.	— Hauteur.	PASSAGE DE L'AIR D'UN CHANTIER AU SUIVANT — Nature de passage.	— Largeur.	— Hauteur.
	mèt.			mèt.	mèt.	mèt.		mèt.	mèt.		mèt.	mèt.	mèt.	mèt.	mèt.	mèt.	mèt.	mèt.		mèt.	mèt.
Celynen	2,71	Massifs longs repris par double Stall.	1	6,39	6,10	7,50	1	1,51	2,74	1	3,66	2,74	3,05	2,74	2,74	2,14	3,05	2,44	Galerie de traçage.	2,74	2,74
Wain Llwyd	1,16	Long Wall.	1	6,10	6,10	6,10	1	3,05	1,38	1	3,05	1,38	La taille elle-même			2,74	1,15	La taille elle-même, qui est continue sur plusieurs centaines de mètres.		
Sandwell Park	8,23	Massifs longs avec piliers abandonnés.	1	4,58	6,10	1,88	1	2,74	1,83	1	2,74	1,83	2,74	1,83	2,74	1,83	9,14	1,83 à 9,25	La taille elle-même.		2,74	1,83
Rockingham	1,36	Long Wall.	1	4,57	6,70	6,70	1	2,11	1,83	1	2,13	1,83	La taille elle-même			2,11	1,25	La taille elle-même.		
Hoyland	1,52	Long Wall.	1	6,09	6,10	6,10							La taille elle-même.				3,05	1,52	La taille elle-même.		
Lund Hill	2,13	Massifs longs avec piliers repris par tailles montantes successives contiguës.	2	3,20 / 3,96	4,57 / 4,57	3,08 / 3,66	2	2,43	1,83	1	2,74	2,13	4,13	1,83	0,98	2,13	2,74	2,13	Passage entre le ferme et un mur en pierres sèches maintenant le goaf.	1,83	2,13
Pendlebury	1,52	Massifs longs repris par tailles montantes en gradins contigus.	1	3,05	3,66	4,70	1	2,14	2,28	1	2,13	1,83	2,13	1,22	1,83	1,52	5,49	1,58	Idem.	0,94	1,22
Pemberton	1,58	Long Wall.	1	4,88	5,49	5,49	2	3,66	1,81	2	2,74	1,83	La taille elle-même.			2,74	1,58	La taille elle-même.		
Eppleton	1,22	Piliers et galeries.	2	3,35 / 3,66	6,70 / 6,70	5,49 / 5,49	1	2,74	2,59	1	2,13	1,83	3,05	1,83	1,83	1,22	1,83	1,22	Passage entre le ferme et le goaf, maintenu par une rangée d'étançons.	0,15 à 0,65	1,22
Haswell	1,36	Massifs longs repris par tailles montantes successives contiguës.	1	3,35	5,02	3,86	1	2,74	1,83	1	2,74	1,83	2,58	1,52	7,30	1,36	1,83	1,25	Idem.	0,92	1,22
Ryhope	2,13	Piliers et galeries.	1	4,88	4,88	3,60	1	2,13	2,13	1	2,13	2,13	3,50	2,38	5,49	2,13	1,83	2,13	Idem.	0,65	2,38
Whitehaven	3,50	Piliers et galeries avec piliers abandonnés.	1		5,02	5,02	1	3,05	2,44	1	3,05	2,44	5,50	2,44	5,50/2	2,44	6,50	2,44	Galerie de traçage.	5,50	2,44
Allanshaw	2,71	Piliers et galeries.	1	4,14	4,14	4,14	1	2,74	2,10	1	2,74	2,21	2,44	2,21	5,41	2,21	1,60	2,21	Passage entre le ferme et le goaf.		
Blantyre	2,38	Long Wall.	1	7,31 / 6,43	7,31	4,36	1	3,05	1,83	1	3,05	1,83	La taille elle-même.			2,44	1,22	La taille elle-même.		

Partie 2 — de GALERIES DE SORTIE D'AIR à DÉVELOPPEMENT TOTAL

CHARBONNAGES.	GALERIES DE SORTIE D'AIR DES CHANTIERS — Largeur.	— Hauteur.	GALERIES DE SORTIE D'AIR DES DISTRICTS — Nombre.	— Largeur.	— Hauteur.	MAÎTRESSES-GALERIES DE SORTIE D'AIR — Nombre.	— Largeur.	— Hauteur.	SORTIE D'AIR À LA BASE DES PUITS — Largeur.	— Hauteur.	PUITS DE SORTIE D'AIR — Nombre.	— Diamètre.	DÉVELOPPEMENT TOTAL du plus grand parcours d'air dans la couche.
	mèt.	mèt.		mèt.	mèt.		mèt.	mèt.	mèt.	mèt.		mèt.	mèt.
Celynen	2,74	2,74	1	3,66	2,74	1	3,66	2,74	6,70	6,39	1	5,39	3,625
Wain Llwyd			1	2,74	1,38	1	3,05	1,38	6,10	6,10	1	6,25	1,842
Sandwell Park	2,74	1,83	1	2,74	1,83	1	2,74	1,63	6,10	4,58	1	3,05	1,350
Rockingham	2,13	1,83	1	2,11	1,83	1	2,13	1,83	6,70	6,70	1	4,58	2,400
Hoyland						1					1	1,97	1,100
Lund Hill	1,83	2,13	1	2,13	2,13	1	2,13	1,83	3,66	2,74	1	4,82	4,570
Pendlebury	1,84	1,52	1	2,13	1,52	1	2,14	2,28	3,66	4,70	1	2,95	4,060
Pemberton	2,74	1,83	1	2,74	1,83	1	2,74	1,83	5,49	5,49	1	5,75	3,800
Eppleton	3,66	1,83	1	2,44 / 2,14	1,83 / 1,83	1	2,74	1,83	6,10	5,49	1	3,50	7,300
Haswell	2,74	1,52	2	2,45 / 2,74	1,83 / 1,83	1	2,74	1,83	5,02	3,66	1	2,29	3,300
Ryhope	3,50	2,13	1	2,13	2,13	1	2,13	2,13	4,88	3,60	1	(2m,68)/2	9,600
Whitehaven	3,50	2,44	1	3,05	2,44	1	3,66	7,44	5,02	5,02	1	D/2	6,571
Allanshaw	2,44	2,21	1	2,74	2,21	1	2,74	2,21	4,14	4,14	1	1,14	3,930
Blantyre	3,05	1,83	1	3,05	1,83	1	3,66	3,66			1	2,05	3,930

Les hachures perpendiculaires aux premières représentent le terrain en place ; .

Les galeries sont figurées par deux traits ;

Les barrages de ces galeries sont représentés par :

Deux traits perpendiculaires lorsqu'ils sont en bois ;

Trois traits perpendiculaires lorsqu'ils sont en maçonnerie.

Les portes sont indiquées par :

D   lorsqu'elles sont des portes courantes obturatrices ;
D, L lorsqu'elles sont fermées par un simple loquet ;
D, C lorsqu'elles sont fermées à clef ;
D, D lorsqu'elles sont des portes de sûreté ;
D, R lorsqu'elles sont pourvues d'un guichet régulateur ;
R   indique un régulateur établi dans un barrage en maçonnerie ;
T   indique une toile.

Les écuries sont figurées par des traits rapprochés parallèles partant du ferme et terminés par un point représentant les stalles des chevaux.

Dans les chantiers :

Les points ronds marquent la place des étançons ;

Les croix figurent les piles formées de cadres dè bois de champ superposés et désignés, en Angleterre, sous le nom de *Cog*.

Les flèches montrent la marche du courant d'air : simples, elles figurent le courant d'air frais, tandis que l'air qui a parcouru des chantiers est représenté par une flèche terminée par une boule.

Les croix placées en travers des galeries à leur intersection figurent les croisements d'air ou *crossings*.

Les chiffres romains marqués sur certains quartiers indiquent le numéro des courants d'air indépendants aérant les districts figurés.

1. — Exploitation par piliers et galeries.

Dans la méthode par *piliers et galeries*, il faut distinguer deux cas, suivant que l'on abandonne ou que l'on déhouille les piliers.

· *Exploitation par piliers et galeries avec piliers abandon-nés.* — Dans la méthode par *piliers et galeries* avec *piliers abandonnés*, on trace à mailles aussi serrées que possible par des galeries aussi larges que le permet le terrain encaissant, de manière à ne laisser aux piliers que la section strictement suffisante pour porter le toit. Le dépilage, qui ne se fait que lorsque le terrain est très solide, est limité à la refente des piliers par une ou deux galeries perpendiculaires.

Cette méthode n'est appliquée que là où des raisons de sécurité spéciales obligent à prendre les plus grandes précautions pour éviter les dislocations de terrain. C'est ainsi que l'administration l'a imposée à la suite d'une invasion des travaux par les eaux, pour l'exploitation des couches qui à Whitehaven plongent sous la mer.

Exploitation de la couche Main Band, à William Pit, près Whitehaven. — A William Pit, près de Whitehaven, on exploite ainsi sous la mer à plus de 2.000 mètres du rivage, par un puits dont les travaux s'étendent d'un seul de ses côtés à plus de 4.000 mètres de distance en aval-pendage, la couche *Main Band*, qui a $3^m,20$ de puissance avec une pente régulière sous la mer de $0^m,14$ par mètre. Les travaux actuels sont à environ 241 mètres au-dessous du niveau des eaux.

· A ce puits pour lequel le croquis ci-contre (fig. 29), donne la disposition générale des travaux, le *grand traçage* est fait par des galeries conjuguées de $3^m,63$ de largeur sur $2^m,44$ de hauteur, séparées par un massif de $10^m,98$ et reliées tous les $18^m,30$ par des communications d'aérage.

Le *traçage* des *quartiers* indépendants (*pannels*), qu'on dispose le long de ces maîtresses-galeries, se fait par des galeries à angles droits de $5^m,50$ de largeur sur $2^m,44$ de hauteur, laissant entre elles des piliers carrés de $18^m,30$

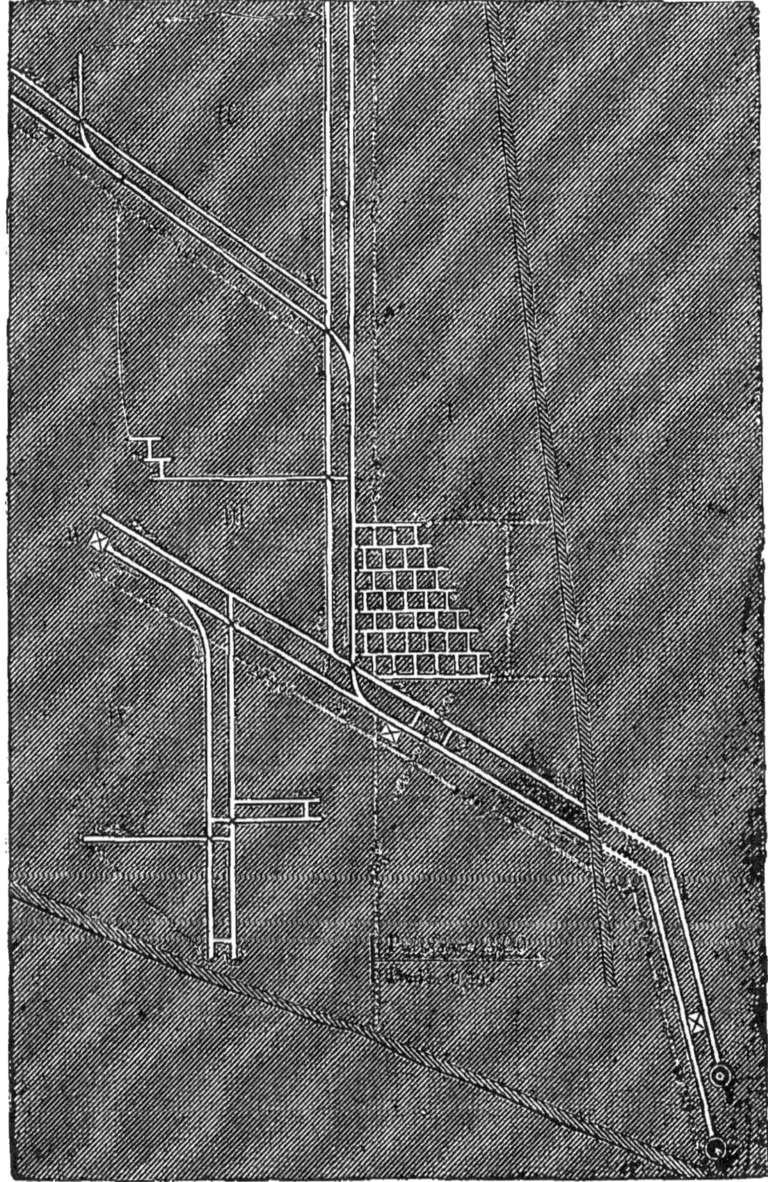

Figure 29. — Aménagement des travaux dans la couche Main Band
à William Pit.

sur 18^m,3o. Le croquis ci-dessous (*fig.* 3o) montre la disposition de ces galeries et piliers.

Chaque quartier a une largeur d'environ 137 mètres, et est tracé jusqu'à ce que l'on rencontre un accident qui lui assigne une limite naturelle.

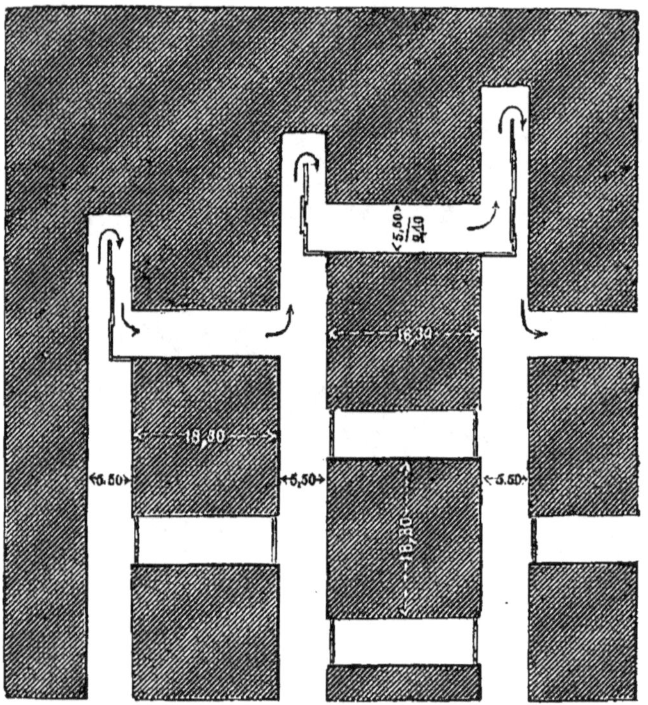

Figure 30. — Traçage des quartiers de William Pit.

Lorsque le traçage est terminé, on recoupe chaque pilier en commençant par le plus éloigné, par une galerie de 5^m,50 creusée en son milieu.

Dans tous ces travaux on ne prend que 2^m,40 sur les 3^m,20 qu'a la couche, laissant en couronne une planche de 0^m,80 pour maintenir le toit qui est médiocre.

L'abatage est fait, dans chaque chantier ou galerie de 5^m,50 de largeur, par 2 piqueurs payés à la tonne et faisant chacun 2 tonnes par poste de 6 heures effectives.

Les dispositions adoptées pour assurer l'aérage sont indiquées sur les croquis ci-dessus, dans lesquels les flèches montrent le sens du courant d'air. L'ensemble de la mine est aéré par quatre courants généraux sur lesquels se branchent des courants secondaires. Le plus développé à 3.610 mèt. de parcours.

L'*aérage* de chaque *quartier* est assuré dans son ensemble par des portes et des barrages en bois fermant toutes les communications, sauf l'extrême, et un *crossing*.

L'*aérage* de chaque *chantier* ou galerie est assuré par des cloisons formées de panneaux mobiles en bois, de $0^m,027$ d'épaisseur placés comme l'indique la *fig.* 50.

Nous avons vu dans l'une de ces galeries de traçage un très fort soufflard de grisou, à la rencontre d'une faille. Au front de taille même le grisou était parfaitement balayé par le courant d'air. Mais au delà de la communication d'air que fermait la cloison pour en mener tout le courant à front, et là par conséquent où, la galerie reprenant sa section normale, la vitesse de l'air était moitié moindre, la moitié de la hauteur de la galerie était remplie de grisou. Dans cette galerie le grisou remplissait immédiatement la lampe en y faisant explosion.

Exploitation par piliers et galeries avec piliers repris. — Lorsque les exploitations ne s'étendent pas sous la mer, et dans ce cas encore, ainsi que nous l'avons dit, c'est le gouvernement, qui, à la suite d'accidents survenus par irruption des eaux dans les travaux, a interdit le dépilage, les couches peu inclinées de moyenne puissance ne donnant pas de remblai et ayant un toit solide, sont le plus souvent exploitées par la méthode des *piliers et galeries avec piliers repris.* C'est la méthode la plus fréquemment suivie en Angleterre.

Dans les couches exploitées par cette méthode, après avoir fait d'abord de *grandes galeries* et de *petits piliers*, afin de prendre de suite la plus forte quantité de charbon possible, on a été amené, pour réduire la proportion des menus donnés par le dépilage de piliers qu'avait fatigués une pression sans rapport avec leurs dimensions, à faire de *petites galeries* de section strictement suffisante pour permettre un abatage économique, et de *grands piliers* capables de supporter sans souffrir la pression des terrains. Aujourd'hui, on ne prend, par les galeries de traçage, qu'un tiers au plus de la surface à déhouiller, les piliers représentant 70 p. 100 de cette surface.

Ce système, que, par opposition au système primitivement suivi, nous appellerons la méthode par *grands piliers* et *petites galeries*, est aujourd'hui le seul pratiqué avec de nombreuses variantes, dont nous allons rapidement donner l'idée.

Piliers repris après traçage complet de tout le champ d'exploitation. — A Blantyre, en Écosse, on trace par un système de galeries à angle droit de 5ᵐ,35 de largeur sur une hauteur égale à la puissance même de la couche ou à cette puissance diminuée de l'épaisseur de la planche de charbon, qu'on laisse souvent au toit pour le maintenir. Dans *Splint Coal*, qui a 2ᵐ,218 d'épaisseur, on donne aux galeries 1ᵐ,914 de hauteur. Ces galeries laissent entre elles des piliers carrés de 27ᵐ,40 de côté, que l'on découpe ainsi tout d'abord dans l'ensemble du champ d'exploitation attribué à un siège, en partant de quatre systèmes de galeries conjuguées, formant les galeries maîtresses du roulage et de l'aérage. Puis, les limites atteintes par ce traçage, on dépile en commençant par le pilier le plus éloigné, en revenant vers le puits, et en laissant le toit s'ébouler derrière soi.

Ce système, qu'on peut appeler à *piliers repris après traçage complet du champ d'exploitation*, a l'inconvénient d'exiger l'entretien d'un réseau très étendu de galeries, et de laisser longtemps la mine en présence d'une production obtenue exclusivement aux prix élevés qui correspondent à l'abatage en galeries étroites.

Piliers repris après traçage limité à des fractions réduites du champ d'exploitation. —Aussi, a-t-on été conduit à diviser le champ d'exploitation en districts isolés *(pannels)*, que l'on traite comme autant de mines distinctes, que l'on trace et que l'on dépile isolément, dès que le traçage du district est achevé. De cette manière on reprend les piliers avant que la pression des terrains et l'exposition à l'air en aient altéré la houille, et on produit rapidement de grandes quantités aux prix économiques que permet seul l'abatage en dépilage. De plus, en menant judicieusement de front dans une proportion convenable des traçaces et des dépilages, on peut obtenir un prix de revient constant intermédiaire entre celui qui correspond au traçage et celui qui correspond au dépilage.

C'est cette méthode par *piliers et galeries à piliers repris, après traçage limité à des fractions réduites du champ d'exploitation,* qui est encore la plus répandue aujourd'hui dans le bassin de Durham.

Dimensions des districts. — Les dimensions données aux districts varient beaucoup suivant les bassins et les couches. Elles doivent évidemment être proportionnées à la résistance offerte par les piliers, résistance qui dépend de la dureté de la houille et de la solidité des terrains encaissants. Ceux que nous avons vus ont de 170 à 320 mètres de largeur, sur des longueurs très variables.

Délimitation des districts. — Dans bien des charbonnages, chaque district n'est limité en largeur que par le district immédiatement supérieur, dont on a soin de pousser le dépilage assez activement pour que le toit soit complètement descendu avant qu'on commence à dépiler le district inférieur. C'est ce que nous avons vu faire à Ryhope, à Silksworth et à Haswell, dans le Durham. La longueur des districts dans ces charbonnages est déterminée par les accidents naturels que l'on rencontre, failles ou autres, et auxquels on s'arrête.

Les trois croquis ci-dessous auxquels nous renvoyons

donnent l'idée de l'organisation de ces districts à Ryhope
(*fig.* 31), à Eppleton (*fig.* 32) et à Haswell (*fig.* 33).

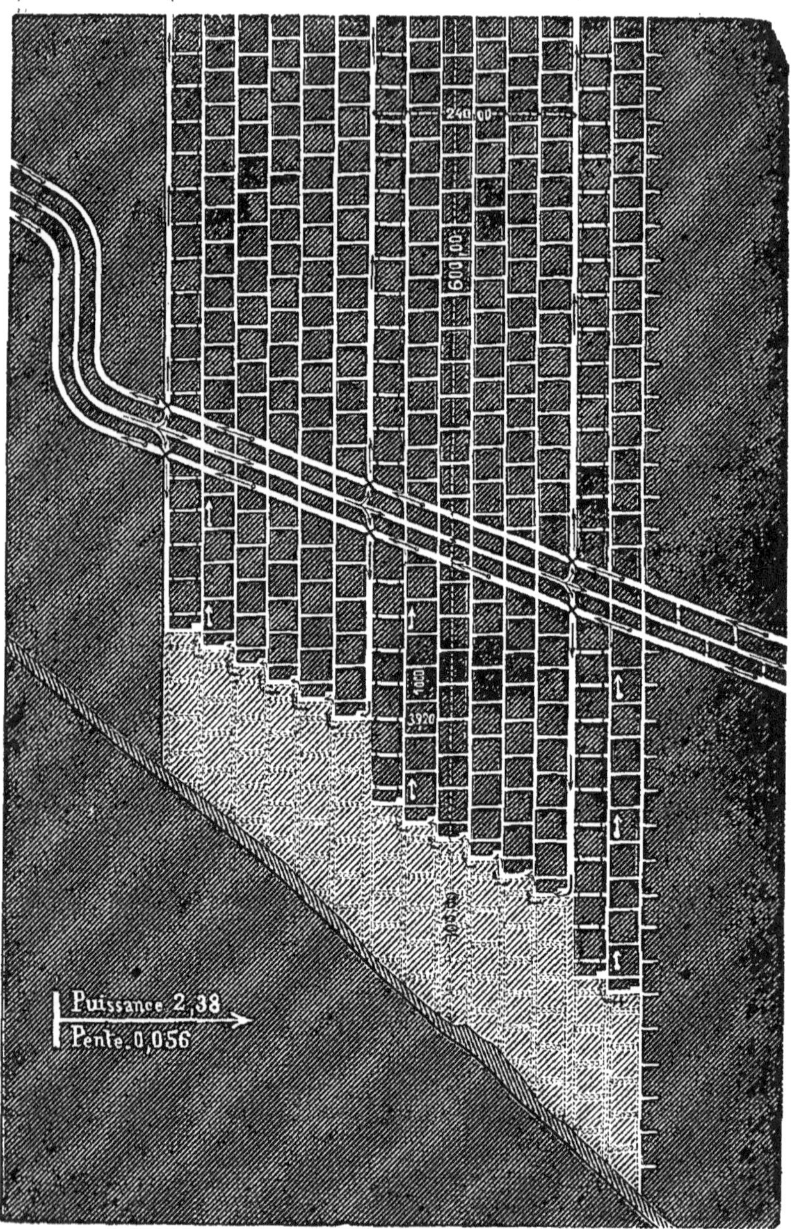

Figure 31. — Aménagement des travaux dans la couche Maudlin à Ryhope.

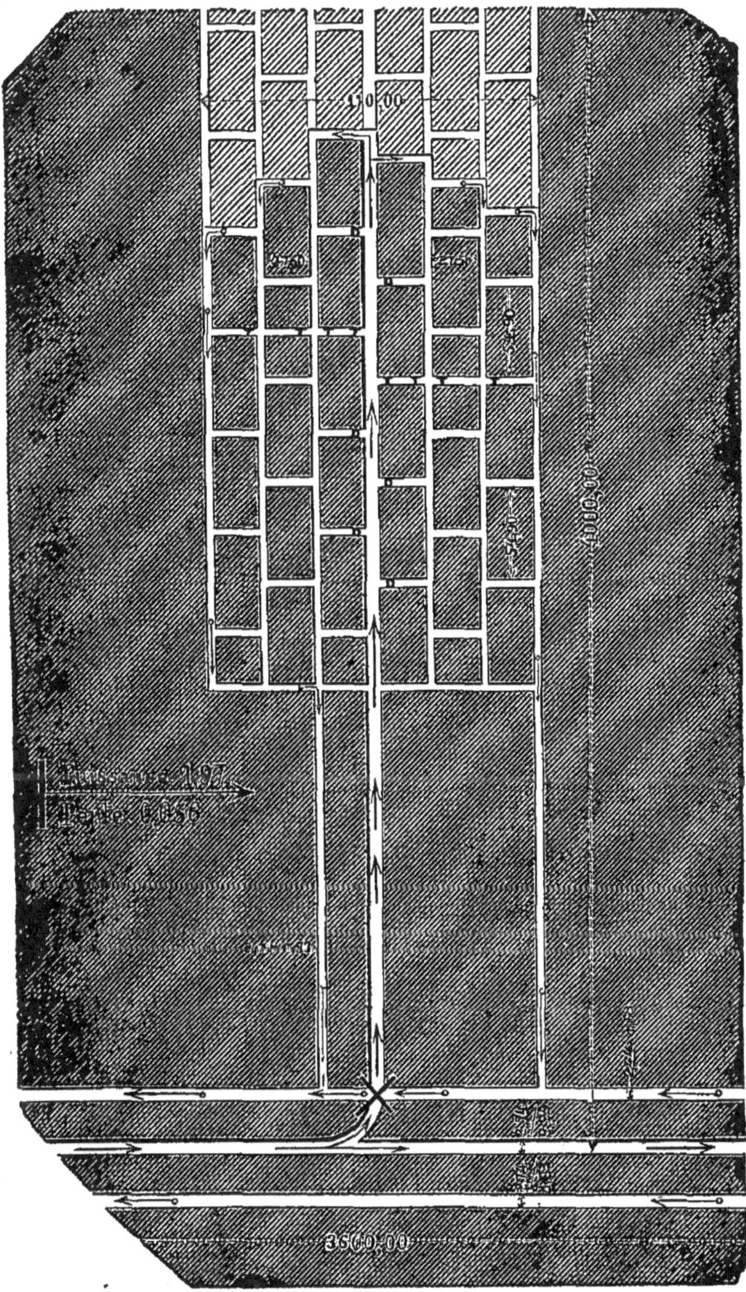

Figure 32. — Aménagement des travaux dans la couche Hutton
à Eppleton.

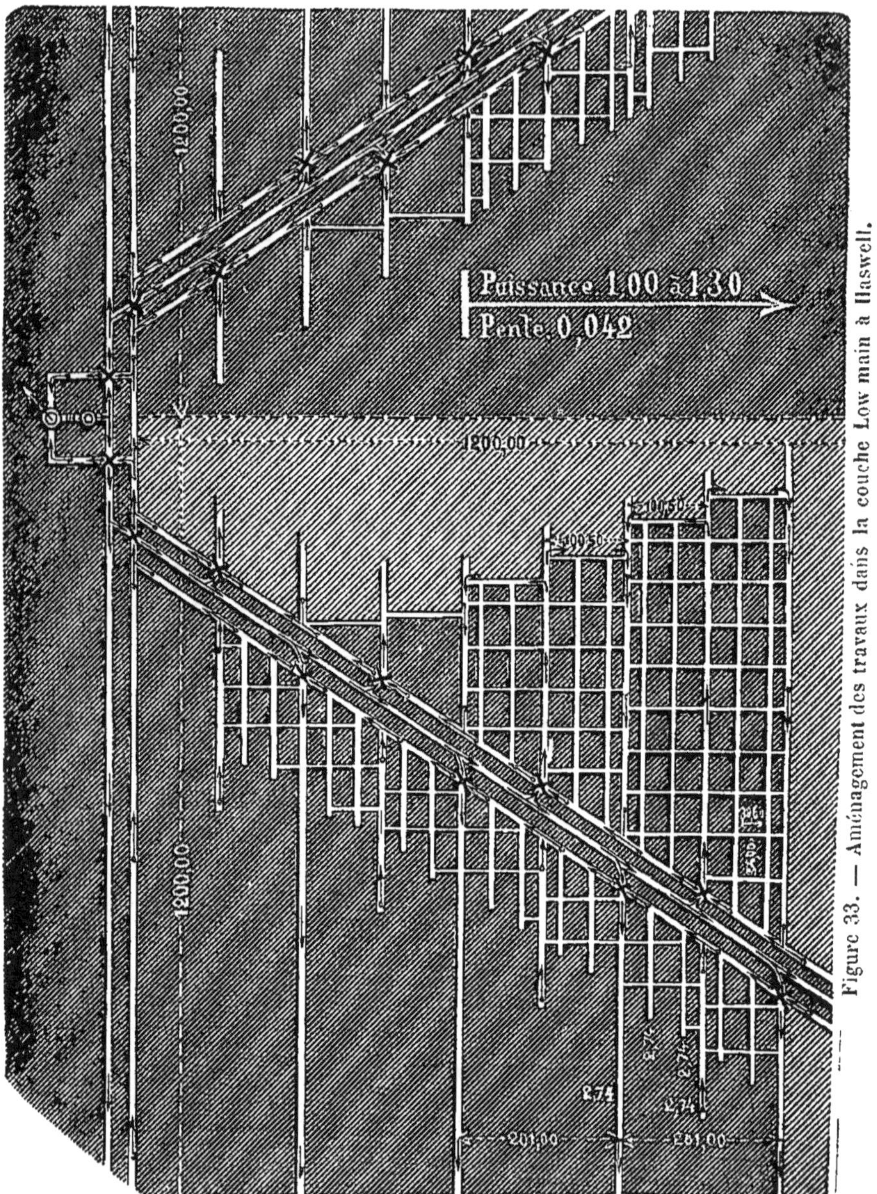

Figure 33. — Aménagement des travaux dans la couche Low main à Haswell.

D'autres fois, on laisse entre deux districts des massifs de charbon qu'on reprend après le déhouillement complet de tous les districts des régions de la couche où sont ces travaux. Ces massifs réservés ont de 20 à 30 mètres. Nous en avons vu à Allanshaw en Écosse, à Murton et à Eppleton dans le Durham.

Les deux croquis ci-dessous indiquent les dispositions adoptées dans les charbonnages d'Allanshaw *(fig.* 34) et de Eppleton *(fig.* 35).

Préparation des districts. — Pour préparer les districts, on trace, en partant des maîtresses-galeries, et à des distances réglées par les dimensions données aux districts, des galeries conjuguées, horizontales, montantes ou descendantes, à pleine pente ou à mi-pente, suivant l'allure de la couche, et, de ces galeries conjuguées, on fait partir les galeries perpendiculaires qui délimitent les piliers.

Largeur des galeries de traçage. — La largeur donnée aux galeries par lesquelles on découpe les districts en piliers doit être assez grande pour que l'abatage s'y fasse économiquement, et assez faible pour que l'entretien ne commence pas à en devenir nécessaire avant que le dépilage les ait atteintes. En fait, elle varie de $2^m,15$ à $4^m,60$. Normalement, il nous a été dit que dans des couches de $0^m,90$ à $1^m,82$ offrant des conditions moyennes de solidité, on prenait par les travaux de traçage de 1/3 à 1/5 de la couche.

Forme et dimension des piliers. — Les piliers sont presque toujours des rectangles dont la longueur est environ double de la largeur quand ils ne sont pas carrés. Leurs dimensions les plus fréquentes sont de 27 à 120 mètres de longueur sur 27 à 60 mètres de largeur.

Leur long côté est en général suivant la direction, et, lorsque la couche est assez plate pour qu'on n'ait pas à se préoccuper de son allure, parallèle ou perpendiculaire au clivage de la houille, ce qui facilite l'abatage.

Disposition des piliers dans chaque district. — La disposition des piliers dans chaque district par rapport aux galeries préparatoires de chacun d'eux varie avec l'inclinai-

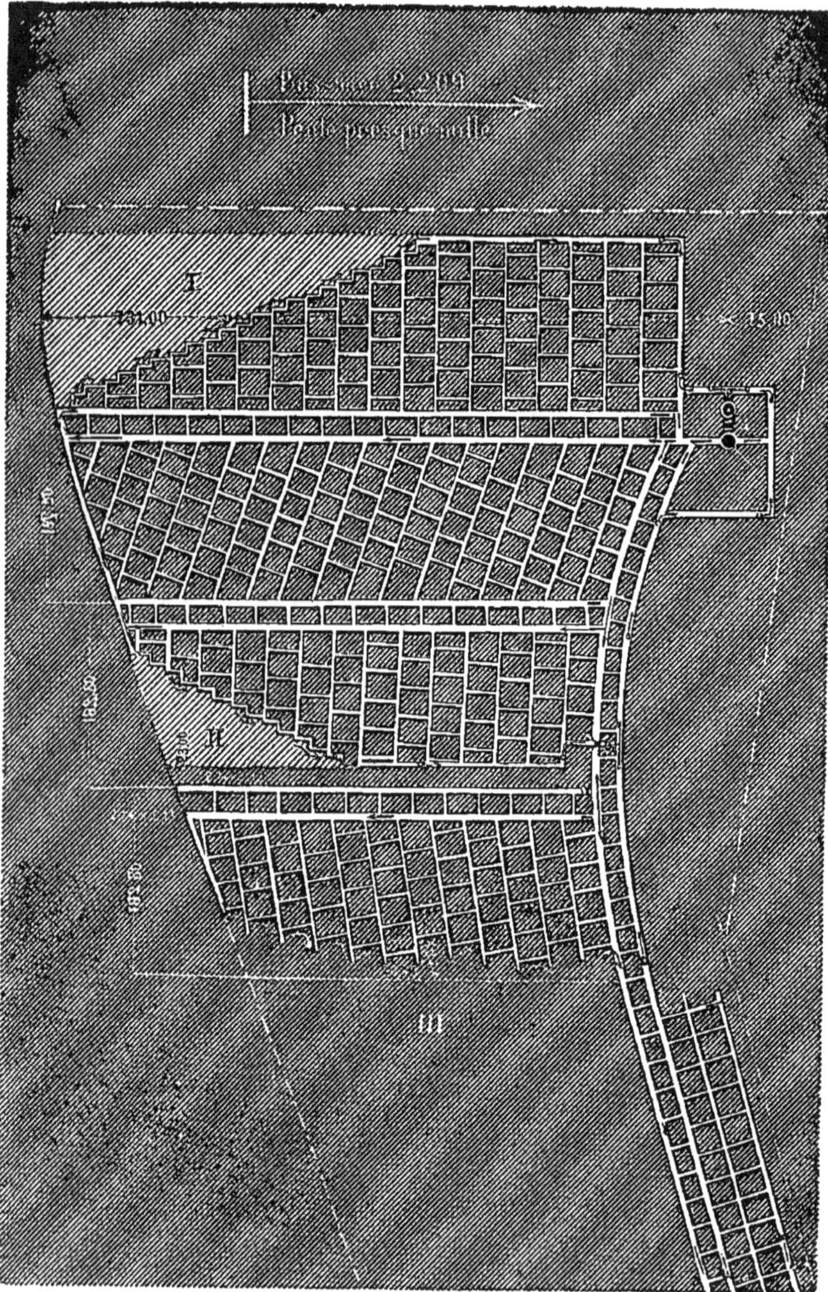

Figure 34. — Aménagement des travaux dans la couche Ell coal
à Allanshaw.

son : lorsqu'elle est nulle ou faible, on les dispose symétriquement de chaque côté de ces galeries ; c'est ce que nous avons vu faire à Haswell, à Murton et à Eppleton, dans le

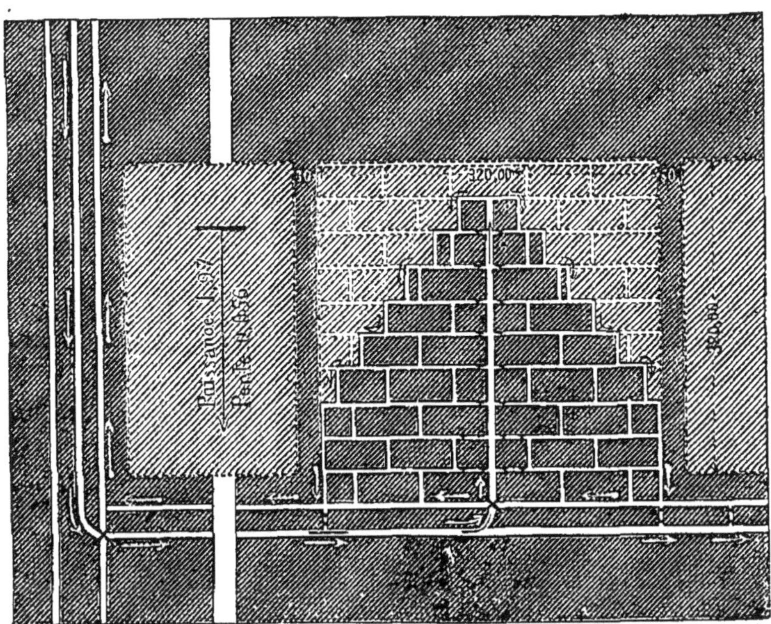

Figure 35. — Aménagement des travaux dans la couche Main seam à Eppleton.

Durham ; lorsqu'elle est plus forte, on ne les dispose qu'en amont de ces galeries, de manière à faciliter le roulage.

Dépilage. — Le *dépilage* se fait toujours en commençant par l'extrémité du district la plus éloignée du point par lequel on a commencé le traçage, en revenant vers ce point et en laissant ébouler le terrain derrière soi, c'est-à-dire que l'on prend d'abord le pilier qui est à l'extrémité de la diagonale du district.

Le *déhouillement* se fait en prenant sur le côté du pilier le plus éloigné, mais en partant de la voie inférieure, des tailles successives immédiatement contiguës, *juds*, de largeur variant avec la dureté de la houille et la solidité des terrains encaissants.

Le plus habituellement ces tailles sont montantes pour la première partie du pilier, et chassantes pour la dernière bande restant à enlever ainsi que le représente le croquis ci-dessous (*fig.* 36) qui donne la disposition d'un chantier de dépilage à Ryhope.

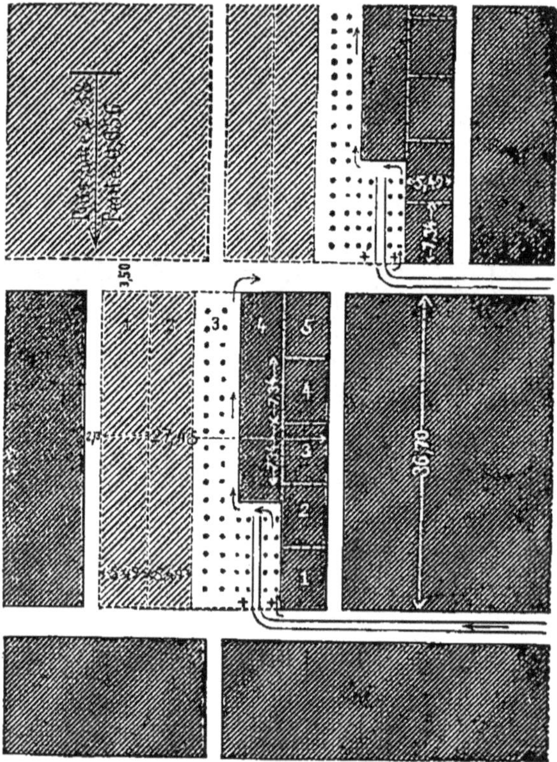

Figure 36. — Organisation du dépilage des piliers de Ryhope.

La largeur de ces tailles varie dans les mines visitées par nous de 5^m,46 à 10^m,92.

Habituellement, on attaque simultanément tous les piliers d'un district, en partant de la galerie inférieure à chaque pilier, en laissant le pilier supérieur toujours en avance de 2 à 3 largeurs de taille sur le pilier inférieur.

Quelquefois, lorsque le toit est mauvais, on prend une moitié du pilier par des tailles poussées en partant de la galerie inférieure et l'autre par des tailles poussées en partant de la galerie supérieure. C'est la disposition représentée par le croquis ci-contre (*fig.* 37) qui montre l'organisation des chantiers de dépilage d'Allanshaw en Ecosse, dans l'*Ell coal*, couche presque plate qui a, à ce charbonnage, 2^{m},18 de puissance.

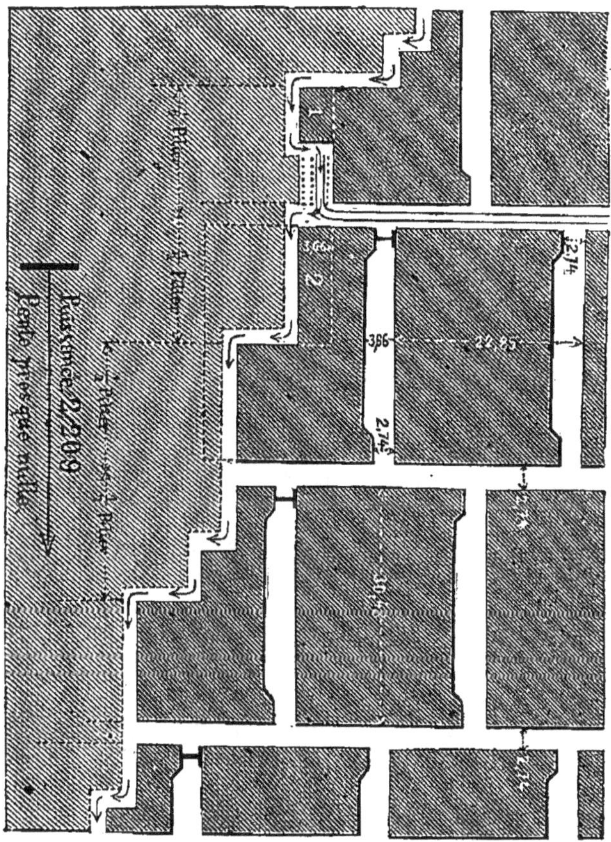

Figure 37. — Organisation du dépilage des piliers d'Allansha

Enfin, lorsque l'on veut exploiter d'une façon très intensive en faisant donner à chaque district la plus grande production qu'il soit susceptible de donner, on attaque simultanément chaque pilier par des tailles poussées à la fois et marchant l'une vers l'autre, en partant des deux galeries inférieure et supérieure du massif. C'est ce que nous avons vu faire dans le Durham à Haswell et à Murton. A Haswell, on exploite ainsi *Low main*, couche de 1 mètre à 1^m,30 de puissance avec 0^m,042 d'inclinaison par mètre, en ayant dans chaque district 5 piliers et 10 tailles en activité : le croquis ci-contre (*fig.* 38) montre la disposition adoptée.

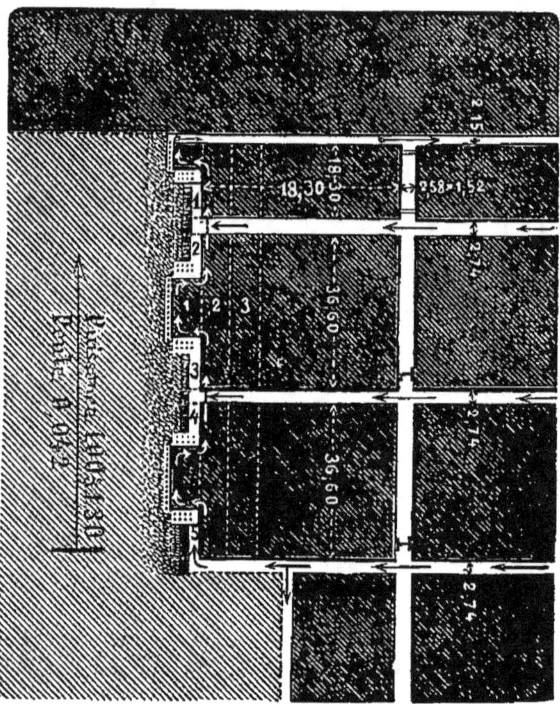

Figure 38. — Organisation du dépilage d'un quartier d'Haswell.

A Murton on exploite ainsi *Hutton*, couche de 1^m,35 à 1^m,40 avec inclinaison de 0,028 par mètres, en ayant dans chaque district 3 piliers et 6 tailles en activité.

Abatage. — Dans toutes ces tailles, quelle qu'en soit la disposition, l'abatage est fait le plus habituellement par deux piqueurs travaillant simultanément dans chaque taille.

— 145 —

Quelquefois ils ont avec eux [un aide qui charge et roule
le charbon abattu.

Ils sont toujours payés à la tonne de gros charbon.

Soutènement des chantiers en dépilage. — Le soutènement
des tailles se fait :

Par des étançons placés de 0ᵐ,914 à 1ᵐ,20 de distance
les uns des autres. Ces étançons sont indiqués sur les croquis par des points ronds.

Par des piles rectangulaires (*choks* ou *cogs*) de bois superposés horizontalement, qu'on établit le plus habituellement de chaque côté de la voie ferrée qui dessert la taille.
Ces étançons et ces piles en bois sont établis sur des tas de
menu qui en facilitent la reprise. Ces piles de bois sont indiquées sur les croquis par des croix à bras perpendiculaires égaux.

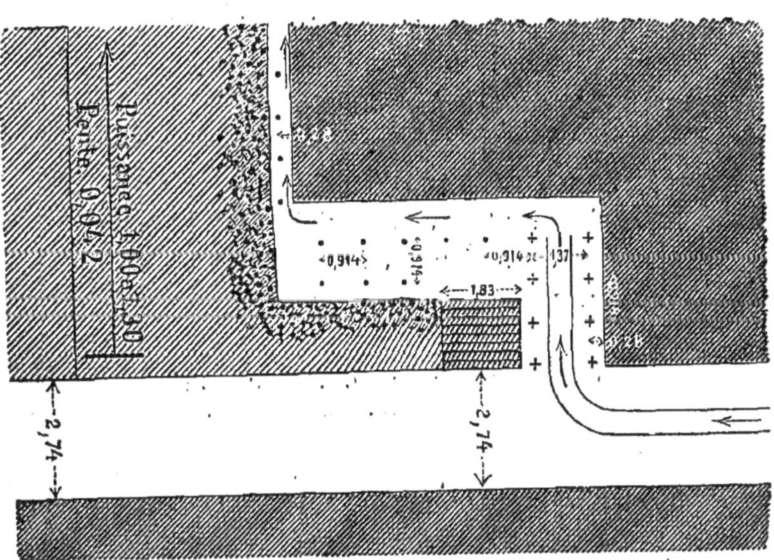

Figure 39. — Soutènement des chantiers de dépilage d'Haswell.

Par des murs en pierres sèches ou des remblais partiels
que l'on monte le long de la voie et qui déchargent d'au-

tant les bois dont ils facilitent la reprise, en même temps
qu'ils améliorent l'aérage en réduisant la déperdition d'air
dans le vide rempli fort incomplètement par l'éboulement
du toit. Mais ces remblais ne sont possibles que lorsque la
couche en fournit par les impuretés qu'elle contient, ou
lorsque l'on peut en prendre dans les éboulements du toit :
aussi sont-ils relativement rares.

Ces murs en pierres sèches sont indiqués sur les croquis par des traits parallèles assez rapprochés, tracés
perpendiculairement aux galeries maintenues par eux.

Le croquis ci-dessus (*fig.* 39) montre à titre d'exemple
les dispositions adoptées pour le soutènement des chantiers de dépilage de Haswell, dispositions qu'explique suffisamment la figure.

Aérage des districts en dépilage. — L'aérage des districts
en dépilage est très nettement expliqué par les croquis ci-
dessus auxquels nous renvoyons. Amené par la galerie pré-
paratoire qui a servi au traçage du district, l'air arriverait
assez correctement à la base du premier chantier ; mais, à
partir de ce chantier, ou il se perd dans les éboulis du
toit (*goaf*), ou il va le plus directement qu'il peut au retour d'air, n'arrivant qu'en quantité très faible au front de
taille d'où il passe toujours très difficilement à la taille du
pilier suivant, parce qu'aucun remblai correct ne lui réserve le passage le long du ferme, bien qu'habituellement
une rangée d'étançons placée à 0^m,28 ou 0^m,45 de la houille
soutienne le toit en ces points fort délicats de la distribution d'air d'une houillère anglaise.

Le mode d'aérage des districts en dépilage est nettement
indiqué sur le croquis ci-contre (*fig.* 40) qui montre l'organisation d'ensemble des chantiers de dépilage d'Eppleton.

Ce croquis montre également la disposition des étançons et des murs discontinus qui soutiennent le toit dans
cette exploitation.

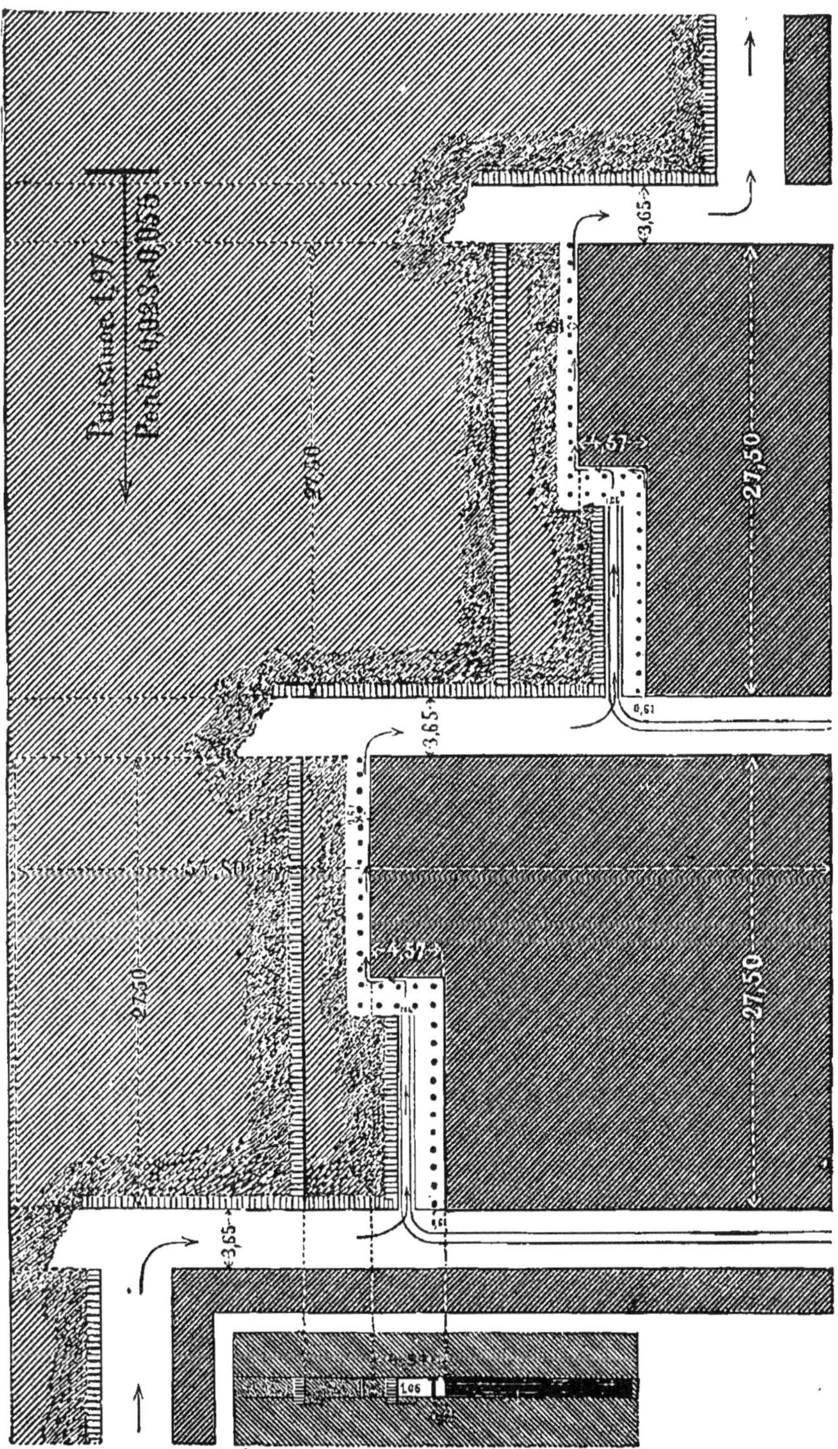

Figure 40. — Organisation du dépilage d'un quartier d'Eppleton.

Quoi qu'il en soit, on voit que dans les chantiers en dépilage, l'aérage peut laisser à désirer.

Fermeture des districts dépilés. — L'absence de remblais réguliers fait que tout district dépilé devient un vaste réservoir dans lequel le toit fort irrégulièrement éboulé reste souvent suspendu sur de grands espaces ; aussi, pour atténuer, dans la mesure du possible, les dangers de ces vides où la chute brusque d'un morceau de toit peut déterminer des chasses de grisou ou de mauvais air, les Anglais essayent-ils de les isoler du reste des travaux par des barrages en maçonnerie.

2. — Méthode par massifs longs.

a. — *Méthode courante.*

La méthode par *massifs longs* n'est, à bien dire, qu'une modification de la méthode par piliers et galeries à piliers repris dans laquelle, au lieu de tracer jusqu'à la limite du champ d'exploitation les piliers eux-mêmes, on se hâte en quelque sorte d'atteindre la limite de ce champ d'exploitation par un traçage à très larges mailles découpant dans ce champ par des galeries conjuguées poussées jusqu'à la limite ou jusqu'à un accident naturel équivalant à une limite, des *massifs longs*, qu'on dépile ensuite par piliers repris en partant de la limite et en revenant vers la maîtresse-galerie. De cette façon, on réduit considérablement la proportion des galeries à creuser en traçage et l'entretien de ces galeries, ce qui abaisse le prix de revient.

Cette méthode est principalement appliquée dans le Lancashire. Nous l'avons vue également dans le Yorkshire au charbonnage de Lund-Hill, où entre deux massifs longs on laissait un massif réservé destiné à assurer l'isolement des quartiers déhouillés, massifs réservés qu'on ne reprend plus au moins incomplètement qu'après le déhouillement complet de la région.

Dimensions des massifs longs. — La longueur des massifs longs varie beaucoup suivant la forme du champ d'exploitation et la position que le siège d'exploitation et les galeries qui en partent occupent dans ce champ. Elle est souvent de 1.000 à 1.600 mètres.

La largeur dépend du nombre de piliers qu'on y veut découper au moment du dépilage, piliers dont la hauteur dépend de la solidité des terrains encaissants. Cette hauteur est réglée par la condition que le déhouillement soit terminé un peu avant que l'affaissement du terrain n'ait obligé à réparer les voies desservant les tailles. En fait, les massifs longs ont une largeur de 60 à 280 mètres.

Délimitation des massifs longs. — Normalement, les massifs ne sont délimités que par les galeries qui servent à leur traçage. Mais quelquefois, lorsque la nature du terrain y oblige, on laisse entre deux massifs un pilier qui est repris ultérieurement, lorsque toute la région de la mine est déhouillée. C'est ce que nous avons vu faire à Lund-Hill dans le Yorkshire.

Préparation des massifs. — Pour préparer les massifs on fait partir de la maîtresse-galerie deux galeries conjuguées horizontales, de 2 à 3 mètres de largeur, séparées par un massif de 10 à 36 mètres, suivant qu'on veut conserver le massif pour protéger la voie ou qu'on le considère comme le premier pilier du massif long.

Quelquefois, lorsque, comme à Pendlebury, les massifs n'ont que 73 mètres de largeur, on fait le traçage par [galeries uniques qu'on aère par galandage, en les réunissant par une galerie perpendiculaire toutes les fois que l'aérage exige l'établissement de cette communication d'air.

Lorsque ces galeries ont atteint la limite du champ d'exploitation, on en fait partir perpendiculairement deux galeries conjuguées séparées par un pilier de 30 à 40 mètres de largeur qui vont rejoindre les galeries de traçage du

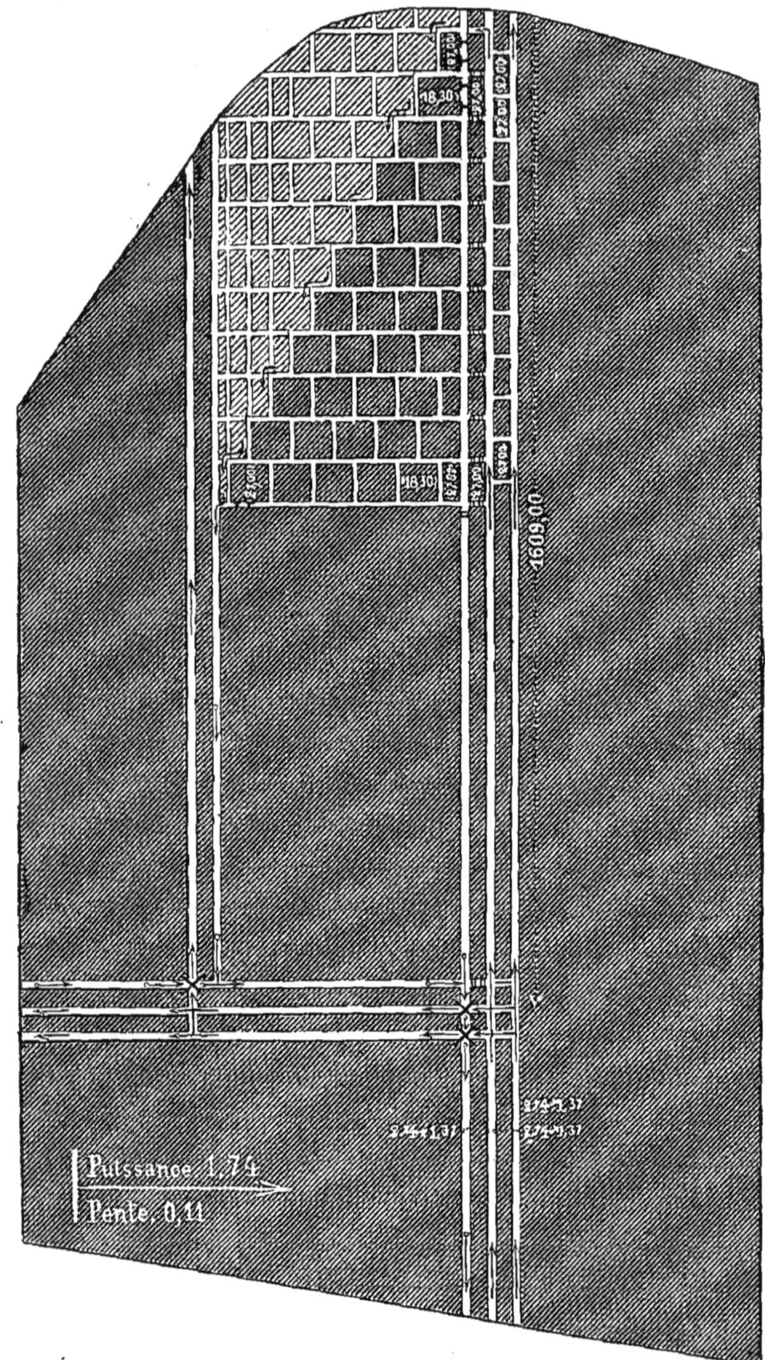

Figure 41. — Organisation du dépilage des massifs longs de Pemberton.

massif supérieur, et, dès que l'aérage est par là assuré, on commence le dépilage.

Dépilage des massifs longs. — Le dépilage se fait de plusieurs manières :

Par tailles montantes successives immédiatement contiguës. — Tantôt, décomposant le massif par des galeries parallèles aux galeries de traçage en piliers de 18 à 40 mètres, on prend ces piliers par taille montantes successives immédiatement contiguës, comme nous l'avons dit pour la méthode précédente. Ces tailles ont de 7 à 11 mètres de largeur quand la nature du terrain ne permet pas de leur donner, comme à Pemberton, toute la longueur du pilier qui a 18^m,30. A ce charbonnage, le toit se tient raide à 50 mètres du front de taille après qu'on a retiré les étançons de la taille.

Le plus habituellement, ces tailles sont disposées en gradins, c'est-à-dire que la taille du pilier supérieur attaqué le premier est plus près de la maîtresse-voie que les tailles du pilier inférieur : c'est ce que nous avons vu dans cette même houillère de Pemberton où l'on exploite ainsi une couche de 1^m,74 de puissance avec une inclinaison de 0^m,11 par mètre. (Voir le croquis ci-contre, *fig.* 41).

Quelquefois, comme à Lund-Hill, où l'on exploite une couche de 2^m,13 de puissance avec une inclinaison très régulière de 0^m,84 par mètre, tous les piliers d'un massif, 3 à 5 suivant les massifs, sont attaqués simultanément, et alors les tailles présentent la disposition indiquée sur le croquis ci-dessous (*fig.* 42).

D'autres fois, comme à Pendlebury, dans *Doe-mine*, couche de 1^m.524 de puissance avec une inclinaison de 0^m,285 par mètre, on réduit la largeur des massifs longs à 75 mètres et on les dépile toujours en rabattant vers la maîtresse-galerie par des tailles montantes successives immédiatement contiguës, dont il n'y a qu'une par massif long, mais

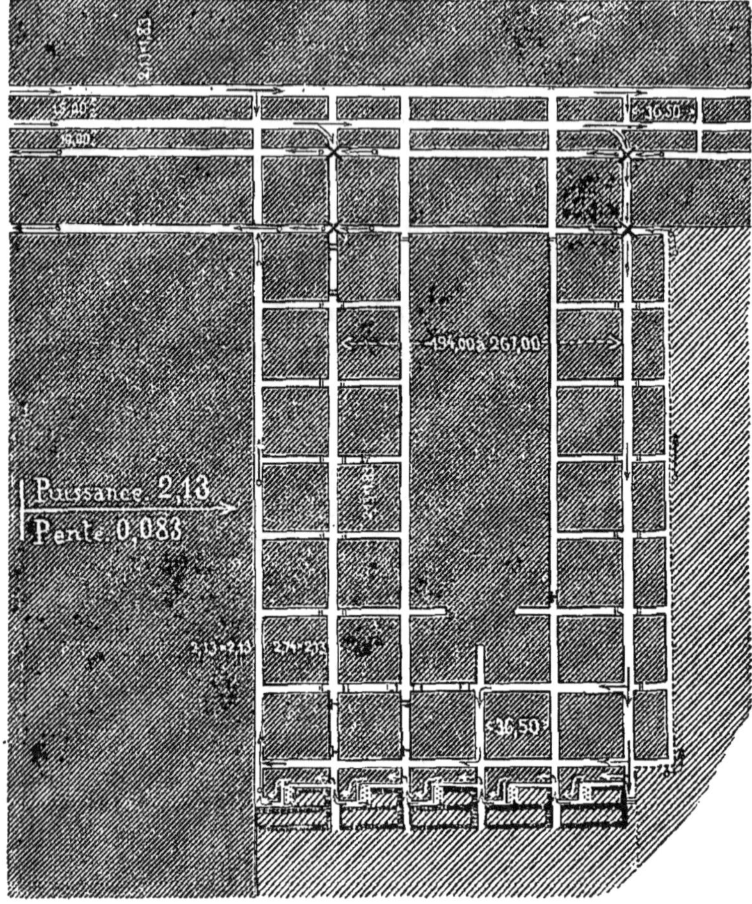

Figure 42. — Organisation du dépilage des massifs longs de Lund-Hill.

dont l'ensemble présenté les dispositions indiquées sur le croquis ci-contre (*fig.* 43).

Par tailles montantes simultanées en gradins immédiatement contigus. — Tantôt enfin, comme à Pendlebury dans *Rams-mine*, couche de 1ᵐ,53 de puissance avec inclinaison de 0ᵐ,33 par mètre, on dépile, par tailles montantes disposées en gradins contigus et ayant chacune leur voie de roulage avec plan incliné maintenu dans l'éboulement du toit par des murs en pierres sèches fournies par cet éboulement, des massifs longs dont la hauteur est de

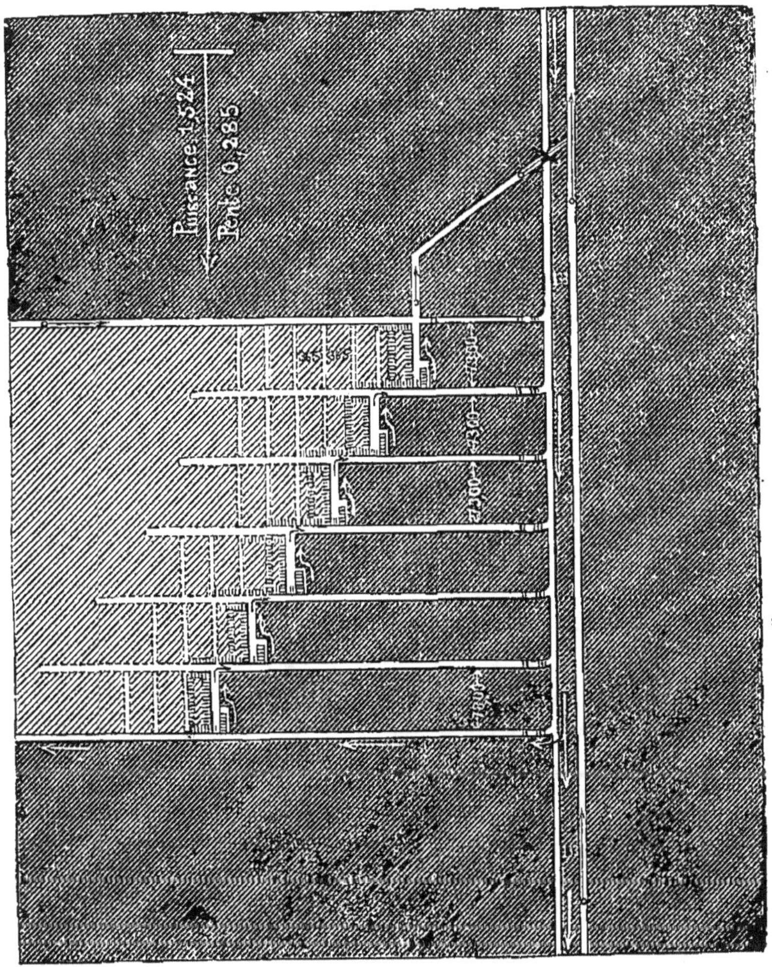

Figure 43. — Organisation du dépilage des massifs longs
de la couche Doe-mine à Pendlebury.

185 mètres; c'est la disposition indiquée par le croquis ci-après (*fig.* 44).

A Outwood, dans le Lancashire, les massifs ne sont que de 81 mètres, et les tailles sont chassantes revenant vers a maîtresse-galerie.

Abatage. — Dans le dépilage des massifs longs, comme dans celui des piliers ordinaires, l'abatage se fait le plus ordinairement par deux piqueurs travaillant simultanément dans chaque taille avec ou sans un aide qui charge et roule le charbon abattu. Ces ouvriers sont toujours payés à la tonne de charbon abattu.

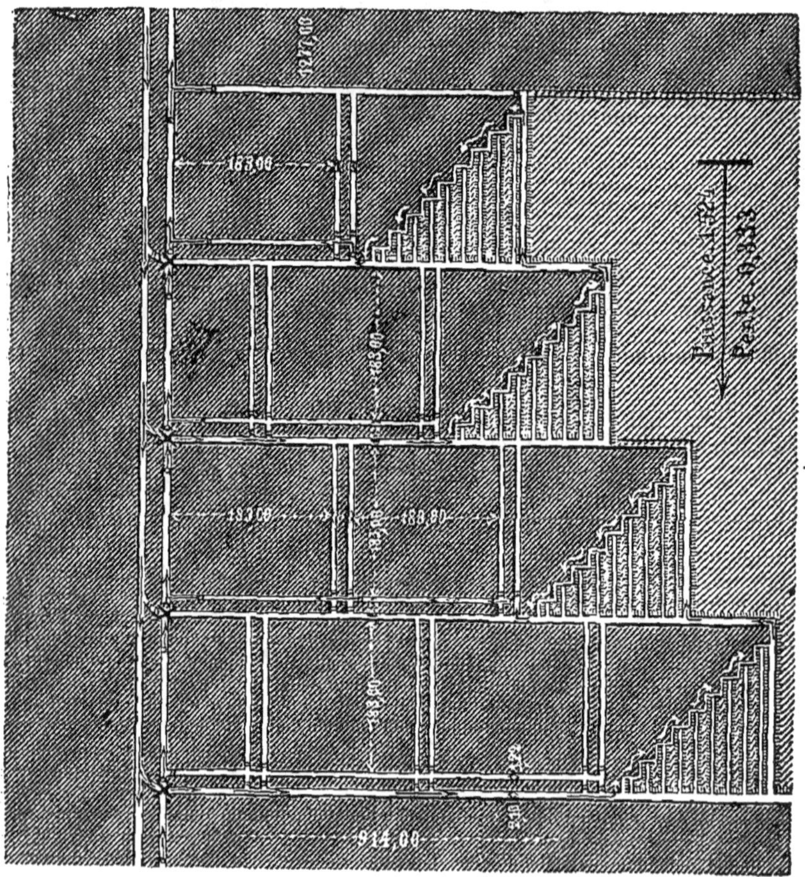

Figure 44. — Organisation du dépilage des massifs longs de la couche Rams-mine à Pendlebury.

Soutènement des chantiers de dépilage. — Le soutènement de ces chantiers est organisé de la même manière que dans la méthode précédente. Il est fait par des étançons et des piles de bois de champ à proximité du front de taille et le long de la voie ferrée qui occupe ordinairement l'axe de la taille, étançons et piles de bois que l'on retire toutes les fois qu'on le peut, par économie d'abord, puis pour faire suivre le toit de manière à décharger le front de taille et à remplir aussi bien que possible les vides laissés par le déhouillement.

Toutes les fois que la couche le permet et que le toit donne des matériaux en quantités suffisantes, on monte des murs en pierres sèches au moins le long de la voie de roulage. Ces murs facilitent la reprise des bois et améliorent un peu l'aérage des tailles.

Le croquis ci-dessous (*fig.* 45) qui donne l'organisation des chantiers de dépilage de Lund-Hill, montre comment

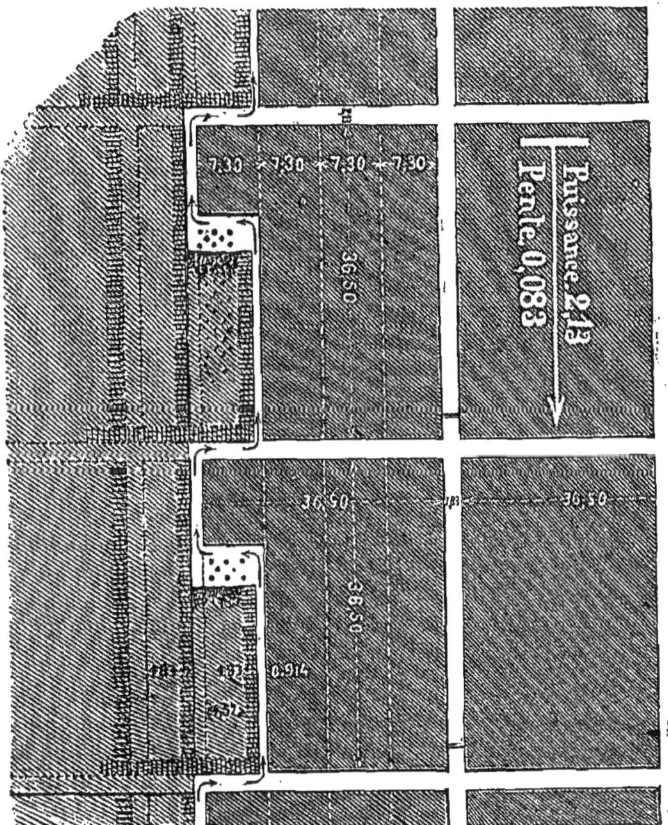

Figure 45. — Organisation des chantiers de dépilage de Lund-Hill.

se fait le soutènement par étançons et murs discontinus, soutènement qui est le plus usité en Angleterre.

Aérage des massifs en dépilage. — Le mode d'aérage des chantiers de dépilage dans les massifs longs est suffisamment indiqué par les flèches marquées sur les croquis précédents pour que nous n'ayons pas à y revenir. Nous devons constater que assez souvent il n'est pas meilleur que dans les dépilages des piliers et galeries ; d'abord parce que, comme dans la méthode précédente, il se perd énormément d'air par les portes, toiles, cloisons fixes ou mobiles, qui sont multipliées à l'infini , puis parce que l'air qui arrive à l'extrémité de la galerie de traçage, qui reste galerie d'entrée d'air, est très médiocrement conduit au front de taille. Le remblai qui le plus souvent n'est produit que par l'éboulement du toit abandonné à lui-même, laisse en effet toute liberté à l'air de couper au plus court.

Exploitation par massifs longs avec traçage et dépilage par tailles remblayées. — Une variante intéressante de la méthode des piliers et galeries à piliers repris après traçage par district est celle que l'on applique dans les environs de Manchester au charbonnage de Oak, pour l'exploitation de la *Lower Bank Mine*, couche de $0^m,68$ à $0^m,99$ de puissance avec une inclinaison régulière de $0^m,167$ par mètre.

La faible puissance de cette couche oblige à couper le mur pour toutes les galeries, et alors, au lieu de faire des galeries conjuguées, on trace les maîtresses-voies par des tailles, dans lesquelles on ménage entre le remblai complet et le ferme un retour d'air. En amont de la maîtresse-voie on établit de distance en distance, de chaque côté par exemple d'un accident qui limite le quartier attribué à chacun, des plans inclinés d'où l'on fait partir tous les $36^m,50$ des galeries de traçage, tailles chassantes de $9^m,14$ de hauteur avec lesquelles on va à la limite du district. Puis on déhouille les longs piliers ainsi tracés par des tailles montantes successives et immédiatement contiguës de i i mètres de largeur, avec voie de taille coupée dans le mur au milieu de la taille et pourvue d'un plan incliné.

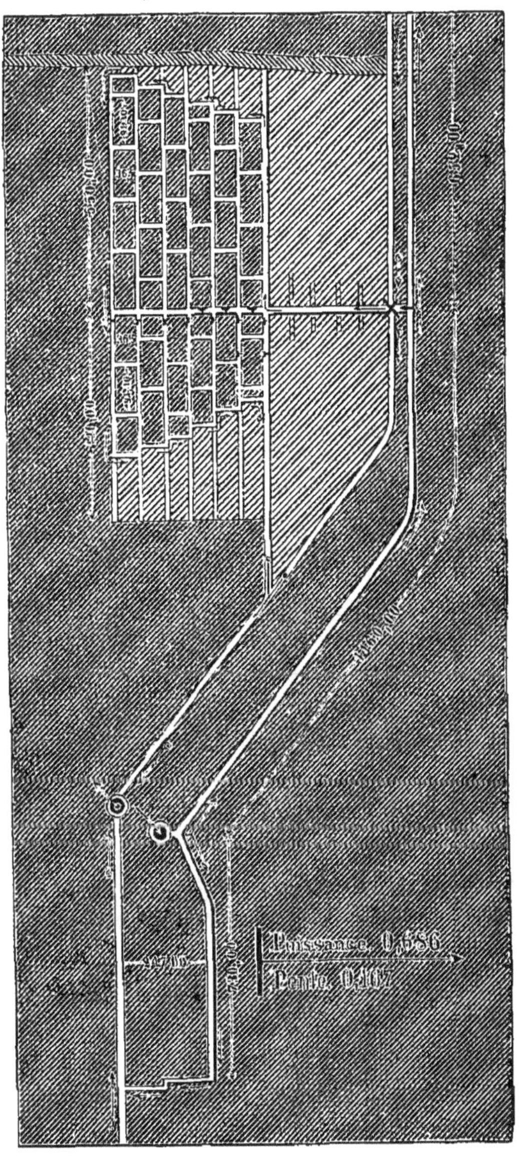

Figure 46. — Aménagement des travaux de Oak.

Le croquis ci-dessus (*fig*. 46) donne la disposition d'ensemble des travaux de Oak.

L'aérage de ces travaux est clairement expliqué par le croquis auquel nous renvoyons. Le remblai complet auquel oblige la nécessité de couper le mur pour livrer passage aux wagonnets assure une distribution d'air beaucoup plus efficace que les dispositions précédentes. C'est ce qui ressort de l'examen du croquis ci-dessous (*fig.* 47) qui montre l'organisation d'une taille.

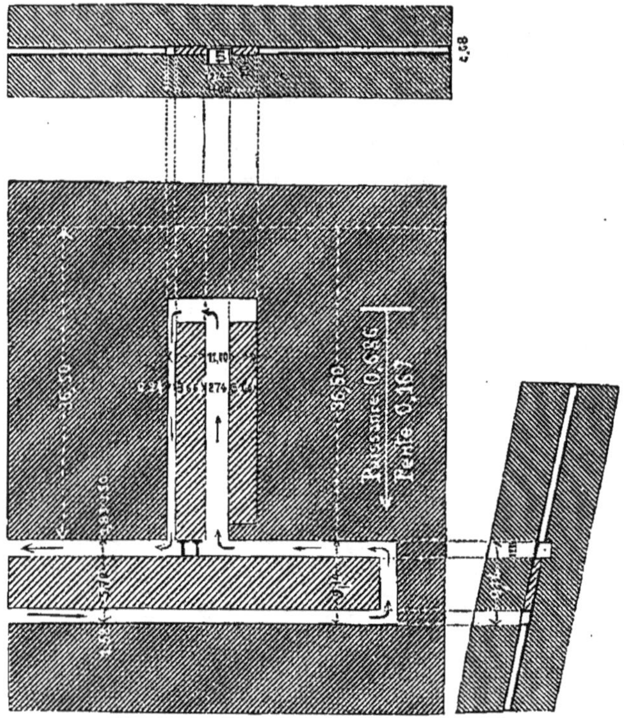

Figure 47. — Organisation des chantiers de dépilage de Oak.

b. — *Méthode par massifs longs du Pays de Galles.*

Dans le Pays de Galles, la méthode des massifs longs est appliquée sous trois formes particulières que nous allons rapidement passer en revue :

Massifs longs repris par tailles successives séparées par un

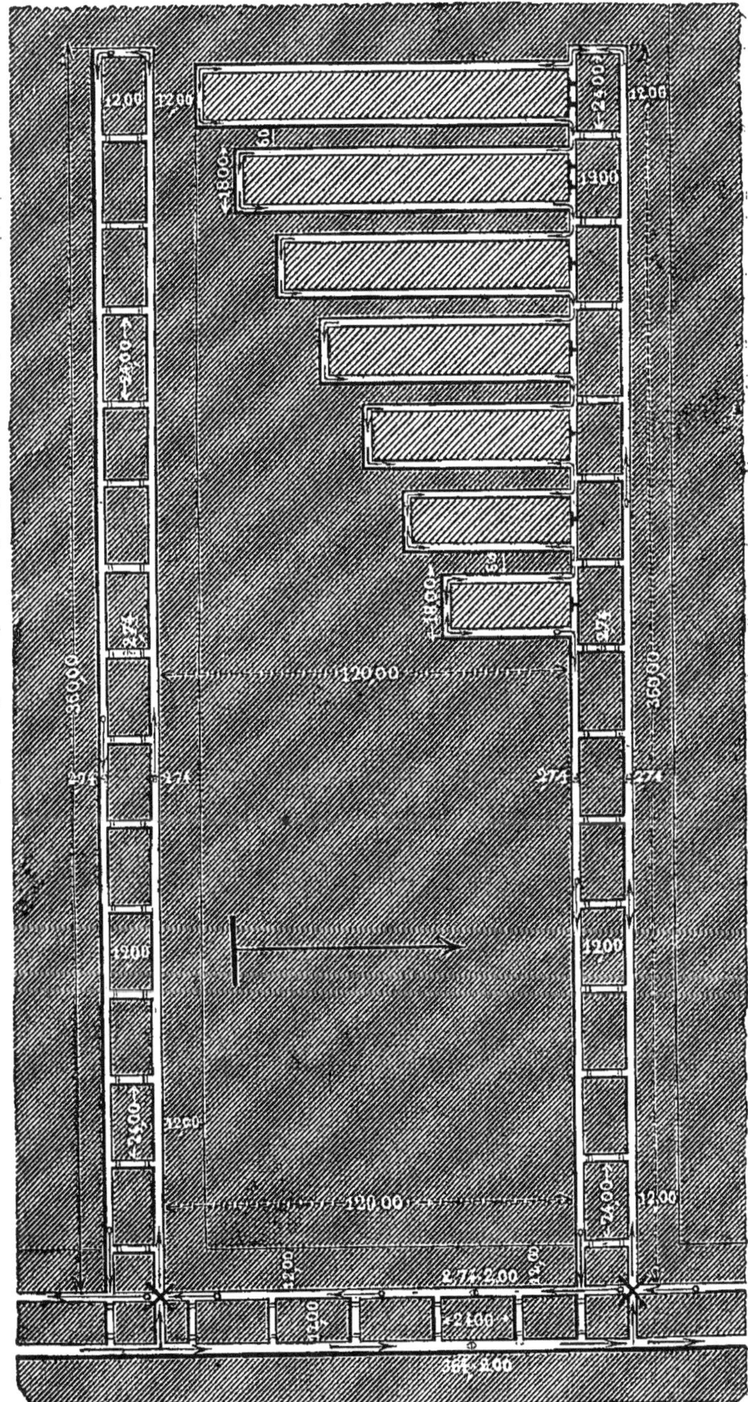

Figure 48. — Aménagement des travaux dans le Wicket-system
du Nord du Pays de Galles.

pilier abandonné. Wicket-system du Nord du Pays de Galles.
— Dans le Nord du Pays de Galles, le traçage général
s'exécute d'une manière analogue à celle que nous avons
décrite précédemment, et le dépilage se fait en prenant à
l'extrémité des massifs longs des tailles successives de 11
à 18 mètres de largeur, séparées les unes des autres par
un pilier intermédiaire de 5 à 6 mètres de largeur qu'on
abandonne.

Dans cette méthode qui est appliquée à des couches peu
inclinées, de 2 à 3 mètres de puissance et médiocrement
grisouteuses, l'aérage de la taille n'est assuré que par le
remblai très incomplet du milieu de la taille fait avec les
impuretés de la couche et le menu qu'on abandonne. Ces
tailles constituent d'ailleurs au point de vue de l'aérage
autant de culs-de-sac par rapport aux galeries de traçage
qui limitent le massif, culs-de-sac qui, à bien dire, ne sont
aérés que par diffusion. Aussi les rapports des inspecteurs
signalent-ils souvent, dans ce bassin, des charbonnages in-
suffisamment aérés.

Le croquis ci-dessus (*fig.* 48) indique la disposition générale des travaux dans ce système.

Massifs longs repris par tailles successives séparées par
un pilier de même largeur, repris en revenant vers la ga-
lerie de traçage, single stall. — Dans le Sud du Pays de
Galles, les massifs longs étant tracés par des galeries simples ou conjugués, menées horizontalement ou suivant la
pente tous les 45^m,60 à 91^m,20, on reprend le massif par
une série de tailles montantes ou chassantes suivant que
les galeries de traçage sont horizontales ou montantes,
tailles qui ont de 4^m,27 à 13^m,70 de largeur suivant la
nature de la couche et des terrains encaissants. Ces tailles,
entre lesquelles on laisse un pilier de largeur égale à celle
de la taille, sont poussées jusqu'à 9 à 10 mètres de la
galerie de traçage du massif long immédiatement contigu.
On y maintient de l'un des côtés le passage de la voie de

roulage et de l'autre le passage de l'air au moyen de bois
ou de murs en pierres sèches prises dans le terrain encaissant, lorsque la puissance de la couche exige. qu'on le
coupe; ces murs maintiennent le menu qu'on abandonne
presque toujours. Lorsque la taille a atteint le pilier réservé, les piqueurs reprennent en revenant vers la galerie
de traçage le pilier laissé entre leur taille et la suivante. La
disposition générale des travaux dans ce cas est indiquée
par le croquis ci-dessous (*fig.* 49).

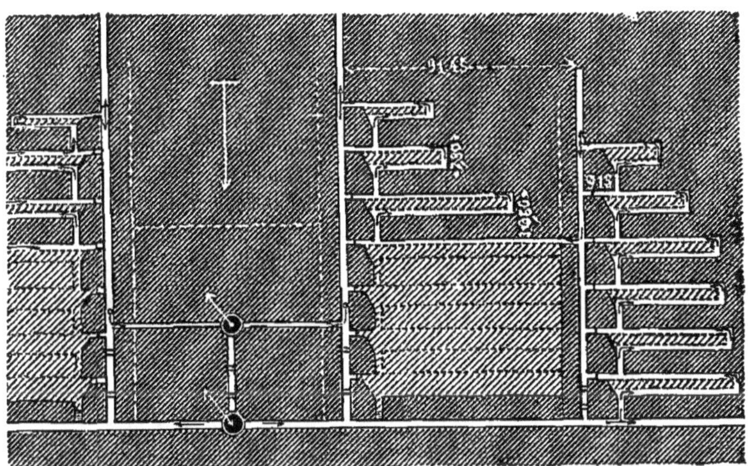

Figure 49. — Aménagement des travaux dans la méthode par massifs longs
du Pays de Galles.
Pillar and Stall with single stall.

Quand le toit est très solide, on double l'écartement des
galeries de traçage, et on établit des tailles de chacun de
leurs côtés, comme l'indique le croquis ci-après. (*fig.* 5o).

Enfin, si, le toit étant moins bon, on a donné aux massifs
une grande longueur, au lieu de pousser les galeries de
traçage isolément en les aérant par galandage, on pousse
des galeries conjuguées en laissant entre elles un pilier
de 1o à 3o mètres, comme l'indique le croquis ci-après
(*fig.* 5i).

Dans ces trois cas l'aérage se fait de la même manière

Aménagement des travaux dans la méthode par massifs longs du Pays de Galles.
Pillar and Stall with double stall.

Figure 50. — Cas de toit très solide.
With single headings.

Figure 51. — Cas de toit moins bon.
With double headings.

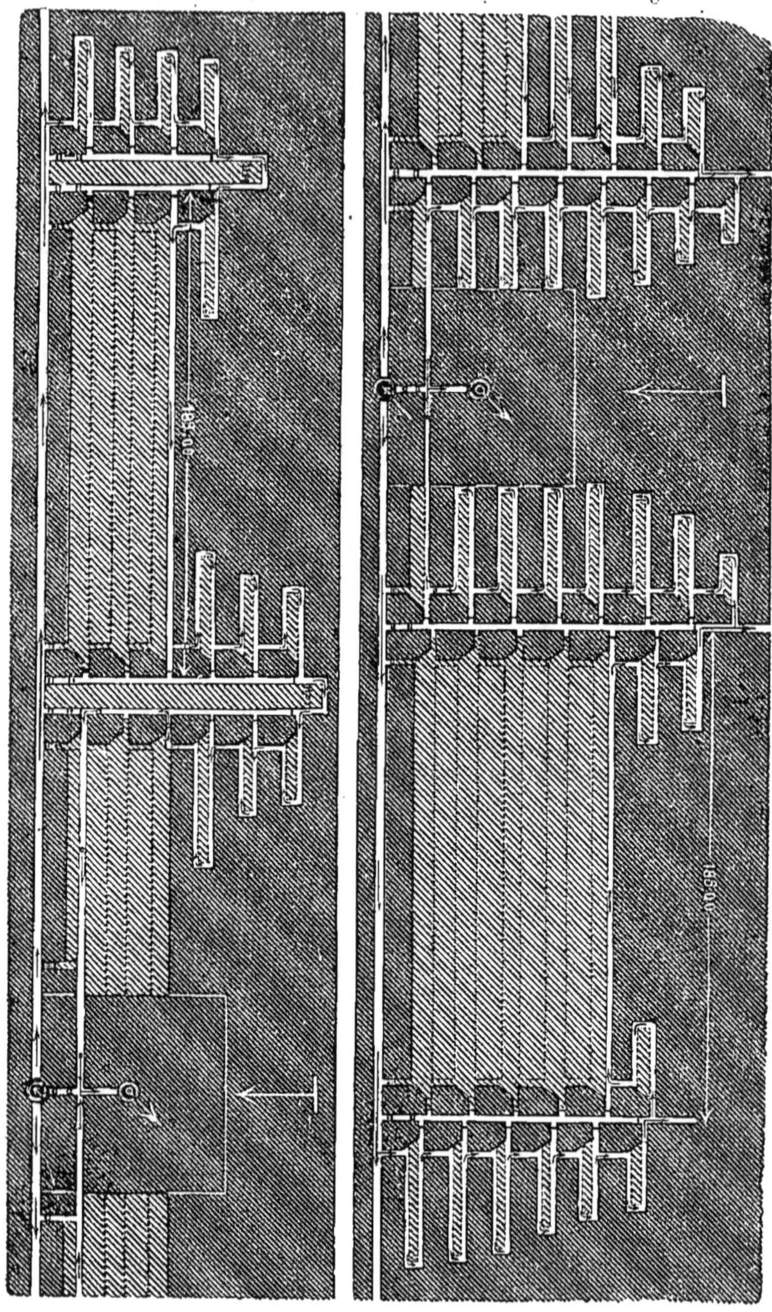

Aménagement des travaux dans la méthode par massifs longs du Pays de Galles.
Pillar and Stall with double stall.

Figure 52. — With single headings.   [Figure 53. — With double headings.

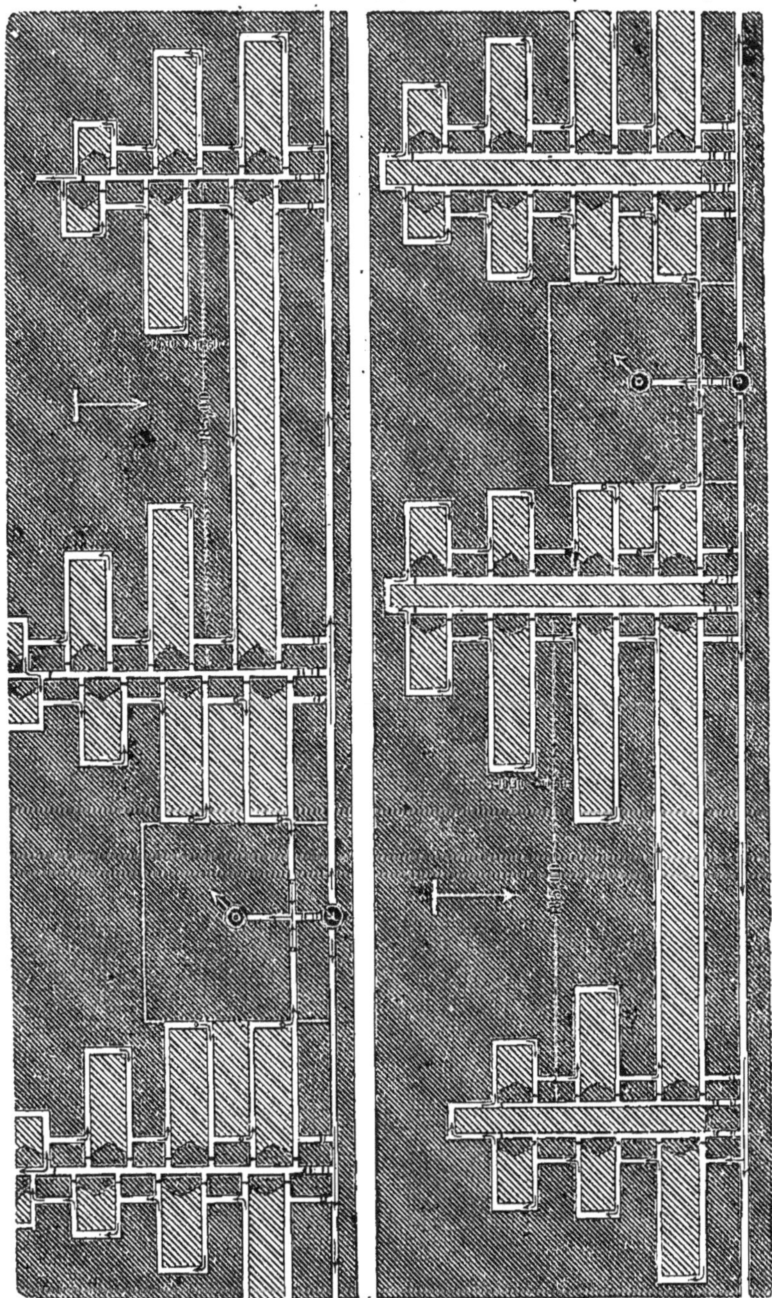

et comme l'indique les flèches marquées sur les croquis auxquels nous renvoyons.

Double Stall. — Dans tous ces systèmes, il peut arriver que l'aérage soit fort médiocre, parce que le remblai étant très incomplet, il n'y a pas de circulation assurée dans la taille dont la voie de retour d'air n'est ni entretenue, ni surveillée ; aussi, pour obvier à cet inconvénient, a-t-on, dans toutes les exploitations bien menées, substitué le *double stall* au *single stall*. Cette modification, dont rendent compte les croquis ci-dessus (*fig.* 52 et 53), consiste à donner à la taille une largeur double de ce qu'elle a dans le système précédent et à y entretenir deux voies de roulage qu'on maintient par un boisage soigné et que l'on sépare par un remblai très incomplet formé de menu charbon. L'une des voies sert à l'entrée de l'air et l'autre sert à la sortie : de cette façon l'air est plus sûrement conduit au front de taille.

Lorsque la taille, ainsi conduite avec une largeur de 10 à 20 mètres, a atteint la moitié de la distance qui sépare deux galeries de traçage consécutives, les piqueurs se divisent en deux brigades dont chacune prend en revenant vers la galerie de traçage la moitié du pilier laissé entre deux tailles successives : ce pilier a une largeur égale à celle de la taille directe, dont chacune des voies de roulage sert au roulage de ces tailles en retour.

L'organisation et le soutènement de ces tailles sont indiqués sur le croquis suivant relevé dans les travaux de Celynen, auquel nous renvoyons (*fig.* 54).

Tous les croquis précédents montrent que le dépilage du long massif commence dans bien des cas aussitôt que la galerie de traçage est assez longue pour permettre sur l'un ou l'autre de ses côtés, ou sur les deux côtés à la fois, l'établissement d'une taille.

A Celynen, où l'on exploite la *Black vein*, couche d'une puissance de 2^m,74 à très faible inclinaison, on trace complètement par des galeries conjuguées, comme l'expli-

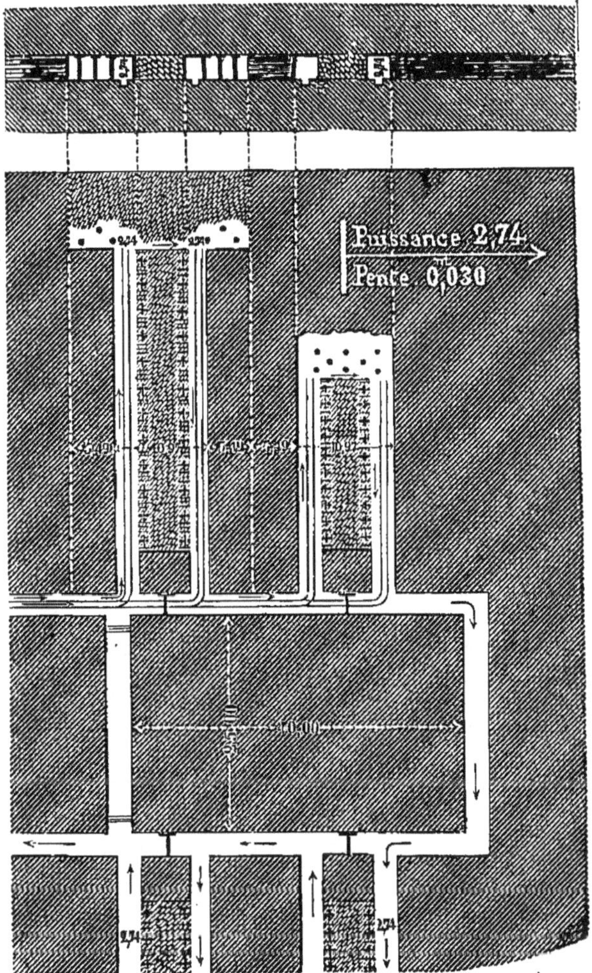

Fig. 54.— Organisation des chantiers de dépilage dans la Black-vein à Celynen. Double Stall.

que le croquis ci-après (*fig.* 55), les massifs longs qui ont 100 à 150 mètres de largeur sur 250 à 300 mètres de longueur, et, dans ces massifs, dont on maintient l'indépendance par des piliers de 20 à 25 mètres de largeur les entourant, on commence le dépilage par l'extrémité de la galerie de traçage, en rabattant par conséquent vers la maîtresse-galerie.

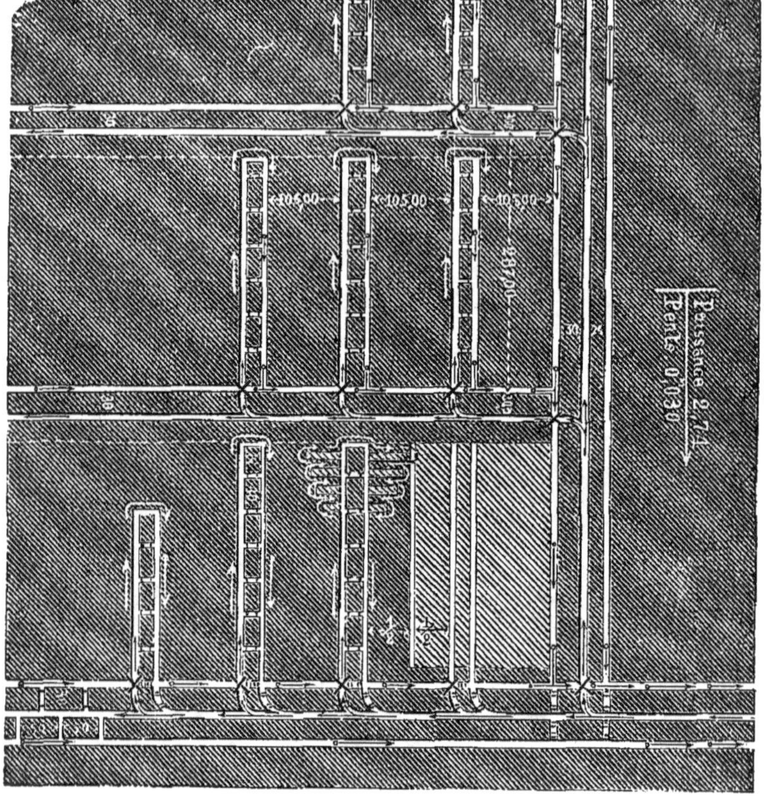

Figure 55. — Aménagement des travaux dans la Black-vein à Celynen.

Bank-system. — Dans le Yorkshire, à Thryberg-Hall, où l'on exploite la *Barnsley*, couche de 2^m,44 de puissance avec une inclinaison très régulière de 0^m,084 par mètre, nous avons vu appliquer un système analogue à celui du Pays de Galles.

Dans ce système qui, dans le Yorkshire, porte le nom de *Bank-system*, les massifs longs ont 183 mètres de largeur, sur quelquefois 1,000 mètres de longueur. On les trace au moyen de galeries conjuguées et on les dépile en revenant vers la maîtresse-galerie par des tailles doubles de 16^m,45 de largeur, séparées par des piliers de même largeur disposées, poussées et aérées exactement comme les *double stalls* du Pays de Galles, dont elles sont d'ailleurs la complète reproduction. La seule différence à signaler dans ces tailles, c'est que systématiquement on fait passer un peu d'air dans le *goaf* en ménageant une ouverture dans le mur en pierres sèches qui conduit l'air au front de taille.

Aérage dans la méthode par single ou double stall. — Quelles que soient les précautions prises pour l'aérage dans les différentes variantes de la méthode par massifs longs que nous venons de faire connaître, ce mode de dépilage par tailles séparées par des massifs les isolant a, au point de vue de l'aérage, l'inconvénient capital de constituer dans les massifs, de chaque côté des galeries de traçage, des culs-de-sac dans lesquels l'aérage est toujours incertain malgré les portes, toiles et cloisons dont les croquis précédents montrent la multiplicité.

Inconvénients des méthodes par piliers et galeries et par massifs longs. — Ces méthodes par piliers et galeries et par massifs longs ont toutes les deux les mêmes graves inconvénients : d'abord les éboulements sont toujours imminents par suite de l'insuffisance du soutènement purement provisoire réalisé par des étançons que l'on reprend dès que, la taille étant achevée, on n'a plus à conserver la voie de roulage ; on cherche d'ailleurs à provoquer ces éboulements que rien ne règle ; puis, l'arrachage du charbon sur de grandes étendues sans remblais réguliers expose à des affaissements brusques du toit d'autant plus redoutables que, longtemps retardés par la solidité souvent extraordinaire des terrains, ils se produisent alors par morceaux énormes sur des surfaces considérables.

Ces affaissements, lorsqu'ils ont lieu, chassent brusquement dans les travaux des masses souvent considérables de grisou qui peuvent s'accumuler dans les dépilages.

Et s'ils ne se produisent pas, si, ce qui arrive très souvent dans les terrains exceptionnellement solides de l'Angleterre, le toit reste en place, les grands vides ainsi constitués forment autant de magasins de grisou, susceptibles d'en verser dans l'exploitation sous l'influence de la moindre cause capable de troubler l'équilibre général de l'atmosphère de la mine.

3. — Méthode par longues tailles (Long Wall).

La troisième méthode d'exploitation, qui est d'origine relativement récente en Angleterre, et qui tend de plus en plus à se substituer aux autres partout où elle est économiquement applicable, est la méthode dite par *long wall;* c'est la méthode des longues tailles du continent.

Description générale de la méthode. — *Long wall working out* ou *outwards.* — Dans cette méthode, qui s'est surtout développée dans le Nottinghamshire, le Yorkshire et le Midland où elle a pris naissance, on établit sans traçage préalable en partant des maîtresses-galeries conjuguées, un système de tailles toujours contiguës qui sont montantes, chassantes ou obliques suivant qu'on y est amené par la direction des maîtresses-galeries, l'allure de la couche et le sens dans lequel le charbon se coupe le plus facilement. Ces tailles auxquelles on donne en Angleterre des longueurs considérables, d'où le nom de *long wall*, sont poussées en déhouillant immédiatement toute la couche, et en conservant pour l'aérage, le roulage et la circulation, des galeries maintenues par des murs en pierres sèches dans le vide (*goaf*) plus ou moins rapidement rempli par l'éboulement du toit. Les maîtresses-galeries qui donnent naissance aux tailles sont le plus habituellement menées suivant la direction ou suivant la pente des couches, et toujours elles sont poussées à quelques mètres en avant de la dernière taille.

Le croquis théorique ci-contre (*fig.* 56) montre la disposition générale des travaux d'une couche exploitée par *long wall.*

Il faut, dans cette méthode, pour assurer la circulation et l'aérage, trouver dans la couche ou dans son toit des matériaux en quantité suffisante pour permettre la construction des murs indispensables à la conservation des galeries. Cette nécessité limite l'emploi du *long wall* aux couches assez minces pour que le coupage du toit ou du mur donne le remblai nécessaire à l'établissement des murs, aux couches assez barrées de schiste pour que les impuretés mêmes de la couche suffisent à remblayer partiellement au moins les surfaces déhouillées, ou encore aux couches dont le toit descend assez rapidement pour remplir régulièrement, par un remblai naturel suffisant, le vide fait par l'exploitation, en même temps que pour fournir les matériaux nécessaires à l'établissement des murs qui maintiennent les voies.

Long wall working home. — Aussi a-t-on eu l'idée, pour réduire l'entretien de ces galeries nécessaires et permet-

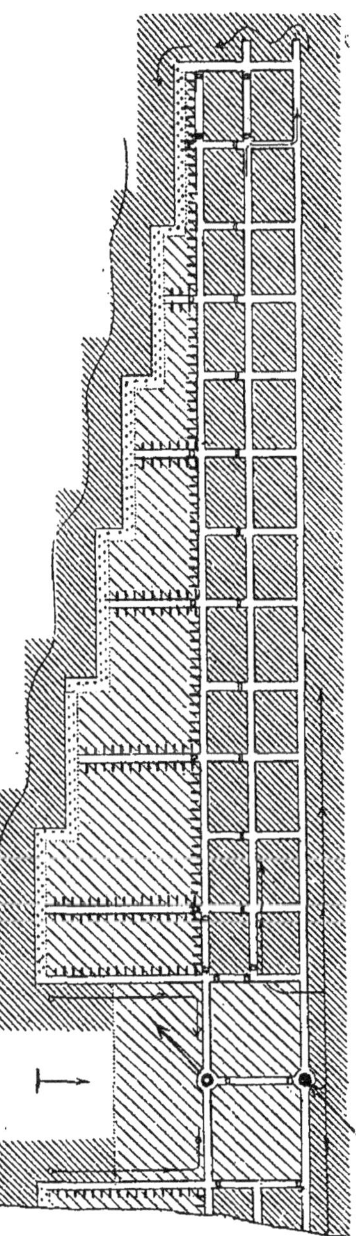

Figure 56. — Aménagement des travaux dans la méthode d'exploitation par Long wall working out.

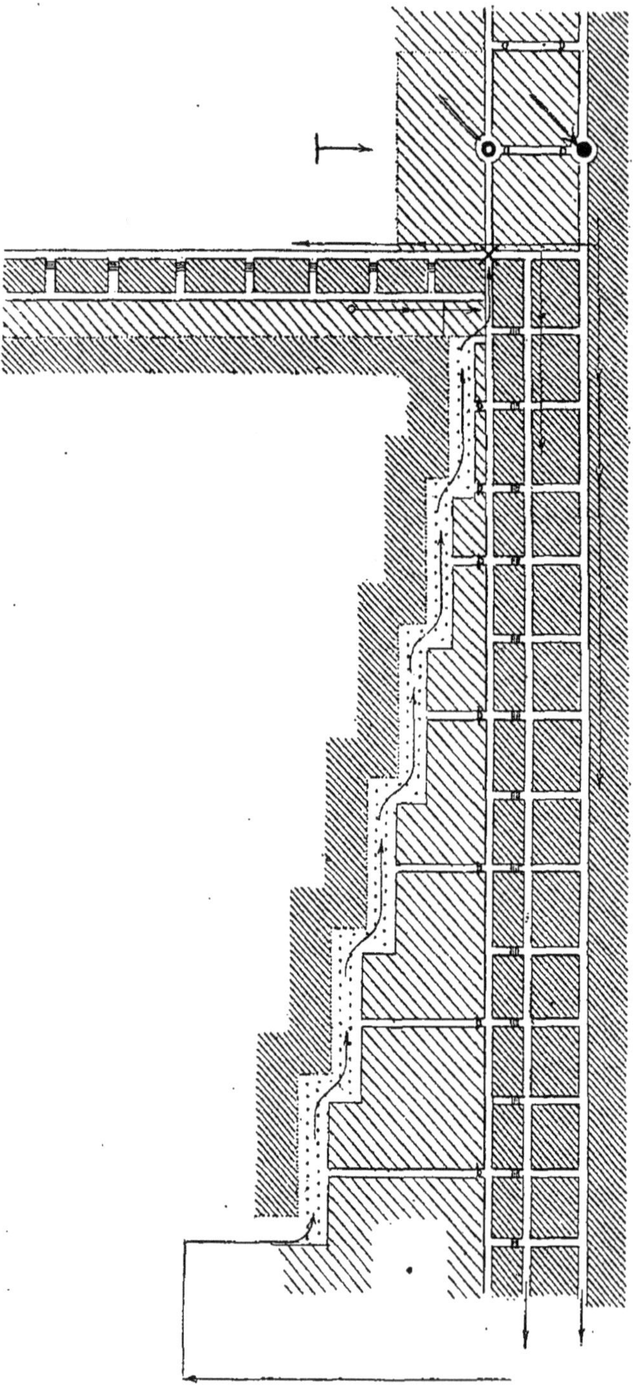

Figure 57. — Aménagement des travaux dans la méthode d'exploitation
par Long wall working home.

tre avec leur conservation l'adoption du système dans les couches qui ne donnent pas de remblais, d'aller tout d'abord à la limite du champ d'exploitation. Pour cela, on trace jusqu'à la limite un réseau de galeries paralèlles creusées en ferme à assez grande distance les unes des autres, et, partant de la limite, on déhouille toute la partie du champ ainsi largement tracé par des tailles identiques aux précédentes, mais poussées en sens inverse, c'est-à-dire en rabattant vers les galeries-maîtresses et en laissant ébouler le toit derrière soi, sans se préoccuper d'y conserver aucune galerie. La circulation, le roulage et l'aérage se font par des galeries en ferme dont la longueur diminue ainsi constamment à mesure qu'avance le déhouillement.

Le croquis théorique ci-contre (*fig.* 57) montre la disposition générale d'une exploitation conduite d'après ce système. Ce système, que l'on appelle le *long wall working home* par opposition au premier qui est dit *long wall working out* ou *outwards*, est peu répandu parce que la production intensive et économique ne commence qu'après le traçage complet.

Méthode de Manchester. — Cependant on pourrait considérer comme exploitées par ce système les houillères du Lancashire, où, comme à Pendlebury (V. p. 153, *fig.* 45), après avoir tracé des massifs longs à grandes mailles on dépile ces massifs par des tailles prises en revenant vers le puits, les ouvriers tournant le dos au remblai, laissant, entre le front des tailles et la limite, le *goaf* que dans le système *outwards* ils laissent entre le front de taille et les puits, c'est-à-dire entre eux et la sortie de l'air frais.

Cette méthode de grandes tailles prises en rabattant vers les puits, après traçage sommaire jusqu'aux limites du champ d'exploitation, semble propre au Lancashire. C'est la méthode la plus employée dans les houillères des environs de Manchester, et elle est considérée par l'inspecteur de ce district comme la plus sûre.

Couches auxquelles l'exploitation par long wall est appliquée. — La méthode par long wall est appliquée en fait : aux couches peu inclinées ayant moins de 1^m,5o à 1^m,83 (5 à 6 pieds) de puissance ; aux couches plus puissantes, exceptionnellement barrées, dont les schistes fournissent un remblai suffisant.

Dans le Midland, cependant, où ce système a été imaginé, on exploite avec lui des couches de 3 mètres à 3^m,5o.

Longueur des tailles (stalls). — La longueur de chaque taille, *stall*, — nous entendons par là la distance entre deux coupements du front de taille général (*wall face*), distance qui est égale à l'écartement d'axe en axe de deux voies de tailles consécutives, — varie de 4^m,57 à 27^m,4o.

Cette longueur peut être d'autant plus grande que le charbon est plus solide et que les terrains encaissants sont plus résistants.

Lorsque le terrain est mauvais, on est obligé de disposer les tailles contiguës en gradins pour réduire les chances d'éboulement du toit.

Longueur du front de taille (wall face). — Quelle que soit la longueur individuelle des tailles contiguës, l'ensemble du front de taille (*wall face*) constitué par elles forme une ligne continue plus ou moins rectiligne, qui atteint en Angleterre des longueurs inusitées sur le continent, même dans les couches les plus régulières des charbonnages belges.

Dans le Nottinghamshire, il y a de ces fronts de taille qui ont 4,8oo mètres de développement.

Dans le Lancashire, M. Hewlet qui y a introduit le *long wall*, a dans les mines de la Wigan Coal and Iron Company, des fronts de taille de 2.4oo mètres.

Dans le Yorkshire, nous en avons vu de 1.1oo mètres. Très fréquemment on en rencontre de 8oo à 9oo mètres.

Direction donnée au front de taille. — Toutes les fois que l'allure de la couche le permet, on dispose le front de taille parallèlement ou perpendiculairement au clivage naturel de la houille, de manière à profiter pour l'abatage des plans de séparation naturels du charbon, qui se débite alors en plus gros morceaux.

Préparation d'une exploitation par long wall. — Pour préparer une exploitation par *long wall*, on mène dans la couche même, horizontalement, suivant la pente ou en diagonale, selon l'allure, au moins deux galeries conjuguées séparées par un massif de 15 à 40 mètres. L'une, celle qui doit rester voie de roulage et d'entrée d'air a une largueur

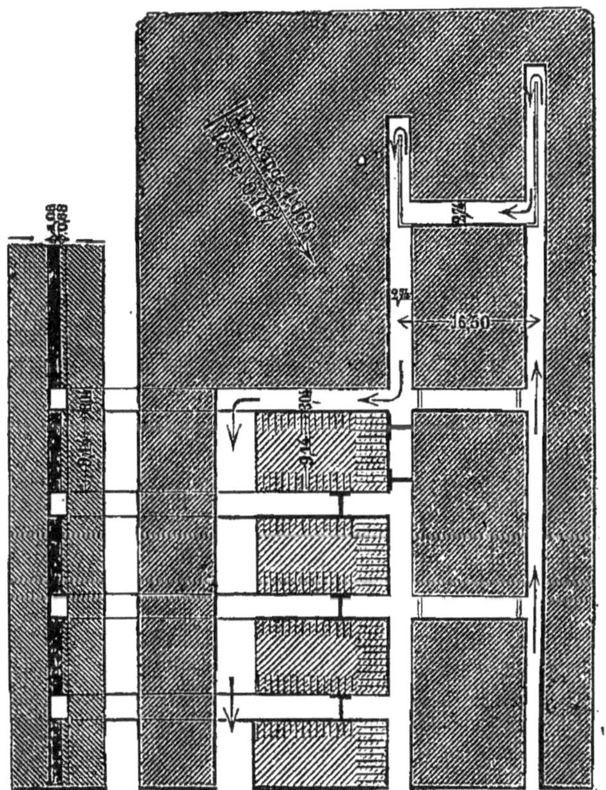

Figure 58. — Organisation des tailles dans la couche Arley-seam à Hindley-Field.

de 2 mètres à 3 mètres; l'autre, celle qui doit servir de voie de retour, n'a le plus habituellement que $1^m,83$ à $2^m,14$ sur une hauteur égale à la puissance de la couche.

De l'une ou de l'autre de ces deux galeries et quelquefois des deux à la fois, comme nous l'avons vu faire à Hindley-Field dans le Lancashire et à Blantyre en Écosse, on fait partir des tailles contiguës, disposées comme l'indique le croquis ci-contre (*fig.* 58), auquel nous renvoyons.

Habituellement, ces galeries conjuguées sont poussées à 100 et 200 mètres en avant des premières tailles ; mais, cependant, très souvent nous avons vu monter des tailles au fur et à mesure de l'avancement des galeries, dès que l'aérage était assuré par une communication d'air, c'est-à-dire à 20 ou 40 mètres en arrière du front de taille des galeries en ferme.

Dans certains cas, comme nous l'avons vu faire à Hindley-Field, pour obtenir plus rapidement d'un champ d'exploitation une production plus intensive, on fait partir des maîtresses-galeries, à des distances suffisantes pour laisser à chacune d'elles une étendue convenable à déhouiller, des galeries conjuguées secondaires divergentes, de chaque côté desquelles on établit des tailles. On arrive ainsi à développer considérablement le front d'abatage.

Abatage. — Dans chaque taille, l'abatage se fait en pratiquant au pic un havage de 0^m,76 à 1^m,07 de profondeur, sur 0^m,15 à 0^m,30 de hauteur, au pied ou au tiers de l'ouverture de la couche lorsque celle-ci ne présente aucun banc de schiste, d'argile et de mauvais charbon dans lequel le havage se fait toujours de préférence. Le havage terminé, on fait l'abatage au pic et au coin, très rarement à la poudre qui donne trop de menu.

En général, dans les tailles courantes, il y a de deux à quatre piqueurs, un ou deux de chaque côté de la voie de taille, quelquefois on leur adjoint un apprenti qui charge le charbon abattu.

Dans les tailles que nous avons vues, on attribue à chaque piqueur 1^m,80 à 6 mètres de front de taille, suivant la facilité qu'offre l'abatage, et l'avancement par poste va quelquefois jusquà 2^m,70. Nous avons vu ainsi à Hindley-Field, dans une couche de 1^m,06, deux piqueurs déhouiller, par poste de neuf heures, une surface de 32 mètres carrés.

Transport du charbon abattu. — Lorsque la taille ne dépasse pas 45 mètres, ce qui porte à 22^m,50 la distance du point le plus éloigné à la voie centrale, on pousse le charbon à la pelle ou on le porte à la main jusqu'à cette voie où il est chargé dans les wagonnets.

Mais, lorsque la taille est plus longue, on établit, parallèlement au front de taille, une voie que l'on ripe tous les jours de manière à suivre l'avancement et qui permet d'amener le wagonnet à chaque piqueur.

Quoi qu'il en soit, dans l'axe de chaque taille, on établit une voie perpendiculaire, *gate road,* qu'on maintient par des murs en pierres sèches construits de chaque côté avec les plus grosses pierres du toit éboulé. Lorsque l'inclinaison le permet, ces voies de tailles deviennent des plans inclinés automoteurs avec poulie supérieure qu'on déplace au fur et à mesure de l'avancement.

Lorsque la longueur de ces voies de tailles les rend onéreuses à entretenir ou lorsqu'elles ont atteint une longueur de 27 à 100 mètres suivant les terrains, on les recoupe par une voie transversale perpendiculaire ou oblique suivant l'allure de la couche (*cross gate*), voie qu'on maintient par des murs en pierres sèches. Au-dessous de ces voies transversales, on n'entretient plus que les galeries qui sont nécessaires au passage de l'air.

Le croquis ci-dessous (*fig.* 59), qui donne la disposition d'ensemble des travaux faits à Rockingham, dans la couche *Silkstone* de 1^m,35, de puissance avec pente de 0,056 par mètre, montre comment on organise les transports dans ces exploitations si régulières.

Soutènement. — Le soutènement est fait le plus généralement par des hommes spéciaux, surtout lorsque la

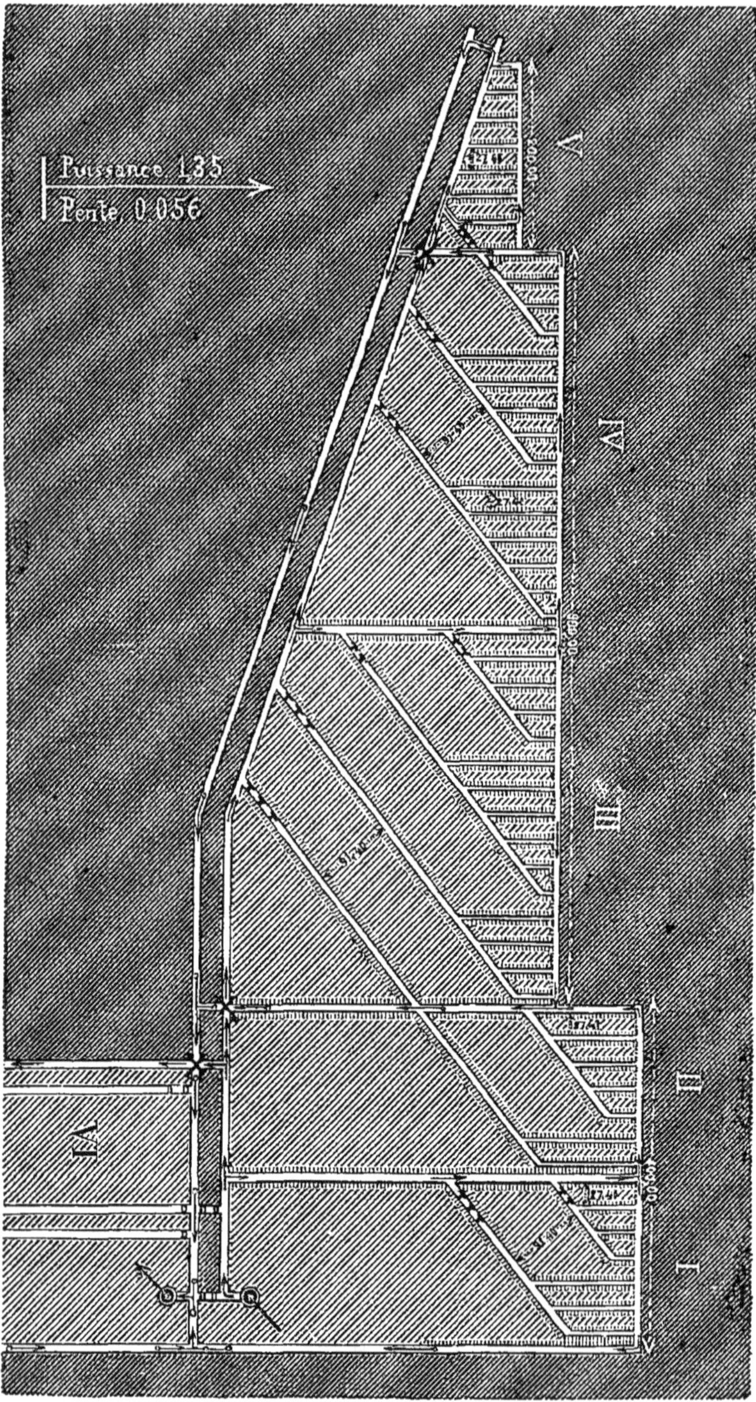

Figure 59. — Aménagement des travaux dans la couche Silkstone à Rockingham.

faible puissance de la couche oblige à couper le mur ou
le toit dans les voies. Le plus habituellement on soutient
le toit tout le long du front de taille par des étançons
placés sur deux ou trois rangs écartés de 0^m,61 à 0^m,91,
suivant la solidité du terrain, et laissant entre le ferme
et eux un espace libre de 1^m,22 à 1^m,83 de largeur, dans
lequel se tiennent les ouvriers. En arrière de ces étançons,
dont le dernier rang est repris au fur et à mesure de l'avancement pour devenir le premier, on laisse ou l'on fait tomber
le toit, qui constitue un remblai plus ou moins complet
suivant que la descente suit plus ou moins bien l'enlèvement des bois.

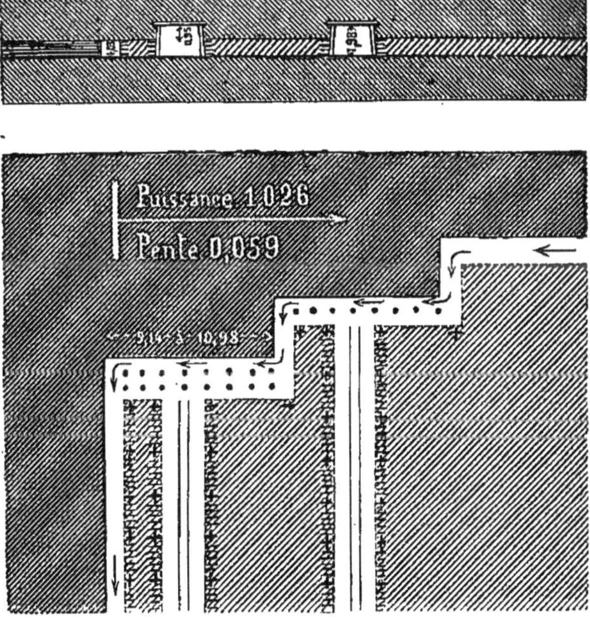

Figure 60. — Organisation des tailles dans la couche Three quarters
à Wain Llwyd.

Les dispositions adoptées sont clairement indiquées par
le croquis ci-dessus (*fig.* 60) qui montre l'organisation des
tailles à Wain-Llwyd).

Les voies sont maintenues comme nous l'avons dit par des murs en remblai aussi soigné que possible.

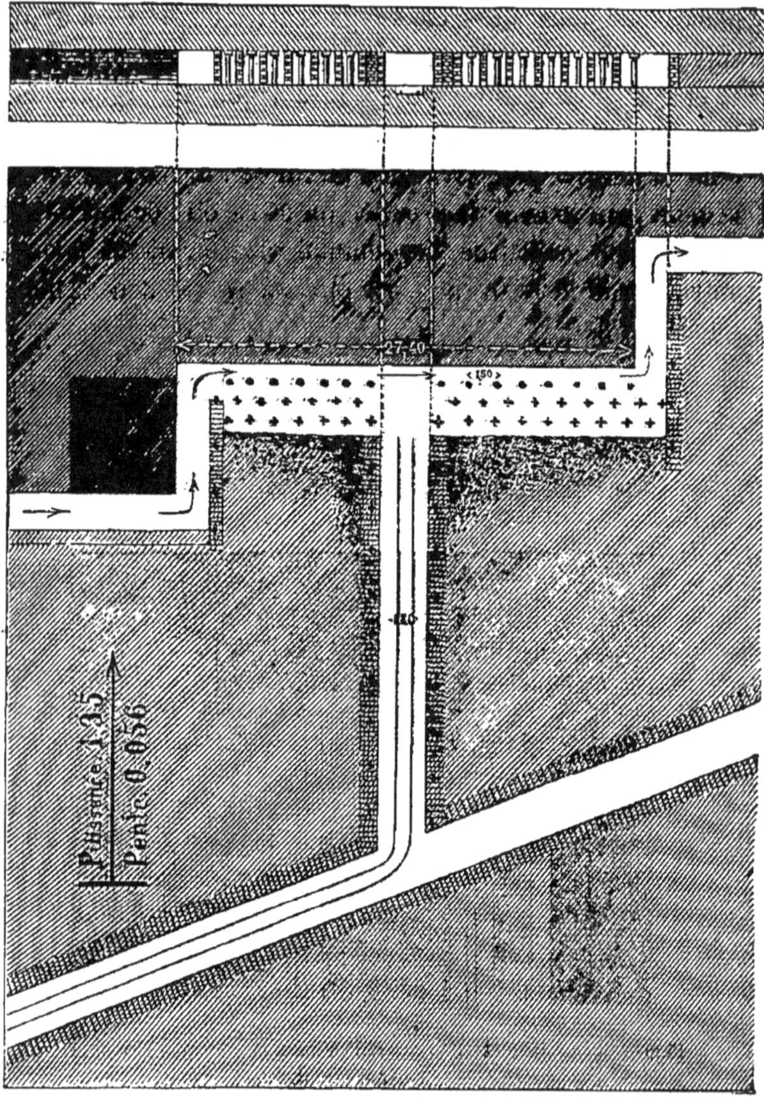

Figure 64. — Organisation des tailles dans la couche Silkstone à Rockingham.

Là, comme dans les dépilages, lorsque le toit est peu solide, on remplace les étançons par des piles de bois de champ (*cogs* ou *choks*) qui sont partout très usitées en Angleterre.

Les dispositions adoptées sont indiquées par le croquis ci-contre qui montre l'organisation des tailles à Rockingham (*fig.* 61).

Long wall d'Eppleton. — Nous avons vu à Eppleton une méthode particulière d'exploitation dont rend compte le croquis ci-contre (*fig.* 62). Elle tient du *long wall* en ce que l'on déhouille en s'éloignant des maîtresses-galeries, et en ce que les voies de roulage sont maintenues dans le *goaf* par des murs en pierres sèches. Mais au lieu de prendre le charbon par une taille chassante, comme on le ferait dans un long wall ordinaire, il est pris par des tailles successives très étroites (de $4^m,57$ de largeur), menées simultanément en partant des voies inférieure et supérieure comme le montre le croquis ci-après La couche que l'on exploite ainsi est la couche *Hutton*, dont la puissance varie de $0^m,91$ à $1^m,12$, avec une inclinaison régulière de $0^m,08$ à $0^m,05$ par mètre : le toit en est peu solide et dans chaque voie on coupe le mur sur $1^m,06$ de largeur pour permettre le passage des wagonnets. Les terres provenant de ce coupage de la voie servent à monter les murs en remblai qui soutiennent le toit et conduisent l'air.

Aérage des long wall. — L'aérage des *long wall* se comprend de soi : l'air frais entrant par l'une des deux galeries conjuguées d'où partent les tailles monte ou descend aux tailles par une galerie spécialement entretenue pour cela, suit tout le front de taille, guidé qu'il est par le remblai, pour revenir par une voie plus ou moins directe à celle des galeries conjuguées qui sert de retour d'air général.

Quelquefois, comme nous l'avons vu dans quelques mines d'Écosse, c'est le même courant d'air qui entrant par une des extrémités de la ligne des fronts de taille va sortir par

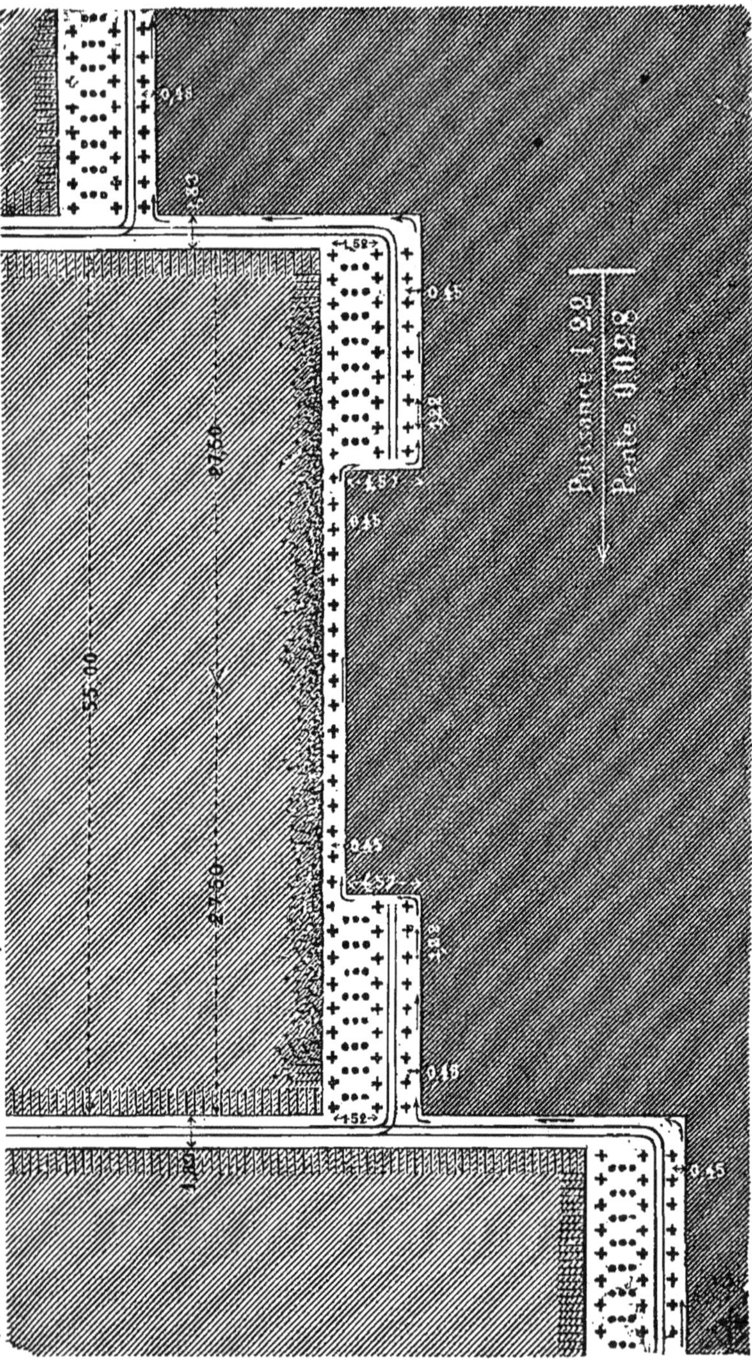

Figure 62. —Organisation des tailles dans la couche Hutton, à Eppleton.

l'autre. Le croquis ci-dessous (*fig.* 63) en donne un exemple; il représente l'organisation générale des tailles établies dans la couche *Splint Coal* à Blantyre. Cette couche a une puissance de 2^m,28, et une inclinaison de 0^m,10 par mètre.

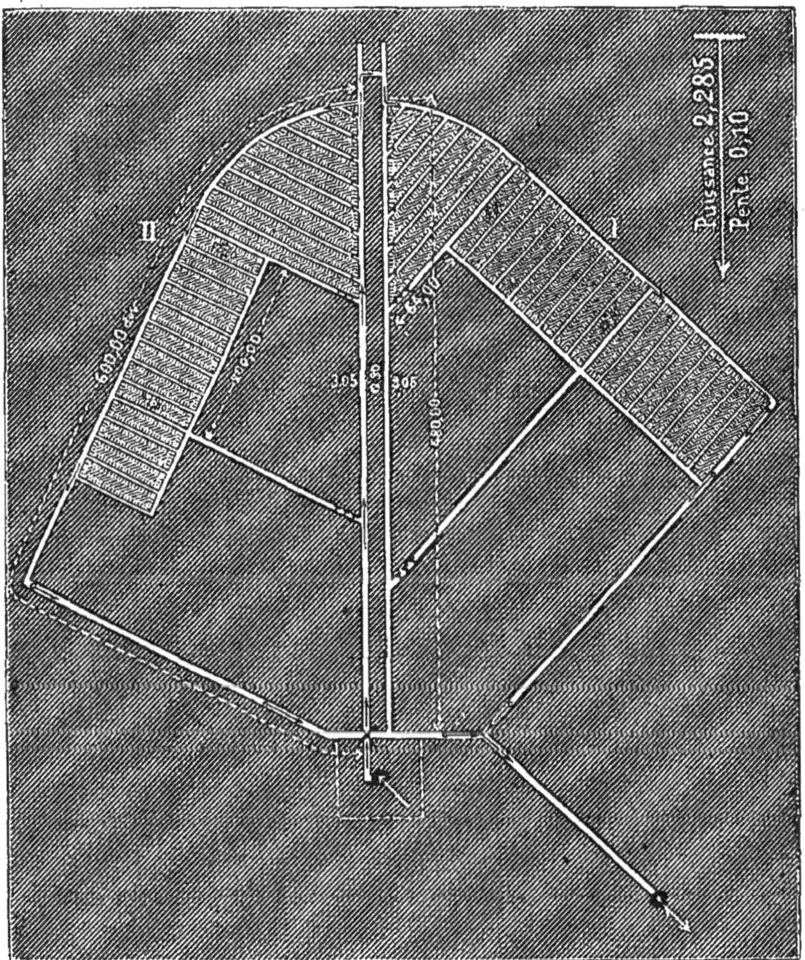

Figure 63. — Aménagement des travaux dans la couche Splint Coal à Blantyre.

Division en districts indépendants au point de vue de l'aérage. — Mais le plus souvent, et toujours dans les.

mines très étendues, on divise la ligne des fronts de taille, alors même qu'elle est continue, en sections de 180 à 800 mètres qu'on aère chacune par des courants distincts.

Les croquis ci-après (*fig.* 64 et 65) qui donnent l'organisation générale des travaux de Wain Lwyd dans le Pays de Galles et de Hoyland dans le Yorkshire montrent comment se fait cette décomposition en districts aérés par des courants distincts.

A Wain Llwyd (*fig.* 64) où l'on exploite la couche *Three quarters* de $1^m,026$ de puissance avec inclinaison de $0^m,059$ par mètre, l'air va au front de taille par une voie principale de roulage établie à la base de chaque groupe de tailles chassantes, suit 238 à 274 mètres de front de taille presque en ligne droite et revient au retour d'air par une galerie spéciale creusée dans une couche qui est à $6^m,10$ au-dessus de celle qu'on exploite, et communiquant avec elle par deux puits intérieurs de $2^m,74$ de diamètre.

A Hoyland (*fig.* 65), où l'on exploite la couche *Silkstone*, d'une puissance de $1^m,52$ avec inclinaison de $0^m,084$ par mètre, l'air entre, pour l'un des districts les plus importants, par un plan incliné d'où il revient par les tailles, qui sont poussées en deux directions perpendiculaires, à la voie de retour, et pour l'autre, il entre par les tailles établies de l'un des côtés des maîtresses-galeries de niveau pour revenir au point de sortie par un plan incliné, après avoir parcouru un demi-cercle.

Dans l'un et l'autre de ces districts on rafraîchit le courant en laissant arriver directement en un point du circuit un courant d'air frais.

Partout, pour obliger l'air à aller droit au front de taille et à le suivre, on doit établir dans les voies des tailles, dans les voies transversales, et dans les grandes voies de roulage, plans inclinés ou autres, les toiles, les portes et les *crossings* nécessaires.

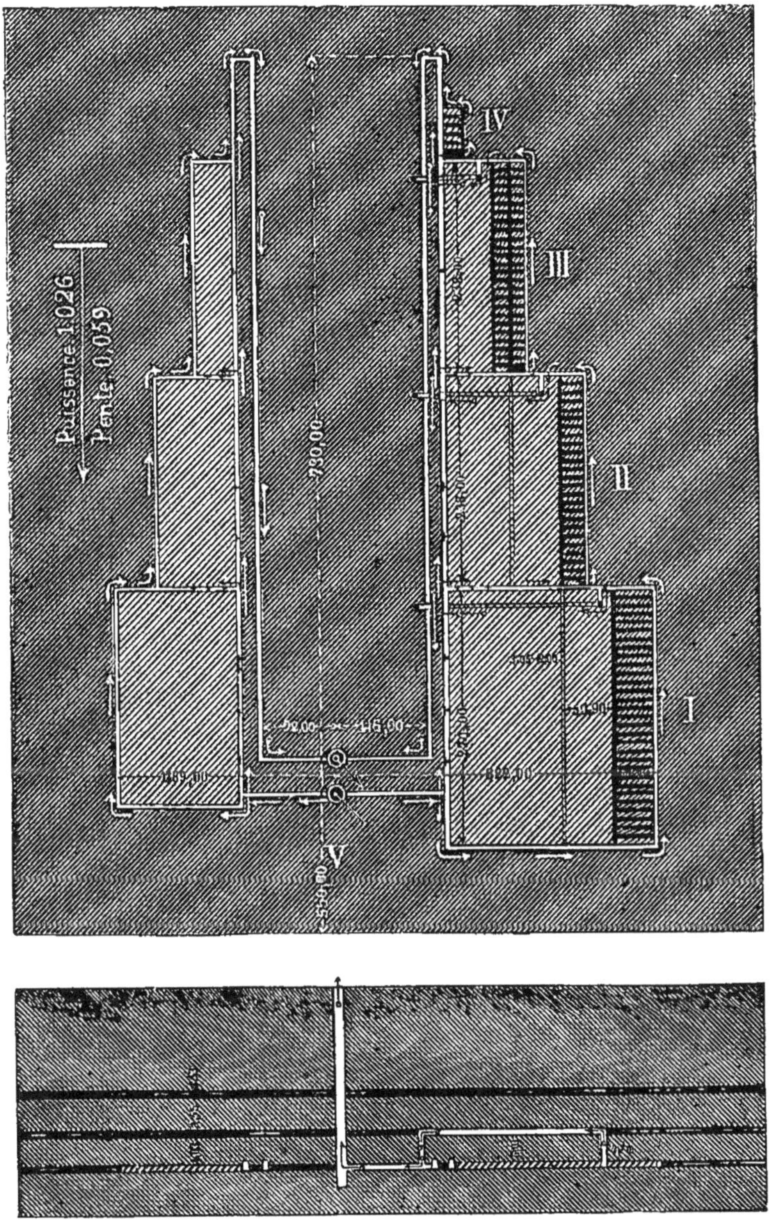

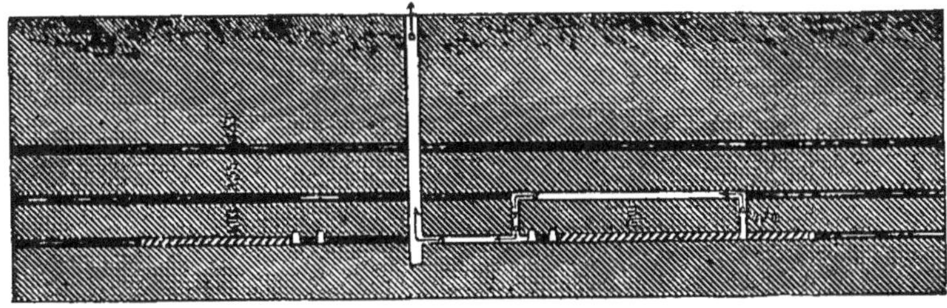

Figure 64. — Aménagement des travaux dans la couche Three quarters
à Waia Llwyd.

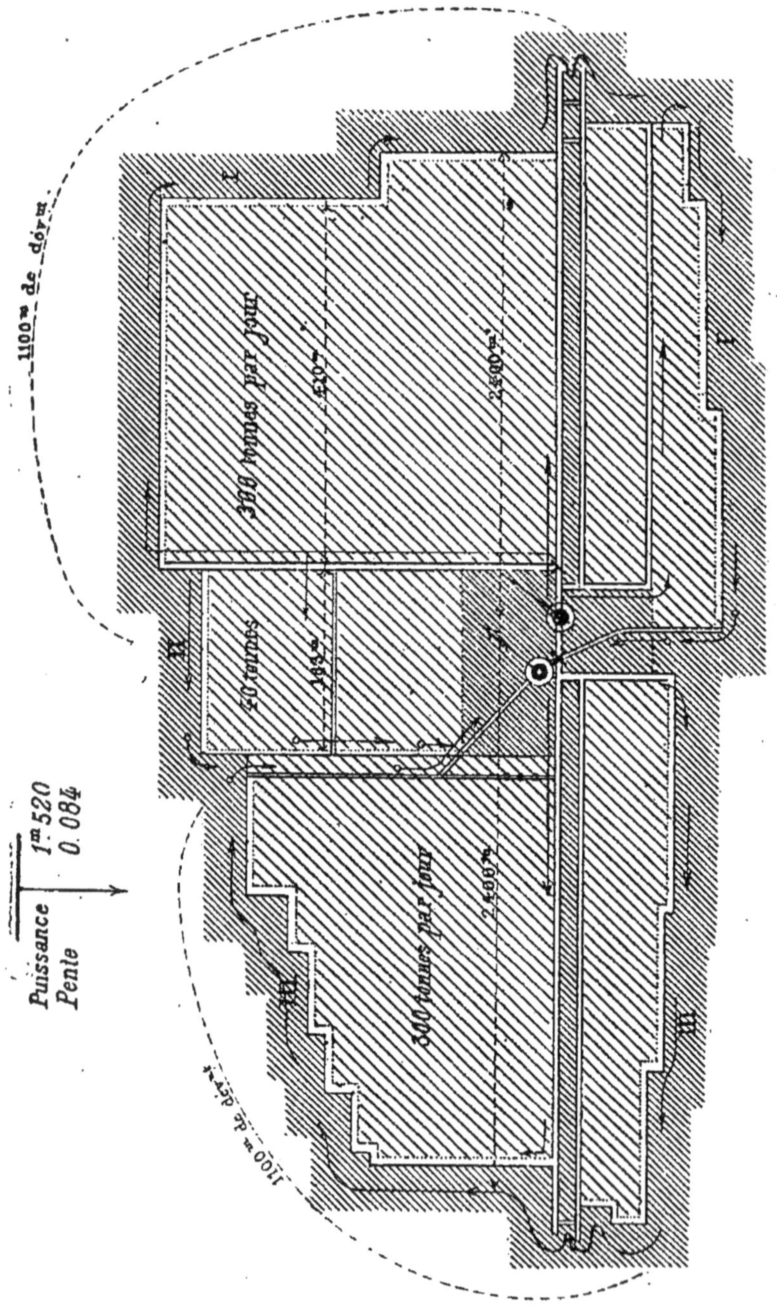

Figure 65. — Aménagement des travaux dans la couche Silkstone à Hoyland.

Quoi qu'il en soit, on peut dire d'une manière générale que, dans les exploitations par long wall, l'aérage est bien meilleur que dans les piliers et galeries ou dans les massifs longs, parce que le front de taille à faire parcourir par l'air est mieux disposé pour la facile circulation, parce que aussi l'air y est mieux conduit par des remblais toujours mieux faits que dans les méthodes précédentes, surtout lorsque la descente du toit suit régulièrement et à peu de distance le déhouillement.

Inconvénients de l'exploitation par long wall. — Le seul inconvénient de l'exploitation par *long wall*, c'est que, lorsque la couche et le toit ne donnent pas naturellement un remblai abondant, le déhouillement laisse des vides aussi dangereux que ceux créés par le dépilage dans les méthodes précédentes et la distribution de l'air y devient aussi défectueuse. La conservation des galeries nécessaires à la circulation de l'air et au transport devient alors en effet presque impossible. Pour maintenir, dans ces conditions naturelles désavantageuses, la supériorité incontestable de la méthode par *long wall*, il faudrait amener des remblais du dehors, ce que l'immense concurrence à laquelle sont soumis les charbonnages anglais ne leur permet assurément pas de faire. Quelques centimes de plus ou de moins dans les frais d'exploitation absorberaient tout le bénéfice qu'ils peuvent faire, et augmenteraient la perte que beaucoup font déjà actuellement.

4. — Exploitation de la grande couche du Staffordshire sud.

Pour termimer la description des méthodes d'exploitations employées en Angleterre dans les mines à grisou, nous donnons ci-dessous quelques détails sur l'exploitation de la grande couche du Staffordshire, connue sous les noms de *Ten yards coal* et de *Dudley thick coal.*

Le grisou y est relativement très rare, mais comme il y paraît quelquefois et qu'on prend, dans les exploitations de ce bassin, quelques précautions particulières, nous avons cru devoir visiter une des exploitations qui nous ont été signalées comme les mieux aménagées et les plus puissamment installées.

Le charbonnage que nous avons visité est celui de Sandwell-Park, entre Dudley et Birmingham.

Couche Thick coal. — Les deux puits de ce charbonnage, commencés en mai 1870, ont rencontré, après avoir traversé quelques filets charbonneux et une couche de $0^m,832$, qu'on n'exploite pas, la couche *Thick-coal*, à la profondeur de 382 mètres.

En ce point, la couche a une ouverture totale de $11^m,57$ dont $8^m,225$ en bon charbon, reposant sur des lits alternatifs de minerai de fer et de charbon, formant un banc inférieur de $3^m,35$ qu'on n'exploite pas.

Le banc supérieur de charbon forme un banc unique qui n'est divisé en strates parallèles que par des couches d'un schiste argileux tendre de quelques millimètres à peine, couches qui constituent autant de plans de séparation assez nets, que l'on suit et utilise dans l'abatage, ainsi que nous allons le voir.

L'inclinaison de cette couche, qui est parfaitement régulière, est à Sandwell-Park de $0^m,222$ par mètre.

Aménagement général des travaux. — Au point où le puits a recoupé la couche, on a établi sur le banc inférieur qu'on n'exploite pas, à la profondeur de 400 mètres, un envoyage d'où l'on a fait partir en direction, deux galeries conjuguées menées horizontalement à $36^m,50$ l'une de l'autre, et réunies tous les $45^m,70$ par des communications d'air fermées ensuite par des murs en briques.

Suivant la pente, dans l'aval-pendage du puits, on a mené en vallée deux galeries conjuguées d'où l'on a fait partir, à 36 mètres au-dessous du premier niveau, deux

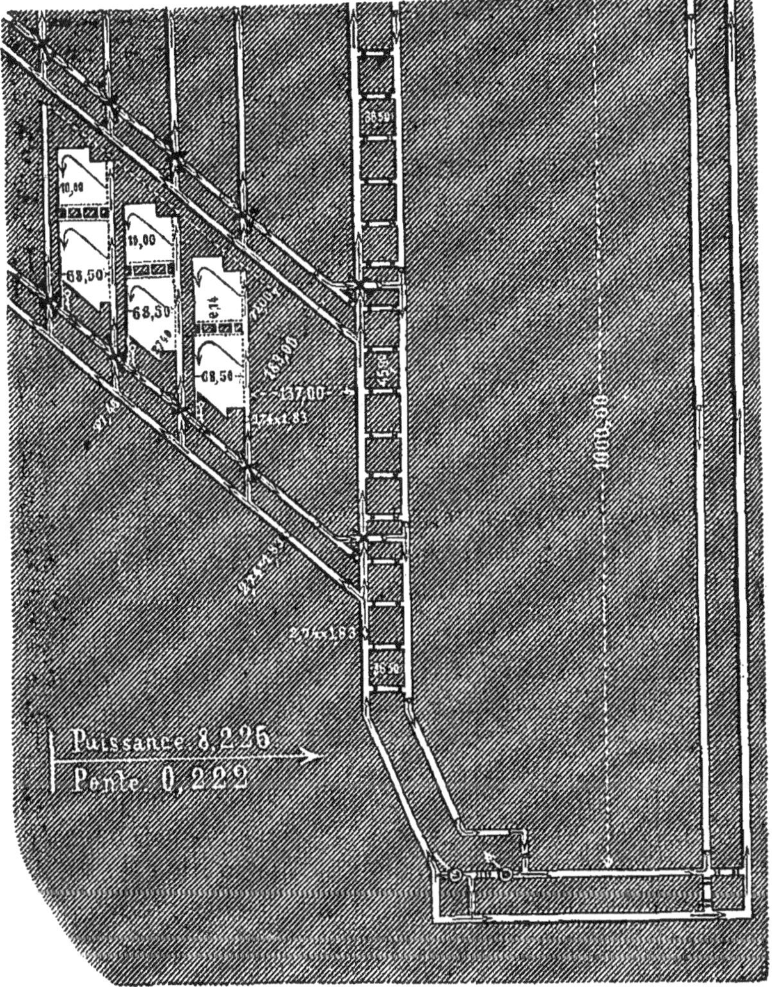

Figure 66. — Aménagement des travaux dans la couche Ten yards coal,
à Sandwell-Park.

galeries conjuguées horizontales, qui constituent un second
niveau d'exploitation identique au premier.

Les produits de ce second niveau sont remontés à l'étage
supérieur par un plan incliné établi dans la maîtresse-galerie descendante, plan incliné sur lequel un câble actionné
par une machine de la surface, remorque les wagonnets
formés en train.

Dans chacun de ces niveaux d'exploitation, on a tracé, à des distances régulières, des galeries conjuguées menées à mi-pente, et, sur ces galeries montantes, on a branché, tous les 68^m,5o, des galeries horizontales qui découpent autant de massifs longs disposés comme l'indique le croquis ci-dessus (*fig.* 66) qui donne un plan général des travaux.

Isolement des quartiers. — Comme les incendies naissent facilement dans ces grandes couches exploitées sans remblai, on a soin d'isoler les quartiers par des massifs réservés qui permettent, en bouchant toutes les galeries d'accès par des barrages soignés, de circonscrire les foyers qui peuvent se produire, et de continuer l'exploitation à côté d'eux.

On réserve de pareils massifs de chaque côté des galeries de roulage et d'aérage, en leur donnant une épaisseur qui varie de 10 à 3o mètres suivant l'importance des galeries à protéger.

Galeries de traçage. — Toutes les galeries de traçage sont creusées à 2^m,74 de largeur sur 1^m,83 de hauteur et à la poudre.

Préparation des quartiers. — Pour bien faire comprendre la méthode d'exploitation elle-même, nous avons, dans le croquis ci-contre (*fig.* 67), indiqué la disposition de deux tranches horizontales successives avec les massifs disposés de chaque côté des voies conjuguées qui assurent leur aérage. Ces voies conjuguées sont établies au milieu du massif qui les comprend de manière à en préparer le dépilage ultérieur. Pour cela on isole le massif central des deux massifs latéraux qu'on dépile en premier lieu par deux piliers réservés de 7^m,3o de largeur.

Cette organisation, qui diffère un peu de celle figurée sur le plan général donné par le croquis ci-dessus, est celle qu'on a adoptée au niveau inférieur ; elle nous a été donnée comme constituant sur la première un progrès important. La différence essentielle consiste en ce que, d'abord, les

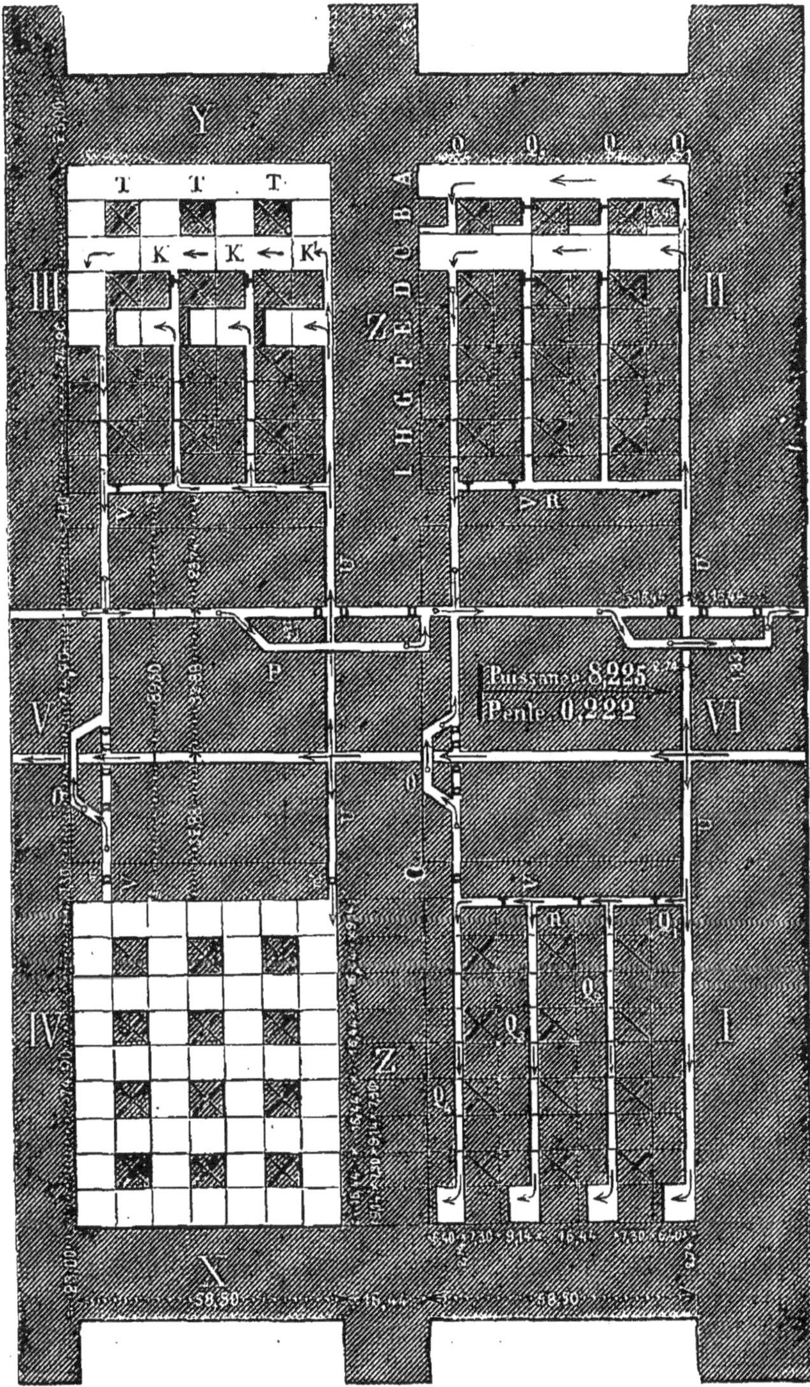

Figure 67. — Organisation d'ensemble des chantiers de dépilage dans la couche
Ten yards coal, à Sandwell-Park.

voies montantes conjuguées sont menées suivant la ligne
de plus grande pente, puis en ce que les massifs desservis
par elles sont au nombre de trois par tranche horizontale
au lieu de deux. Enfin, et c'est là le point important de la
nouvelle disposition, les deux massifs étant chacun d'un
côté d'un massif central protégeant les voies d'accès, au
lieu d'être à la suite l'un de l'autre, l'air y arrive et en sort
plus sûrement.

De plus, si l'on a soin, comme on le fait au niveau inférieur, de monter de suite avec les deux voies conjuguées,
jusqu'à la tranche horizontale supérieure du niveau considéré pour dépiler d'abord cette tranche, ce qui est toujours
possible, si l'on n'a pas des relevées trop longues entre deux
niveaux, on peut, lorsqu'on a pris les deux massifs latéraux
prendre d'une façon analogue le troisième massif, en commençant par la tranche supérieure de ce massif et en bat-
tant en retraite par les deux voies d'entrée et de sortie
d'air qui sont toujours conservées dans le ferme au-dessous des travailleurs.

De cette manière on n'abandonne que les piliers :

V, de $7^m,30$ de largeur, qui séparent les trois massifs
longs d'une même tranche horizontale ;

X et Y, de 23 mètres de largeur, laissés de chaque côté,
entre les massifs longs desservis par deux systèmes de voies
conjuguées montantes successives, massifs qui forment des
quartiers absolument distincts;

Et Z, de $16^m,44$ de hauteur, piliers qui séparent deux
tranches successives d'un même quartier.

Tout cela ressort nettement du croquis auquel nous renvoyons.

Dimensions des massifs longs. — Les massifs longs ont
chacun $74^m,90$ de longueur suivant la direction sur $58^m,50$
de largeur.

Traçage des massifs longs. — Pour les tracer on fait partir, de la galerie de fond U qui délimite la tranche hori-

zontale, les galeries montantes RR qui délimitent les deux massifs latéraux.

De ces galeries RR on fait partir les galeries horizontales Q_1 Q_2 Q_3 Q_4 à 16^m,44 de distance l'une de l'autre, galeries qui découpent dans le massif trois massifs secondaires de 13^m,70 de largeur et un massif supérieur de 6^m,40.

Toutes ces galeries de traçage sont creusées à la base de la couche, sur une hauteur de 1^m,83 et sur une largeur uniforme de 2^m,74, par quatre groupes de 3 piqueurs (trois par galeries) formant une compagnie de douze ouvriers associés, qui entreprennent l'exploitation de tout un massif moyennant un prix à forfait fixé à tant la tonne, prix auquel on ajoute un supplément de tant par mètre courant de galerie de traçage.

Dépilage. — Le traçage achevé, on pousse à l'extremité de chacune des galeries horizontales Q_1 Q_2 Q_3 Q_4 une taille montante A de 9^m,14 de largeur. Dès que ces tailles ont atteint la hauteur du massif secondaire de 13^m,70 qui sépare deux galeries successives, l'aérage est établi et il suffit de le régler en plaçant les portes et les toiles qui figurent sur le croquis.

Abatage. — Dans chaque taille, l'abatage est fait par trois piqueurs, comme il a été dit plus haut, piqueurs, qui prennent correctement toute la largeur de la taille sur 1^m,83 de hauteur. Puis, la communication établie entre les galeries, ils prennent successivement toute la hauteur de la couche en découpant la taille de 9^m,14 en trois tailles de 1^m,83 de largeur, séparées par deux piliers de 1^m,83. Chacun des trois piqueurs fait, en montant sur une échelle, de chaque côté de sa taille de 1^m,83, une rainure de 1 mètre à 1^m,50 de profondeur, en soutenant au besoin le charbon par des étançons, puis en le faisant tomber par quelques coups de mine. Il monte ainsi aussi haut qu'il peut le faire sans danger, puis de temps à autre fait tomber par quelques coups de mine le massif séparant deux tailles secondaires, pour recommencer le même travail jusqu'à ce qu'il ait fait tomber tout le charbon restant à prendre au-dessus des voies primitives.

Ce mode d'abatage fait que le chantier présente, en élévation, la disposition indiquée par les croquis ci-dessous

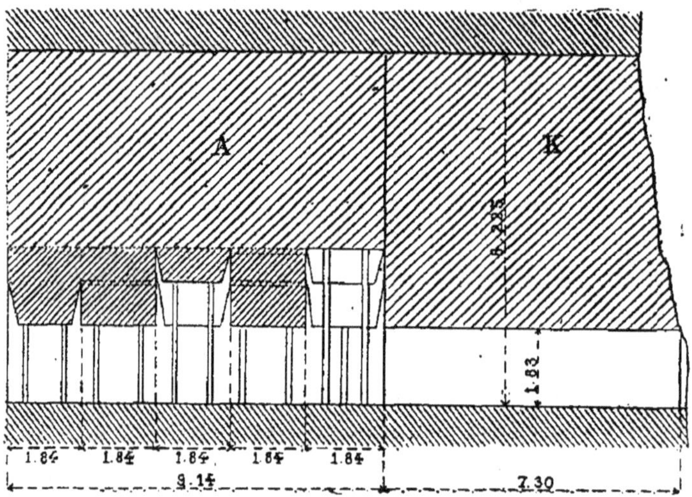

Figure 68. — Coupe transversale d'un chantier d'abatage de Sandwell-Park.

(*fig.* 68 et 69) qui donnent le premier la coupe en travers d'un chantier d'abatage et, le second la coupe longitudinale de ce chantier. Pour éviter que dans chacune de ces cloches il se forme un amas de grisou, on établit entre elles, à leur sommet, une communication d'air qui y assure une circulation assez active pour prévenir toute accumulation dangereuse.

Pendant le dépilage, chaque groupe de piqueurs, qui portent tous des lampes à

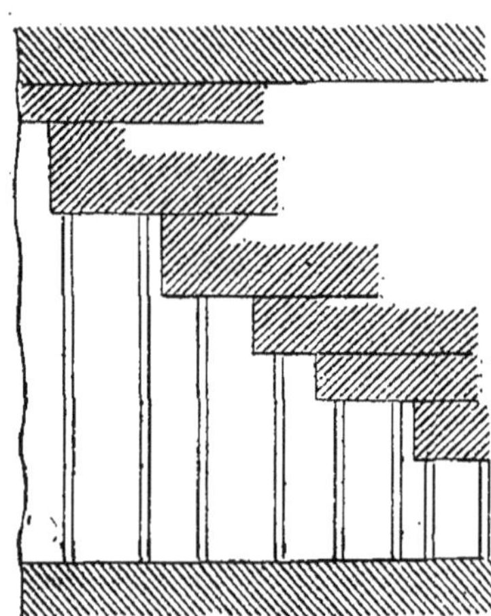

Figure 69. — Coupe longitudinale d'un chantier d'abatage.

feu nu, emporte une lampe de sûreté avec laquelle l'un d'eux fait la visite de ces cloches avant d'y travailler et surtout avant d'y allumer ses mines ; néanmoins de temps à autre il y a des brûlures sans importance.

Lorsqu'on a dépilé la bande A, on dépile de la même manière la bande C, puis, lorsque A et C sont prises, on enlève dans chaque massif secondaire par une taille chassante de 6ᵐ,4o de largeur, conduite de la même manière que les tailles montantes, toute la partie K, de manière à ne laisser que les piliers L qui sont conservés pour porter le toit et abandonnés.

Lorsque l'on a pris les bandes A et C et les piliers K, on enlève par tailles montantes la bande E, puis la partie K des piliers par des tailles chassantes, et ainsi de suite jusqu'à ce qu'il ne reste plus dans le massif que les piliers L L, qui sont abandonnés. C'est l'état que représente le croquis dans le massif IV.

A ce moment, on ferme par des barrages établis en m, et en m', le massif dépilé, et on dépile le massif V, si le massif III est également terminé et fermé.

Soutènement. — Le soutènement de ces chantiers se réduit à des étançons plus ou moins longs avec lesquels on soutient la planche de charbon qui reste à enlever au toit de la galerie ou de la taille, étançons que l'on retire pour la plupart dès qu'une bande est déhouillée.

Aérage. — L'aérage de ces chantiers est indiqué clairement par les flèches marquées sur le croquis auquel nous renvoyons. Très bon dans les galeries principales, il est presque nul dans les galeries de traçage où l'air ne pénètre que par diffusion ; il redevient bon dès que la communication est établie entre ces galeries, pour se réduire considérablement peu de temps après, l'éboulement du toit venant rapidement obstruer la communication, communication que rouvre le déhouillement de la bande suivante, et ainsi de suite.

Croisements d'air. — La seule particularité à signaler au point de vue de l'aérage est la manière dont on fait les croisements d'air.

On voit en O et en P leur disposition générale. Ils consistent en une galerie de $1^m,83$ sur 1^m85 qui passe au-dessous de la galerie d'entrée d'air, en laissant entre les deux un massif de $1^m,83$ d'epaisseur ; trois ou quatre portes mises sur la galerie directe obligent l'air à prendre le détour ainsi formé.

En résumé, avec cette méthode, on prend complètement la moitié du charbon ; comme l'on peut, et assez incomplètement l'autre moitié, en abandonnant des piliers carrés de $7^m,30$ de côté dans chacun des carrés de $16^m,44$ de côté, dans lesquels on décompose le massif long à déhouiller. C'est donc environ $1/3$ que l'on abandonne ainsi dans chaque massif long.

§ 5.

CONSIDÉRATIONS GÉNÉRALES SUR LES MÉTHODES D'EXPLOITATION
ANGLAISES.

Si maintenant que nous avons exposé dans leur détail les méthodes d'exploitation, nous reprenons dans leur ensemble les observations que nous avons faites dans les houillères visitées par nous en Angleterre, nous dirons que les caractères essentiels des exploitations anglaises, quelle que soit la méthode adoptée, sont les suivants :

1° L'extension considérable des travaux faits dans chaque couche, qui constitue toujours un étage distinct d'exploitation ne communiquant avec la surface que par les deux puits ;

2° La disposition des chantiers dans chaque couche en quartiers distincts, disséminés en tous sens et constituant autant de culs-de-sac dans lesquels l'air entre et sort par deux galeries parallèles toujours très rapprochées ;

3° L'ordre quelconque dans lequel on prend les quartiers ainsi disposés dans la couche, en subordonnant tout à la rapidité du déhouillement et à l'intensité de la production, ordre qui fait que très souvent deux galeries d'entrée et de sortie d'air sont comprises sur de très grandes longueurs entre de vieux travaux, au-delà desquels se développent des quartiers en activité formant à l'extrémité des maîtresses-galeries des culs-de-sac que le moindre désordre atteignant ces galeries isole complètement;

4° L'absence de remblais soigneusement disposés ou assez abondants pour atténuer les dangers présentés par ces vieux travaux, que la dislocation générale du terrain ou toute autre cause peut alimenter constamment de grisou;

Ces magasins de grisou qui, à Ryhope, par exemple, occupent une surface de 300 hectares, peuvent au moindre accident être mis en communication avec les maîtresses galeries qui les traversent et verser dans les travaux des quantités de grisou qui, alors même qu'elles ne seraient pas très considérables, peuvent subitement rendre explosif un courant d'air considéré jusque-là comme assez peu chargé de grisou pour être précisément le courant consacré à l'alimentation du foyer;

5° Le déhouillement extrêmement rapide de couches de puissance moyenne, qui expose à des dislocations brusques des terrains encaissants, dislocations accompagnées souvent de dégagements de grisou considérables;

6° L'abatage souvent fait à la poudre sans grandes précautions;

7° La pratique presque constante en Angleterre, de faire aller les chevaux à la taille même, pratique qui expose davantage à mal fermer les portes si nombreuses qu'on rencontre dans les exploitations anglaises: cette pratique, pour le dire, en passant, conduit souvent à avoir dans les grandes mines deux à trois cents chevaux, que l'on oublie lorsque l'on établit l'effet utile des ouvriers du fond anglais;

et qui pourtant devraient, dans ce calcul, être comptés comme rouleurs ;

8° Le soutènement toujours sommaire des chantiers, soutènement qui, dans toutes les méthodes autres que le *long wall*, est souvent insuffisant pour assurer le passage de l'air d'un chantier à l'autre. Ce passage n'est en effet habituellement maintenu que par un rang d'étançons placés à o,20 ou à o,6o du ferme et l'éboulement du toit, l'obstrue presque toujours tellement que nous avons bien rarement pu y passer ;

9° La multiplicité des toiles, portes, barrages et croisements d'air qui, jointe à l'absence de remblais continus guidant le courant d'air au front de taille, donne lieu à une déperdition considérable de l'air entrant. Aussi, des énormes volumes d'air pénétrant par les puits, n'arrive-t-il au chantier même que des quantités souvent plus faibles qu'en Belgique, où il n'entre pourtant que 3o à 4o mètres cubes d'air par seconde dans les plus grandes houillères.

Disposition générale d'une houillère anglaise au point de vue de l'aérage. — D'une manière générale, et à ne considérer que l'ensemble des travaux d'une houillère anglaise, on voit que bien souvent leur disposition générale est celle qu'indique la coupe théorique ci-contre (*fig.* 70), c'est-à-dire que, en gros, chaque couche en exploitation forme un sac très aplati AB, ayant pour épaisseur la puissance de la couche et, pour dimensions transversales, l'étendue des travaux exécutés suivant la direction et le pendage de cette couche. Ce sac ne communique avec la surface que par deux orifices qui sont les deux puits. Ces puits sont toujours si rapprochés qu'au point de vue de l'aérage, ils se comportent à peu près comme s'il n'y en avait qu'un divisé en deux compartiments.

Les deux puits dont l'un sert à l'entrée, et l'autre à la sortie de l'air, étant en un point toujours quelconque de la couche, on voit que toute la partie exploitée, qui se trouve

avoir une cote supérieure à celle de l'entrée et de la sortie
d'air, forme un immense réservoir sans issue naturelle.
Il est donc permis de dire que tout point qui dans cette

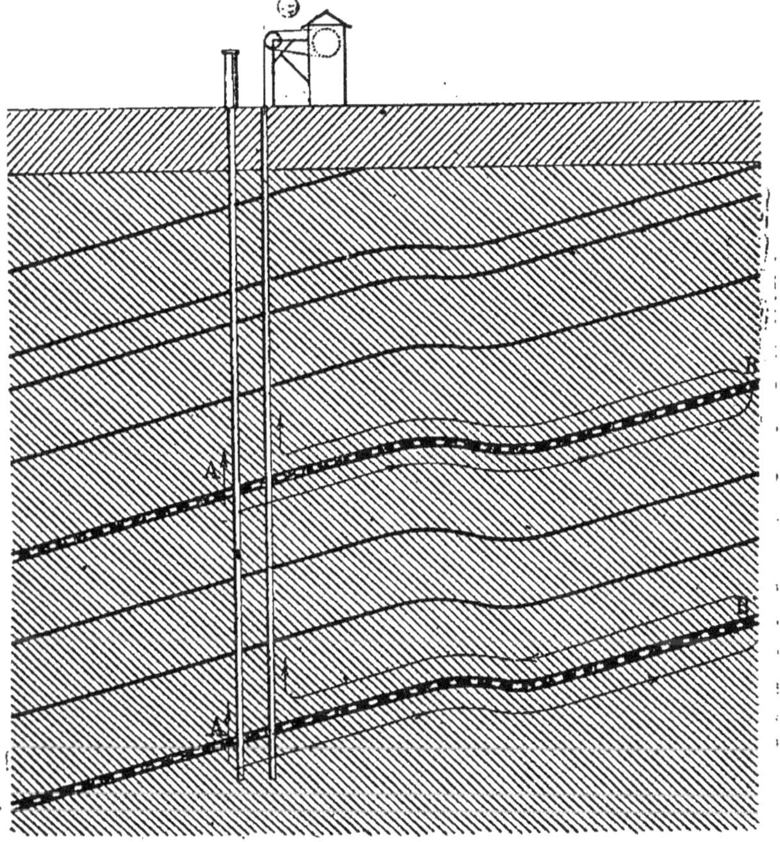

Figure 70. — Coupe verticale d'une houillère anglaise montrant la disposition
générale des travaux au point de vue de l'aérage.

région n'est pas directement sur le passage du courant
d'air artificiel qu'y entretiennent les dispositions spéciales
prises pour la ventilation, forme une cloche où le grisou
s'accumulera nécessairement.

Si l'on songe que dans les immenses étendues ainsi exploitées autour d'un siège, il y n'a d'autre remblai que celui
que le toit veut bien donner en s'éboulant, on restera effrayé

de l'importance des réservoirs à grisou que peut créer
le système d'exploitation adopté dans la plupart des houillères, et l'on comprendra de suite la gravité que les accidents peuvent y avoir.

*Intervention de l'administration dans l'organisation des
travaux souterrains.* — Bien que tous les inspecteurs considèrent comme essentielle au point de vue de la sécurité
des ouvriers, la méthode suivant laquelle on organise et
conduit l'exploitation, bien que certains d'entre eux nous
aient dit qu'ils trouvaient plus sûr de travailler avec des
lampes à feu et à la poudre dans une couche exploitée
suivant une bonne méthode, qu'avec des lampes de sûreté
et sans poudre dans une couche mal aménagée, tous les inspecteurs considèrent que tant qu'une méthode d'exploitation n'a pas donné lieu à des accidents, ils n'ont aucun avis
à émettre à son sujet; et il nous a été dit que même dans
ce cas ils ne se croyaient pas autorisés à intervenir.

Les inspecteurs trouvent qu'il faut laisser les exploitants
organiser leur travaux comme ils l'entendent, et en fait
il n'interviennent jamais dans ces questions délicates à tant
d'égards.

CHAPITRE IV.

AÉRAGE ET VENTILATION.

§ 1.

PRODUCTION DU COURANT D'AIR.

1. — Aérage naturel.

Nous n'avons pas eu occasion de voir une mine aérée naturellement; il en existe cependant encore un certain nombre en Angleterre; mais nous doutons qu'on rencontre des aérages naturels dans les districts tant soit peu grisouteux et surtout pour une mine un peu importante. Le bassin où cette sorte d'aérage paraît être le plus répandue encore est celui du South-Staffordshire où se rencontrent précisément le plus grand nombre de petites mines, très peu ou point infestées de grisou (1). On reconnaît d'ailleurs que la ventilation y laisse plus ou moins à désirer.

2. — Aérage artificiel.

On peut dire, d'une façon générale, que les mines à grisou anglaises sont à aérage artificiel par foyers ou

---

(1) Suivant l'inspecteur royal de ce district, il s'y trouverait 478 exploitations avec aérage naturel activé par les temps chauds et lourds au moyen de toque-feux, 64 foyers, 13 ventilateurs Guibal, 3 ventilateurs Waddle, 1 ventilateur Rammel, 1 ventilateur Schiele et 4 aérages par la vapeur perdue des générateurs.

par ventilateurs. Les foyers sont certainement encore les plus nombreux, surtout dans les grandes mines du Nord ; mais, dans tous les bassins, on s'accorde à reconnaître que les ventilateurs gagnent continuellement du terrain. Les ventilateurs à dépression ont de beaucoup la préférence. Les Lemielle, qui sont excessivement rares, n'ont eu aucun succès.

L'aspirateur de Nixon n'a été établi que sur deux houillères du Pays de Galles (1).

Foyers.

Dispositions générales. — Nous n'avons vu dans les installations de foyers rien qui ne soit déjà connu et qui n'ait été décrit.

Nous nous bornerons donc à donner les croquis de celui qui nous a paru le mieux installé, le foyer de Lund-Hill, représenté ci-contre (*fig.* 71), et de celui qui, par la surface de sa grille, est le plus important que nous ayons vu, le foyer d'Eppleton (*fig.* 72).

Ces croquis et les légendes qui les accompagnent font complètement comprendre la disposition de ces énormes appareils.

Foyer de Lund-Hill. — Le foyer de Lund-Hill est établi dans la couche Barnsley, à la profondeur de 195^m,48, à une distance d'environ 60 mètres des puits d'entrée d'air. La position relative du foyer, des puits d'entrée et des puits de sortie d'air est nettement indiquée sur le croquis donnant la disposition de la base des puits de Lund-Hill, (voir la *fig.* 21, à la page 107).

---

(1) M. Nixon est tellement satisfait des résultats donnés par son premier appareil de Navigation Colliery, depuis 18 ans qu'il y fonctionne, qu'il se dispose à en installer un nouveau beaucoup plus considérable. Il aura 3 cylindres et 3 aspirateurs au lieu de 2 comme dans l'appareil primitif. L'appareil pourra débiter de 150 à 180 mètres cubes par seconde au lieu des 47 que débitait le premier.

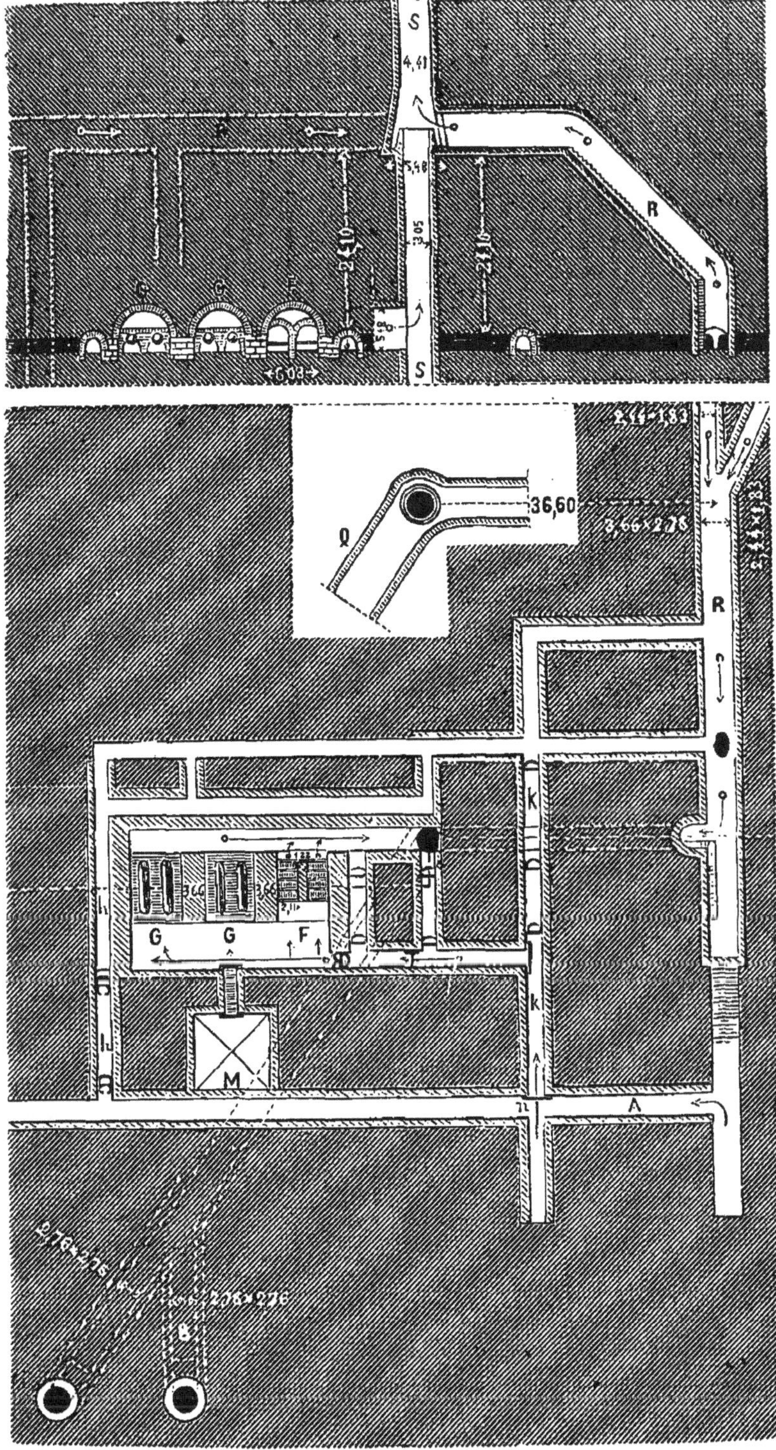

Figure 71. — Coupe verticale et plan du Foyer d'aérage de Lund-Hill.

Ce foyer est alimenté exclusivement avec de l'air frais pris sur le courant général avant son entrée dans les travaux.

La légende ci-dessous fait connaître les particularités qui méritent d'être signalées dans cette installation.

F foyer formé de deux grilles de 2^m,438 de largeur sur 3^m,657 de profondeur, séparées par un mur en briques de 1^m,219 d'épaisseur, et couvertes par deux voûtes en briques réfractaires.

G, G générateurs à vapeur.

 Le foyer et les générateurs sont installés dans trois loges voûtées de 6^m,08 de longueur et de 5^m,48 de hauteur sous clef, établies entre la galerie d'entrée d'air a et la galerie des fumées b, galerie horizontale de 2^m,76 de largeur qui débouche directement dans le puits de sortie d'air.

S puits de sortie d'air qui, dans la partie comprise entre la couche et le niveau des retours d'air, n'a que 3^m,05 de diamètre, tandis que dans la partie supérieure il a 4^m,41. Au niveau des retours d'air, c'est-à-dire à 24^m,104 au-dessus du sol du foyer, le puits présente un élargissement, dans lequel monte sur 2 mètres de hauteur la maçonnerie de la partie inférieure qui forme ainsi cheminée. Ce prolongement de la maçonnerie empêche les retours d'air qui, à ce niveau, arrivent perpendiculairement, de venir couper le tirage du foyer.

R retour d'air des travaux de l'amont-pendage. Galerie maçonnée de section double de celle des deux galeries r_1 et r_2 qui s'y réunissent. Ce retour qui est dans la couche, est relié au puits par une galerie inclinée P dans laquelle est un escalier en maçonnerie par lequel on peut aller visiter le retour R'.

R' retour d'air des travaux de l'aval-pendage. Ce retour, dans lequel on a pris le soin de proportionner également les sections aux volumes d'air à débiter, est horizontal et communique avec les galeries de retour creusées dans la couche par deux puits intérieurs B$_1$ et B$_2$ de 2^m,70 de diamètre.

h, h, i, i, j sont des galeries muraillées qui isolent les maçonneries du foyer de la couche et préviennent tout échauffement.

K, K est la galerie qui donne accès aux retours d'air. Elle est fermée par trois portes soigneusement établies D, D, D.

l est une galerie qui donne accès à la base des puits et sert à l'entretien. Elle est fermée par deux portes D, D.

M est la chambre de la machine de la traction souterraine ; elle communique avec les galeries d'entrée d'air a par un escalier aux deux extrémités duquel sont établies des portes obturatrices.

 L'air arrive au foyer par l'une des galeries principales d'entrée d'air A, d'où une dérivation

k fermée par une porte à glissière n en tôle, amène en a un volume d'air qui est réglé par une seconde porte à glissière o, et finalement par une porte à guichet régulateur D R.

D D, D C sont des portes fermées à clef qui ne doivent être ouvertes que lorsqu'on a des réparations à faire.

Foyer d'Eppleton. — Le foyer d'Eppleton est établi dans la couche Hutton, à la profondeur de 325 mètres, à une distance d'environ 75 mètres des puits d'entrée d'air. La position relative du foyer, des puits d'entrée et des puits

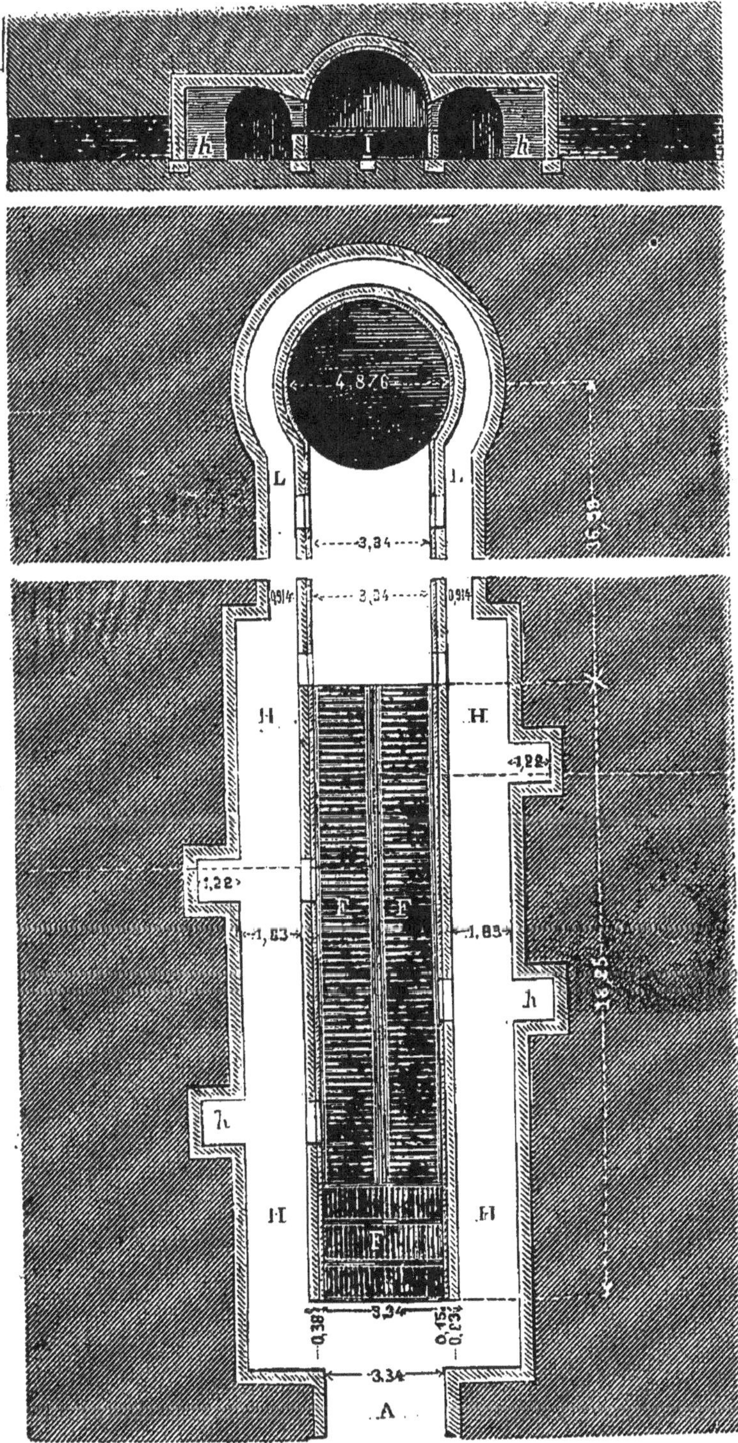

Figure 72. — Coupe verticale et plan du Foyer d'aérage d'Eppleton.

de sortie d'air, est nettement indiquée sur le croquis montrant la disposition de la base des puits d'Eppleton (voir la *fig.* 22, à la page 109).

Ce foyer est alimenté par de l'air pris sur le retour d'air général, air que l'on rafraîchit au moyen d'une prise d'air amenée dans la galerie de retour par une galerie spéciale aboutissant à la base des puits d'entrée (voir la *fig.* 22) et fermée par une porte à guichet régulateur permettant de limiter au strict nécessaire la quantité d'air frais ainsi distraite du courant général.

F, F est le foyer formé d'une grille unique de 18^m,25 de longueur sur 3^m,34 de largeur, établi entre deux murs qui sont les pieds droits d'une voûte en plein cintre recouvrant le foyer.

Deux voûtes latérales H, H, de 1^m,83 de hauteur, parallèles à la voûte du foyer, avec laquelle elles ont un pied-droit commun, isolent le foyer et donnent accès à toutes ses parties.

Le chargement de la grille se fait :

Pour la partie antérieure, par l'extrémité de la voûte, qui est complètement ouverte et sans portes, tout l'air du retour passant ainsi sur le foyer ;

Pour le reste, par des portes latérales, en face desquelles on a ménagé des niches N, N, permettant l'introduction et la manœuvre des ringards.

K est une galerie horizontale voûtée, de même section que le foyer, conduisant les fumées au puits, et isolée de la couche par deux passages voûtés I, I, de 1^m,914 de largeur et 1^m,83 de hauteur : ces galeries se réunissent en faisant le tour du puits.

S est le puits de sortie d'air, de 4^m,876 de diamètre.

Tout l'appareil est construit en briques ordinaires ; mais toutes les parties en contact avec le feu ou les flammes ont un revêtement en briques réfractaires, de 0^m,15 d'épaisseur, indiqué, sur le croquis, par des hachures plus rapprochées.

L'air nécessaire à l'alimentation du foyer est amené en A par une galerie voûtée de même section que la voûte dans laquelle est installé le foyer, et il est, comme nous l'avons dit, mêlé d'un peu d'air frais pris directement aux puits d'entrée.

Le retour d'air général vient déboucher dans le puits à quelques mètres au-dessus du niveau où débouche la galerie du foyer, lequel est d'ailleurs à $36^m,10$ de l'axe du puits de sortie.

Isolement des foyers. — Dans tous les foyers que nous avons vus, on prend soin, comme dans les deux ci-dessus représentés, d'isoler le foyer des terrains encaissants, et par suite de la couche, au niveau et dans le plan de laquelle il est généralement établi. A Hindley-Field (n° 18 du tableau d'aérage) où se trouve un foyer fort bien installé, il y a un vide de 30 à 40 centimètres tout autour de la maçonnerie du foyer et un cours de brique concentrique à cette maçonnerie s'appuyant sur le terrain (voir la *fig.* 79 de la page 103, figure qui donne l'organisation de la base des puits de Hindley et la position du foyer).

Alimentation des foyers. — Il est rare que l'alimentation d'air soit faite exclusivement comme à Lund-Hill avec de l'air venant directement du puits (1). Le plus généralement l'alimentation est faite avec un retour d'air de la mine; tantôt c'est la totalité du retour qui passe sur le foyer, tantôt ce sont un ou deux retours spéciaux choisis de préférence parmi ceux que l'on sait ou que l'on suppose pouvoir être le moins chargés de grisou. En tout cas, le voisinage du puits d'entrée et de sortie est tel qu'il y a tou-

---

(1) A Lund-Hill l'alimentation du foyer et des générateurs établis à côté exige 14 mètres cubes par seconde sur les 141,600 qui sortent de la mine, soit 10 p. 100.

jours une certaine quantité d'air pur venant se mêler sur le foyer à l'air provenant de la mine. Souvent même, il y a une petite dérivation spéciale établie à cet effet au moyen de portes à guichets placées dans les galeries qui séparent le puits d'entrée du puits de sortie. C'est ce que nous avons vu par exemple à Eppleton (voir la figure de la page 109, qui rend complètement compte de l'organisation des choses dans ce cas).

Malgré les accidents attribués, avec une suffisante certitude, à une inflammation du grisou sur le foyer (2) on conserve cette pratique de l'alimentation par le retour d'air et même par le retour général, parce qu'on admet qu'à proximité du puits de sortie les retours d'air se trouvent mélangés à de l'air, qui n'a pas circulé dans les parties grisouteuses, en quantité telle que l'inflammabilité du courant n'est plus à craindre. Il est certain, et nous reviendrons plus loin avec détail sur ce point important, qu'une très forte proportion de ces énormes volumes d'air entrant par le puits d'entrée va directement au puits de sortie sans passer par les chantiers ; une partie est détournée à dessein pour l'aérage des écuries, l'alimentation de chaudières à vapeur, etc... ; une autre partie se perd par filtration à travers les portes et les barrages qui séparent la voie d'entrée de la voie de sortie et celle-là sans autre utilité que de diminuer, le cas échéant, la teneur en grisou du retour d'air des chantiers : on en pourrait faire évidemment un meilleur usage.

Du moment qu'on accepte, par ces raisons plus ou moins justifiées, l'alimentation du foyer par le retour d'air, la question de la disposition du foyer par rapport au puits de sortie n'a plus aucun intérêt. Nous avons donné dans le seul cas que nous ayons rencontré d'un foyer exclusive-

---

(2) Voir notamment ceux du 24 février 1871 et du 27 mars 1878, au tableau de l'annexe n° VIII.

ment alimenté par de l'air frais, celui de Lund-Hill, la disposition qui avait été adoptée.

*Disposition des Foyers par rapport au puits de sortie
d'air.* — Voici toutefois quelques renseignements sur les
installations des foyers que nous avons eu occasion de voir
et dont nous n'avons pas donné de croquis.

La *distance horizontale* du foyer au puits varie de 22 à
45 mètres et est exceptionnellement de 64 mètres à Ryhope.

La *distance verticale* au-dessus du foyer à laquelle le *furnace drift* (1) débouche dans le puits de sortie varie de
4 à 13 mètres; à Ryhope où le *furnace drift* est un puits
vertical intérieur, il débouche dans le puits à 75 mètres
au-dessus du foyer. Presque partout le *dumb drift* est horizontal.

Ventilateurs.

Types de ventilateurs usités en Angleterre. — Le type de
ventilateur le plus répandu dans toute l'Angleterre, paraît
être le Guibal. Le Waddle est assez fréquent dans le Pays de
Galles, d'où l'inventeur est originaire; on le rencontre aussi,
mais plus rarement, dans tous les autres bassins. En dehors
du Pays de Galles, le Schiele est peut-être plus répandu que
le Waddle. Le Schiele est le plus fréquent des ventilateurs à
grande vitesse auxquels se rattache le Gonter et quelques
autres du même genre beaucoup plus rares.

Ventilateurs Guibal. — Les Guibal anglais ne présentent
dans leur construction aucune différence essentielle avec
ceux du continent; le seul point à noter, c'est qu'ils présentent souvent des dimensions encore plus considérables.
Au lieu d'un diamètre de 12 mètres, qui a été jusqu'ici le

---

(1) On distingue dans tout foyer anglais le *furnace drift* qui est
le conduit des gaz chauds du foyer et le *dumb drift* qui est le
conduit spécial par lequel le retour d'air arrive dans le puits,
quand il ne passe pas sur le foyer.

maximum atteint sur le continent, on en trouve plusieurs
en Angleterre de 15^m,72 et de 14^m,02, comme l'indique
notre tableau d'aérage. Le ventilateur d'Abram (n° 19 de
ce tableau), dans le Lancashire-Ouest, qui a ce dernier
diamètre, tourne normalement à 46 tours, mais il pourrait certainement tourner à des vitessses plus considérables.
Sauf à Bickershaw, où le ventilateur Guibal reçoit l'air des
deux côtés, comme nous l'avons indiqué ci-dessus (voir
fig. 5 de la page 85), tous les Guibal anglais reçoivent
l'air d'un seul côté comme sur le continent.

La moyenne des rendements manométriques (1) des

---

(1) Bien que la notion du *rendement manométrique* d'un ventilateur soit bien connue de tous ceux qui ont lu les beaux travaux
de M. Murgue sur la ventilation, nous croyons utile de rappeler
ici ce qu'elle est. M. Murgue a démontré (Voir notamment *Bulletin de la Société de l'industrie minérale*, 2e série, t. IX, p. 5), que
pour tout ventilateur, quel que soit son type, dont l'effet doit être
de produire une dépression, ce que M. Murgue a appelé la classe
des ventilateurs *déprimogènes*, il y a une certaine *dépression
théorique*, qu'un ventilateur du même diamètre, tournant à la
même vitesse, ne pourrait produire que s'il était parfait, dans le
sens absolu du mot. Cette dépression théorique est $H = \dfrac{u^2}{g}$, u
étant la vitesse périphérique considérée ; la dépression h qui sera
produite par un appareil donné ne pourra jamais être qu'une fraction K. H de la dépression théorique, cette fraction K étant précisément le *rendement manométrique* de l'appareil. Considérés exclusivement en tant qu'appareils d'aérage, des ventilateurs d'un même
type, d'une part, et les divers types d'autre part, peuvent se comparer
les uns aux autres d'après la valeur de leur *rendement manométrique*. Nous sommes heureux d'avoir ici une occasion toute naturelle d'insister sur l'importance de cette notion si bien mise en
évidence par M. Murgue. Non seulement elle fournit la seule base
rationnelle pour la comparaison des divers types de ventilateurs ;
mais elle peut rendre des services pratiques plus immédiats. Un
ventilateur d'un type donné doit avoir un certain *rendement manométrique* moyen que la pratique fait connaître : s'il ne l'a pas,
on peut être assuré *à priori*, qu'il y a quelque défaut ou quelque
avarie dans sa construction ou dans son installation. Nous avons
eu plusieurs fois l'occasion de vérifier ce fait pour certains ven-

neuf Guibal que nous avons vus ressort à o,6ı ı, compris
entre un minimum de o,44ı et un maximum de o.7ı5.
Il est extrêmement curieux de noter que ces trois chiffres
sont très sensiblement les mêmes que ceux trouvés pour
les dix-neuf Guibal visités par nous en Belgique (ı).

Ventilateur Waddle. — Le ventilateur Waddle est un ventilateur à force centrifuge, à axe horizontal et ouïe centrale
(voir le croquis ci-après, *fig.* 7ɔ), à ailes courbes, en
tôle, au nombre de 8 à ıo, compris entre déux plateaux
de tôle, qui donnent à la couronne annulaire, en coupe
transversale, la forme d'un trapèze irrégulier, dont la
grande base est à l'ouïe et la petite à la circonférence.
Le ventilateur n'est pas enveloppé et rejette l'air librement sur toute sa circonférence. On reconnaît là, sans
qu'il soit besoin d'y insister davantage, les caractères géné-
riques du ventilateur belge Lambert à sortie d'air rétrécie. Les ventilateurs Waddle se construisent avec les mêmes
diamètres que les grands Guibal, ı2^m,20 et ı5^m,72, et tour-
nent à des vitesses semblables. Celui de Célynen de ı5^m,72
de diamètre marche normalement à 54 tours. C'est lui qui
est représenté par le croquis ci-après (*fig.* 7ɔ). Tous ceux
que nous avons vus reçoivent l'air d'un seul côté.

Les rendements manométriques des trois ventilateurs

---

tilateurs de nos tableaux qui ne donnent que des rendements manométriques insuffisants. L'observation du *rendement manométrique* offre donc un moyen pratique de surveiller l'état d'un
appareil d'aérage. Ceci montre la nécessité de munir tout ventilateur d'un manomètre, quand bien même on croirait pouvoir se
passer de cet appareil d'observation pour la surveillance et le
contrôle de l'aérage.

(ı) Les rendements manométriques des ventilateurs Guibal visités par nous en Belgique, sont :

$$
\begin{aligned}
&\text{moyenne.} \dots\dots\dots\dots\dots \quad \text{o,6o8} \\
&\text{maximum.} \dots\dots\dots\dots\dots \quad \text{o,7ɔ7} \\
&\text{minimum.} \dots\dots\dots\dots\dots \quad \text{o,44ı.}
\end{aligned}
$$

Figure 73. — Ventilateur Waddle de Celynen.

Coupe transversale de l'installation.

Coupe longitudinale du ventilateur.

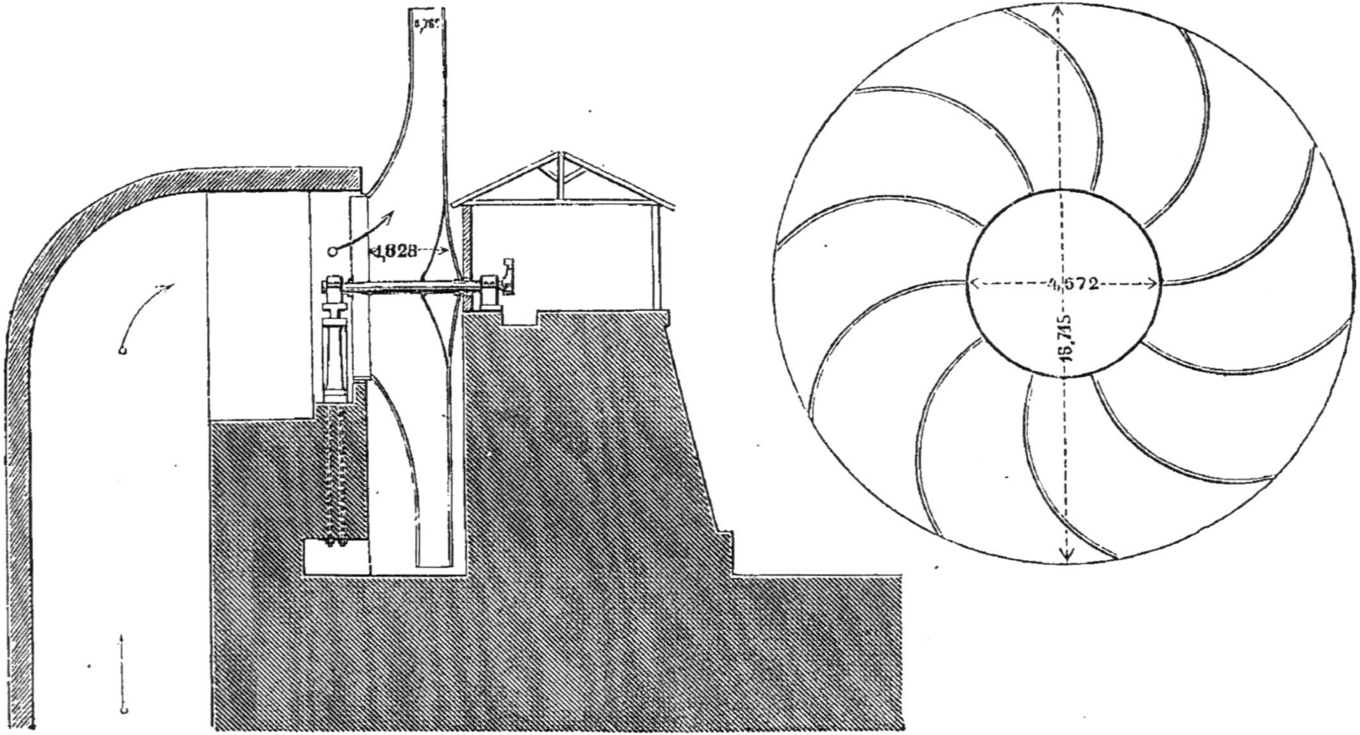

Waddle que nous avons vus, donnent une moyenne de 0,413 avec maximum de 0,456 et minimum de 0,378. Ce sont à peu près exactement les résultats que nous avons relevés en Belgique pour les ventilateurs Lambert (1) : égalité qui est fort instructive et très intéressante, sans que nous voulions pourtant exagérer l'importance de rapprochements qui portent sur trop peu d'appareils.

Ventilateur Schiele. — Le ventilateur Schiele appartient à la classe des ventilateurs à petit diamètre et à grande vitesse, qui a beaucoup de partisans en Angleterre et jouit d'une vogue toute spéciale en Westphalie. C'est le plus répandu, en Angleterre, des ventilateurs de cette classe dont les types sont assez nombreux ; il passe pour le meilleur. La discussion ouverte entre les avantages et les inconvénients relatifs à cette classe de ventilateurs, et à celle des

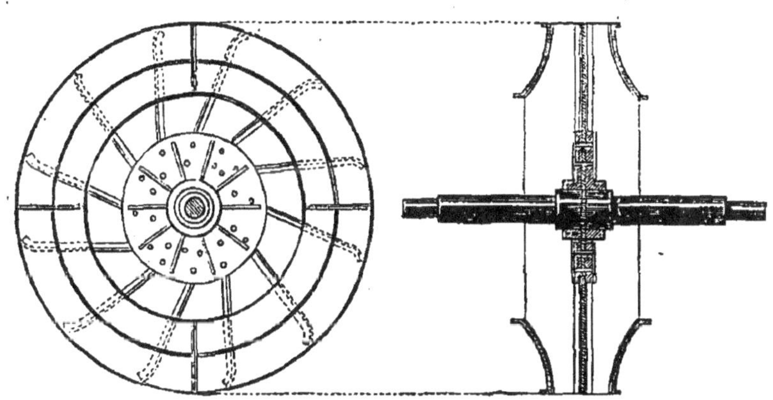

Figure 74. — Ventilateur Schiele.

ventilateurs à grand diamètre et à faible vitesse, tels que les Guibal, Waddle et Lambert, étant assez vive en ce mo-

---

(1) Ces résultats sont les suivants :

moyenne. 0,394
maximum. 0,455
minimum. . . . . 0,312.

ment, il nous a paru intéressant de donner quelques renseignements sur le ventilateur Schiele.

Comme le montrent les croquis (*fig.* 74 et 75), l'appareil proprement dit, représenté ci-dessus par la *fig.* 74, est un ventilateur à force centrifuge double, dont les deux parties semblables sont accolées par la face opposée à l'ouïe. Il a une douzaine d'ailes de forme trapézoïdale, inclinées sur le rayon et recourbées à leur extrémité. Par sa forme trapézoïdale, l'appareil est à rétrécissement à la circonférence. Son installation est clairement indiquée ci-contre par la *fig.* 75 qui la donne en plan et en coupe.

Le ventilateur est entouré d'une caisse en tôle en forme d'escargot, dont la section droite va en augmentant d'une façon continue depuis *a* jusqu'en *d*, au bas de la cheminée évasée par laquelle l'air est versé dans l'atmosphère. Le ventilateur laisse échapper l'air sur toute sa circonférence : une tôle *a b* forme la séparation du haut de la caisse enveloppante avec la cheminée. Nous n'insistons pas sur les détails de la construction que montrent suffisamment les figures ci-dessus indiquées, et il nous paraît inutile de faire ressortir les différences et les analogies de cet appareil, avec tous ceux connus et décrits sur le continent.

Le ventilateur Schiele se construit avec des diamètres variant de 1^m,60 à 4^m,57, pour marcher à des vitesses variant de 150 à 300 tours par minute. Si on réussit, comme on se le propose, à faire marcher le Schiele de Harris-Navigation, de 4^m,34 de diamètre, à la vitesse de 300 tours, cela correspondrait à une vitesse périphérique de 68^m,15, susceptible d'engendrer une *dépression théorique* de 556 millim.; pour obtenir ce résultat avec un Guibal de 14 mètres de diamètre, il faudrait le faire marcher à la vitesse de 90 tours par minute. On peut se demander si un Schiele de 4^m,34 supportera cette vitesse de 300 tours mieux qu'un Guibal de 14 mètres celle de 90 tours : il est permis d'en douter.

Les rendements manométriques des trois ventilateurs
Schiele que nous avons vus ressortent, d'après notre tableau

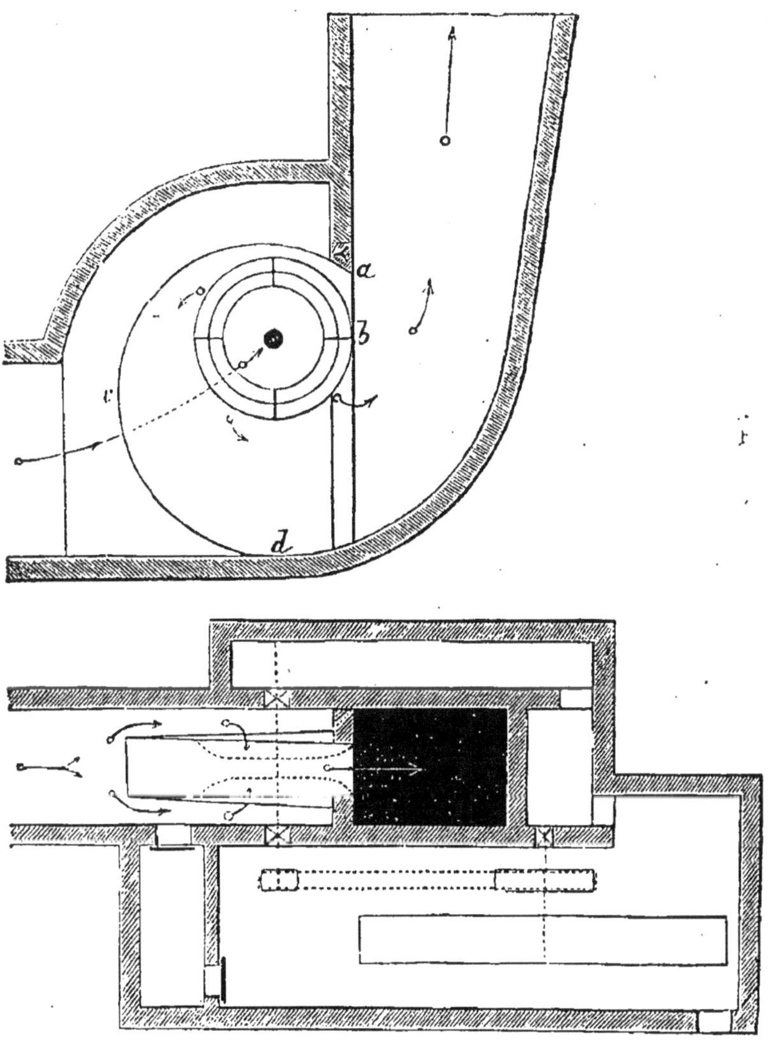

Figure 75. — Coupe verticale et plan du ventilateur Schiele.

général d'aérage, à 0^m,522 avec maximum de 0^m,400 et
minimum de 0^m,203.

M. A. Merfyn, ingénieur de Aldwarkemain-Colliery, dans

le Yorkshire, nous a remis un travail récent (1), fait par lui sur ce ventilateur, où il a donné des résultats d'expériences ou d'observations relevées sur huit de ces appareils, autres que ceux que nous avons vus. Nous avons reproduit ces résultats dans le tableau ci-joint que nous avons complété dans l'ordre d'idées d'après lequel ont été dressés tous nos tableaux d'aérage. En ce qui concerne les rendements manométriques, on voit, pour less ix ventilateurs assez complètement étudiés par M. A. Merfyn, que la moyenne ressort à o.3o4 avec maximum de o.376 et minimum de o.239, ce qui ne s'éloigne pas sensiblement des résultats relevés directement par nous.

En tant qu'appareil d'aérage, ou si l'on préfère d'appareil producteur de dépression, le ventilateur Schiele est donc un assez médiocre instrument, qui donne à peine, à vitesse périphérique égale, la moitié de ce que donne un Guibal. Cette infériorité s'accuserait d'autant plus, pour deux appareils donnés, l'un du type Guibal et l'autre du type Schiele, que les vitesses périphériques auxquelles on les ferait tourner deviendraient plus grandes.

On invoque, il est vrai, en faveur de cette classe d'appareils, — en dehors de leur bon marché relatif et de la facilité de leur installation, — qu'ils utilisent la vapeur motrice aussi bien et encore même mieux (2) que les Guibal les plus perfectionnés. Le rendement en travail (3) des Schiele serait égal si non même supérieur à celui d'un Guibal. C'est la conclusion implicite de M. A. Merfyn d'a-

---

(1) Inséré dans le *Journal of the british Society of mining students*, n° 9, col. 14, mars 1880.

(2) En Westphalie, on dit *infiniment* mieux, comme nous aurons occasion de le signaler dans notre travail sur l'Allemagne.

(3) Le *rendement en travail* d'un ventilateur est égal sous le rapport du travail utile, en air élevé, au travail indiqué sur le piston.

Résultats d'expériences, faites par M. A. Merfyn, sur quelques ventilateurs Schiele.

MINES.	VENTILATEUR.					MACHINE MOTRICE.				VOLUME d'air par seconde.	DÉPRESSION				ORIFICE		TRAVAIL			
	Type.	Diamètre extérieur.	Diamètre de l'ouïe.	Largeur.	Tours par minute.	Diamètre des pistons.	Course.	Degré d'admission.	Tours par minute.		observée.	théorique.	Rendement manométrique.		équivalent.		utile.	moteur.	Rendement en travail.	
		mét.				mét	mét.			mèt.cub.	mil.	mil.			mq.	mq.	chev.			
Job's Hill Colliery, Darlington. . . .	Vent.ur Schiele.	1,60	»	»	140,8				42,2	8,560	7,4	24,7	0,299		1,19		0,84	1,75	0,480	
					223,4	0,305	0,305	»	58,6	11,400	12,7	42,9	0,296	0,320	1,21	1,28	1,93	4,61	0,418	0,510
					285,5				78,8	19,200	25,4	70,0	0,363		1,45		6,50	10,31	0,630	
Sunniside-Collieries, Crook, Durham. .	id.	2,134	»	»	297				75	42,700	31,7	134,8	0,235		2,88		18,05	37,75	0,478	
					202	»	0,610	»	50	27,000	15,7	62,4	0,251	0,270	2,59	2,60	5,65	11,27	0,500	0,504
					160				40	21,800	12,7	39,1	0,325		2,32		3,69	6,90	0,534	
Rainford Colliery, Lancashire. . . .	id.	2,134	»	»	237	0,406	0,610	»	95	»	50,8	173,1	0,293	0,284	»	»	»	»	0,581	0,548
					280				75	»	33,0	119,7	0,275		»	»	»	»	0,516	
Norley, Wigan. . .	id.	3,658	»	»	159	0,508	0,508	»	159	66,200	42,6	113,4	»	0,376	3,85	»	37,60	70,80	»	0,531
Cortonwood, Barnsley	id.	3,658	»	»	162	0,635	»	»	64	103,300	39,8	117,8	»	0,338	6,22	»	54,82	83,40	»	0,657
Aldwarke main and	id.	2,438	1,400	»	»	»	»	»	»	23,600	38,1	»	»	»	1,45	»	11,99	»	»	»
Car House, Ro-	id.	2,895	1,524	»	288	»	»	»	»	54,300	55,9	233,1	»	0,239	2,76	»	40,47	»	»	»
therbam.	id.	4,115	2,438	»	»	»	»	»	»	118,000	76,2	»	»	»	5,14	»	119,89	»	»	»

près les rendements en travail indiqués par lui et qui s'é-
lèveraient en moyenne à o.55o avec maximum de o,657
et minimum de o.418. Nous devons nous borner à rapporter ces expériences dont nous ne sommes pas en mesure de discuter la valeur, ignorant comment elles ont été
faites. Elles paraîtraient sérieuses si, comme M. A. Merfyn
nous l'a personnellement dit, la pression moyenne avec laquelle a été calculée la force indiquée a été relevée sur les
diagrammes et non appréciée d'après celle marquée par le
manomètre. Nous ne dissimulerons pas que ces résultats
nous étonnent quelque peu.

Vitesses périphériques des ventilateurs anglais. — Il y a
intérêt à relever, pour pouvoir faire des comparaisons entre
les divers pays, les vitesses et surtout les vitesses périphériques auxquelles marchent les différents ventilateurs. Nous
les indiquons, à cet effet, dans le tableau suivant :

VENTILATEURS.	NOMBRE de tours par minute.	VITESSE périphérique en mètres par seconde.	PUITS où elles ont été observées.
Guibal, de 14^m,02 de diamètre.	46	33,59	Abram, n° 19.
— 13 ,72 —	47	33,70	Haswell, n° 22.
— 13 .11 —	51	34,98	Risca, n° 1.
— 12 ,80 —	46	30,80	Oaks, n° 13.
Waddle, de 13 ,72 —	54	38,73	Celynen, n° 2.
— 12 ,20 —	38	24,25	Dinas, n°6.
Schiele, de 4 .57 —	128	22,56	Llwynpia, n° 7.
— 4 .31 —	170	38,17	Harris'Navigation, n° 5.
— 3 ,66 —	153	29,32	Hoyland n° 10.

Sauf pour le ventilateur Schiele d'Harris' Navigation,
les ventilateurs à grand diamètre sont encore ceux, parmi
les appareils vus par nous, qui donnent les vitesses périphériques maxima. Mais la tendance est d'accroître la vitesse des ventilateurs Schiele de façon à leur donner des
vitesses périphériques supérieures et très supérieures à
celles des ventilateurs à grand diamètre. Nous aurons l'oc-

casion de dire où on en est arrivé à Westphalie dans cette voie.

Installation des ventilateurs. — Sauf à Wain-Llwyd où nous avons trouvé un ventilateur Gonther directement installé sur le puits de sortie, comme nous l'avons représenté dans le croquis, *fig.* 8 (p. 86), les ventilateurs sont toujours établis à une distance du puits de retour que nous avons trouvée de 10 mètres au moins et exceptionnellement de 45 mètres à Oak dans le Lancashire - Ouest (voir la fig. 3, p. 81). La distance la plus fréquente est de 20 à 25 mètres.

Le ventilateur et la machine sont toujours établis dans un petit bâtiment spécial. Le ventilateur est généralement placé dans une vraie chambre à air, de dimensions plus ou moins grandes, aisément accessible par deux portes formant sas à air, éclairée par des verres dormants de façon qu'on puisse y pénétrer commodément sans lampe pour surveiller et graisser le ventilateur (voir la fig. 4, p. 82, qui donne la disposition générale de l'installation du ventilateur Waddle de Celynen).

Tous les ventilateurs que nous avons vus sont portés par deux paliers dont l'un est toujours dans la chambre de la machine et l'autre dans la chambre à air. Dans les plus récentes installations de ventilateurs Schiele, comme à Harris' Navigation, dans le Pays de Galles, la chambre à air est supprimée; l'enveloppe même du ventilateur est directement au jour et le palier extérieur se trouve placé au dehors.

Machines motrices des ventilateurs. — Toutes les machines de ventilateur que nous avons vues sont à cylindre horizontal, habituellement à un seul cylindre, quelquefois comme à Bickershaw à deux cylindres Compound (voir la *fig.* 5, p. 83). Une disposition pour ainsi dire classique maintenant consiste à avoir deux machines pour chaque ventilateur dont une de remplacement : elles sont établies symétriquement de part et d'autre de l'arbre du ventilateur pour les ventilateurs à grand diamètre (Guibal et Waddle), qui sont tous à attaque directe, ou de part et d'autre de l'axe de transmission par courroie pour les ventilateurs Schiele et autres de cette classe. Nous n'avons pas vu de transmission par engrenage. Il suffit de déclaveter une bielle et de claveter l'autre pour remplacer une machine par l'autre en cas d'avarie ou de réparation.

Arrêt des ventilateurs. — Quant au ventilateur lui-même il n'est jamais arrêté, sauf le cas de force majeure et il est toujours graissé en marche grâce aux dispositions ci-dessus indiquées.

§ 2.

DÉPRESSIONS. VOLUMES D'AIR. ORIFICES ÉQUIVALENTS DES MINES ANGLAISES.

Les deux tableaux ci-contre (tableaux II et II *suite*) donnent toutes les données relatives aux mines que nous avons visitées ; on en trouvera quelques autres présentées de la même manière dans le tableau dressé d'après les expériences et les observations de M. A. Merfyn (p. 215).

Quelques explications préalables sont nécessaires pour permettre, en évitant toute confusion fâcheuse ou erronée, de se rendre compte de la signification des divers chiffres consignés dans ces tableaux et d'en tirer tout le parti désirable.

Calcul des dépressions. — Pour toutes les mines aérées par foyers et pour quelques-unes des mines aérées par ventilateurs, nous n'avons trouvé de manomètre qu'au fond des puits et par suite nous n'avons relevé la dépression qu'en ce point. Pour rendre tous les éléments comparables et permettre tous rapprochements il fallait rechercher quelle était la dépression théorique aux orifices du puits correspondant à la dépression réelle observée à leur base. Il nous a paru qu'on pouvait y arriver, d'une façon approximative tout au

AÉRAGE DES HOUILLÈRES ANGLAISES.

Partie I — Organisation et couches exploitées

BASSINS	N°	CHARBONNAGES	Profondeur commune des puits (mèt.)	Diamètre du puits d'entrée (mèt.)	Diamètre du puits de sortie (mèt.)	Distance entre les puits (mèt.)	Nombre des couches exploitées	Puissance totale (mèt.)	Inclinaison par mètre en millimètres	Noms des couches
South-Wales	1	Risca	253	5,33	4,94	13	1	2,71	50 à 60	Black Vein
	2	Celynen	320	6,00	5,83	81,50	1	2,74	50 à 60	Black Vein
	3	Wain-Lloyd	155	6,00	6,00	45,70	1	1,155	80	Big Coal
	4	New-Tredegar	320	5,18	5,44	18	2	1,026 1,168	83,5	Top Rasle Bottom Rasle
	5	Harris-Navigation	605	5,18	5,16	54,80	1	1,280	83,5	Aberdare four feet
Staffordshire Sud	6	Dinas	365	»	1,97	196	2	1,35 à 2,74 1,35	»	Two feet mine Four feet seam
	7	Olympia	338	3,66 3,05	4,72	»	1	1,35	»	Six feet seam
	8	Sandwell Park	302	4,58	3,05	32	1	8,52	222	Thick Coal
	9	Rockingham	320	4,57	4,88	46,30	1	1,35	55,7	Silkstone
Yorkshire	10	Hoyland	465	5,00 6,00	4,97	60,50 39,30	3	1,52 0,914 1,52	83,8 » 83,8	Parkgate Thorncliffe Silkstone
	11	Thrybergh Hall	262	»	1,88	15	1	2,00	83	Barnsley
	12	Lundhill	196	3,49 3,05	1,42	46 72	4	2,13	83,5	Barnsley
	13	Oaks	306	3,66	3,66	60,90	1	2,138	83,5	Barnsley
	14	Oak	292,50	4,97	3,66	66,80	1	0,086	407	Lower Bent mine
Lancashire E.U.	15	Pendlebury	365	3,05	3,05	22,80	4	0,736 0,736 1,060 1,224	285 » » »	Bin mine Shuttle mine Crumbouke mine Rains mine
	16	Outwood	302	3,66 3,66	4,79	54,80 100,50	3	2,70 1,83 1,30	400	Three yards Top yards Four feet

Partie II — Production et personnel ; Mode d'aérage ; Vitesse ; Volume

N°	CHARBONNAGES	Extraction par poste (tonnes)	Nombre d'ouvriers du poste le plus occupé	Foyers ou ventilateurs	Surface du foyer (m. carré)	Diamètre extérieur du ventilateur (mèt.)	Diamètre de l'ouïe du ventilateur (mèt.)	Largeur du ventilateur (mèt.)	Tours par minute	Vitesse réduite (mèt. par seconde)	Volume d'air par seconde (m. cub.)
1	Risca	550	208	Ventil. Guibal		13,11	»	3,66	50	34,98	68,500
2	Celynen	600	250	Ventil. Waddle		13,72	4,57	1,83 0,76	54	38,73	83
3	Wain-Lloyd	300	191	Ventil. Gonter		3,66	1,52	0,78	130	24,84	28,320
4	New-Tredegar	575	250	Ventil. Waddle		12,20	»	»	60	38,22	48
5	Harris-Navigation	»	44	Ventil. Schiele		4,34	2,28	»	170	38,57	37,760
6	Dinas	225	110	Ventil. Waddle		12,20	»	»	38	24,95	19,800
7	Olympia	750	400	Ventil. Schiele		4,57	»	»	138	22,56	43,300
8	Sandwell Park	1000	290	Ventil. Waddle		10,68	»	0,38	46	23,54	30,060
9	Rockingham	900	380	Ventil. Guibal		13,72	»	3,81	36	25,88	49
10	Hoyland	600	288	Ventil. Schiele		4,66	»	1,86	153	29,32	66
11	Thrybergh Hall	800	270	Foyer		»	»	»	»	»	42,480
12	Lundhill	700	450	Foyer	1,84	»	»	»	»	»	141,600
13	Oaks	»	»	Ventil. Guibal	»	12,80	»	»	46	30,80	108,300
14	Oak	300	150	Ventil. Guibal	»	12,20	»	3,66	28	17,86	18
15	Pendlebury	800	465	Foyer	»	»	»	»	»	»	47,220
16	Outwood	700	»	Foyer	6,07	»	»	»	»	»	88,200

Partie III — Dépression ; Orifice équivalent ; Travail utile ; Volume d'air par seconde et par

N°	CHARBONNAGES	Dépression observée au fond des puits (millim.)	Dépression observée à la surface ou calculée (1) (millim.)	Dépression théorique (millim.)	Rendement manométrique	Orifice équi-valent (m. car)	Travail utile de la ventilation (chevaux)	Volume d'air — ouvrier du poste le plus occupé (litres)	Volume d'air — 100 tonnes extraites (m. cub.)	OBSERVATIONS
1	Risca	»	63,5	144,1	0,441	3,77	58	329	12,450	Les données se rapportent à la situation de la mine au moment de l'accident du mois de juillet 1880. Lors de notre visite, la mine était en réparation; avec une vitesse de 50 tours on avait 63m,5 de dépression et 30mc,680 de débit, soit 1m,36 pour l'orifice équivalent et 0,141 pour le rendement manométrique. — La largeur du ventilateur est de 1m,84 à l'ouïe et de 0m,76 à la circonférence. — A cette mine et à la précédente, le puits de sortie est préparé pour l'extraction avec clapets.
2	Celynen	»	70	184,9	0,378	3,77	77,5	332	13,830	
3	Wain-Lloyd	»	30	75,9	0,395	1,06	11,3	146	7,070	Le puits de sortie sert à l'épuisement.
4	New-Tredegar	»	73	179,7	0,406	3,13	16,7	177	8,350	
5	Harris-Navigation	32	37	182,6	0,203	2,36	18,6	850	»	La mine n'est qu'en préparation; elle doit produire 1.000 tonnes, et le ventilateur doit faire 300 tours. — Le puits de sortie est préparé pour l'extraction avec clapets.
6	Dinas	»	»	71,9	»	»	»	180	8,860	Le puits de sortie sert à l'extraction, avec clapets.
7	Olympia	»	46	114,8	0,400	2,43	26,6	108	5,770	Deux puits d'entrée; un puits de sortie.
8	Sandwell Park	»	37	81	0,450	1,32	15,1	105	3,070	Le puits de sortie d'air sert à l'épuisement et à un câble de traction souterraine. — La largeur de 0,38 se rapporte à la circonférence du ventilateur.
9	Rockingham	»	58	81,8	0,209	2,46	37,9	153	5,440	Deux puits d'entrée et un puits de sortie commun aux deux puits d'entrée, avec extraction par clapets. — L'un de ces puits exploite la couche Silkstone, la plus profonde et la plus grisouteuse; le volume d'air qui y passe est de 39 mètres cubes. C'est à cette couche seule que se rapportent les données *extraction* et *nombre d'ouvriers du poste le plus occupé*.
10	Hoyland	»	38	105,1	0,361	4,00	32,3	150	6,500	
11	Thrybergh Hall	»	»	»	»	»	»	157	5,310	
12	Lundhill	81	121	»	»	4,83	234,1	311	20,230	Deux puits d'entrée, un de sortie.
13	Oaks	»	63,5	»	»	»	»	»	»	Extraction par le puits de sortie, avec clapets.
14	Oak	»	28	39,1	0,715	1,39	6,7	120	6	
15	Pendlebury	»	»	»	»	»	»	101	5,900	Extraction par le puits de sortie.
16	Outwood	»	»	»	»	»	»	»	13,600	Un puits d'entrée et d'extraction pour les trois couches inférieures; un autre pour les trois couches supérieures. Puits de sortie unique.

(1) La dépression à la surface, portée dans cette colonne, est calculée toutes les fois qu'elle correspond à une dépression observée au fond du puits, indiquée dans la colonne précédente.

Part 1 — Organisation des sièges d'exploitation et couches exploitées

BASSINE	NUMÉRO D'ORDRE	CHARBONNAGES	PROFONDEUR commune des puits	DIAMÈTRE du puits d'entrée	DIAMÈTRE du puits de sortie	DISTANCE entre les puits	NOMBRE des couches exploitées	PUISSANCE totale	INCLINAISON par mètre en millimètres	NOMS des couches
			mèt.	mèt.	mèt.	mèt.				
Lancashire Ouest	17	Pemberton	576	4,88	5,79	71	6	1,366 2,79 1,123 0,944 1,730 1,006	110	Wigan four feet Wigan nine feet King coal Yard coal Wigan five feet Arley seam
Lancashire Ouest	18	Hindley-Field	389	4,21	3,65	19,20	1	1,06	167	Arley seam
Lancashire Ouest	19	Abram	594	4,27 4,57	4,57	18,30	3	1,06	118	Arley seam Wigan five feet Wigan four feet Wigan nine feet
Durham	20	Eppleton	225	3,66 3,35	4,86	45,60 73	2	1,97 0,314 à 1,22	98 à 115	Main coal Hutton
Durham	21	Murton	453	4,27 4,57	4,66	54,80	3	1,57 à 1,90 1,15 à 1,70 1,25 à 1,40 0,530	98 à 30	Main coal Low main Hutton Five quarters
Durham	22	Haswell	253	3,81	9,29	25 80	4	90,70 à 1,013 1,013 1,35 à 1,38	42	Main coal Low main Hutton
Durham	23	Ryhope	460	4,88	4,88	54,80	1	2,133 0,965	35	Maudlin Hutton
Durham	24	Silksworth	530	5,03	4,57	38	2	1,67 1,16 1,65	55 à 84	Maudlin Hutton Main coal
Durham	25	Seaham	554	4,27	4,57	304	3	1,60 1,05 à 1,23	50 à 84	Maudlin Hutton
Cumberland	26	Whitehaven	256	.	.	72	3	2,43 3,20 3,13	130	Bannock-Band Main Band Six quarters
Écosse-Est	27	Allanshaw	212	4,14	4,14	18,30	1	2,970	30	Ell Coal
Écosse-Est	28	Burnock	241	6,70/3,08	6,20/2,40	30	1	2,40	»	Ell Coal
Écosse-Est	29	Blantyre	214 227 237	7,26/2,43 4,87/2,44 7,31/2,43	2,00	640	2	1,65 7,98	.	Ell Coal Splint Coal

Part 2 — Production et personnel, mode d'aérage, vitesse et volume

BASSINE	NUMÉRO D'ORDRE	CHARBONNAGES	EXTRACTION par poste	NOMBRE d'ouvriers du poste le plus occupé	FOYERS ou ventilateurs	SURFACE du foyer	DIAMÈTRE extérieur du ventilateur	DIAMÈTRE de l'ouïe du ventilateur	LARGEUR du ventilateur	TOURS par minute	VITESSE périphérique	VOLUME d'air par seconde
			tonnes			m. quarré	mèt.	mèt.	mèt.		mèt. par seconde	m. cube
Lancashire Ouest	17	Pemberton	1,366	590	Ventil. Guibal	.	14,62	3,96	3,81	42	30,78	125
Lancashire Ouest	18	Hindley-Field	900	.	Foyer	6,36	.	.	.	.	.	33
Lancashire Ouest	19	Abram	709	.	Ventil. Guibal	.	14,08	4,57	3,66	46	33,59	34
Durham	20	Eppleton	650	.	Foyer	49,31	.	.	.	.	.	96,300
Durham	21	Murton	1,200	.	Foyer	12 45	.	.	.	.	.	165,200
Durham	22	Haswell	825	.	Ventil. Guibal	.	13,72	.	3,66	47	33,70	69,300
Durham	23	Ryhope	1,350	622	3 foyers	45,61	.	.	.	.	.	94
Durham	24	Silksworth	750	300	Foyer	8,30	.	.	.	.	.	84
Durham	25	Seaham	1,050	.	2 foyers	.	.	.	.	.	.	170
Cumberland	26	Whitehaven	480	290	Ventil. Guibal	.	10,56	.	3,86	54	29,16	75
Écosse-Est	27	Allanshaw	450	140	id.	.	6,10	.	1,83	40	17,65	.
Écosse-Est	28	Burnock	.	.	id.	.	12,30	.	3,66	.	.	.
Écosse-Est	29	Blantyre	.	481	3 foyers	10	.	.	.	.	.	70,800

Part 3 — Dépression, orifice, travail, volume d'air et observations

BASSINE	NUMÉRO D'ORDRE	CHARBONNAGES	DÉPRESSION observée au fond des puits	DÉPRESSION observée à la surface en calculée (1)	DÉPRESSION théorique	RENDEMENT manométrique	ORIFICE équivalent	TRAVAIL utile de la ventilation	VOLUME D'AIR par ouvrier du poste le plus occupé	VOLUME D'AIR par 100 tonnes extraites	OBSERVATIONS
			millim.	millim.	millim.		m. quart.	chev.	litres	m. cub.	
Lancashire Ouest	17	Pemberton	.	75	116,3	0,646	5,46	125	242	9,500	Extraction par le puits de sortie, avec fermeture par gaine à coulisses.
Lancashire Ouest	18	Hindley-Field	76	53	.	.	1,38	32	»	16,500	
Lancashire Ouest	19	Abram	.	76	139,3	0,545	4,09	95,2	.	13,430	
Durham	20	Eppleton	53	81	.	.	4,06	101	.	14,800	L'extraction dans le nord de l'Angleterre dure 90 heures. On a pris pour cette mine et les six suivantes comme correspondant au poste habituel la moitié de l'extraction. — 2 puits d'entrée et 1 puits de sortie servant à l'extraction exploitant chacun une couche spéciale.
Durham	21	Murton	54	115	.	.	5,90	348,9	.	11,800	Un puits d'entrée exploite la couche inférieure; l'autre les 2 couches supérieures.
Durham	22	Haswell	.	96	138,9	0,619	2,84	79,5	.	8,400	Le puits de sortie sert à l'extraction, avec fermeture par trappes à coulisse.
Durham	23	Ryhope	70	154	.	.	2,91	189,2	225	6,960	Le puits de sortie est divisé en 2 compartiments égaux, dont un sert exclusivement à la sortie, l'autre servant à l'entrée et à l'extraction.
Durham	24	Silksworth	31	61	.	.	4,09	68,3	280	11,300	On prépare le puits de sortie pour y faire l'extraction.
Durham	25	Seaham	57	215	.	.	4,40	487,3	.	16,050	
Cumberland	26	Whitehaven	.	61	101,8	0,582	1,92	26,2	195	6,250	Puits William Pit. — Le puits de sortie d'air sert à l'épuisement.
Écosse-Est	27	Allanshaw	.	12,7	20	0,636	.	.	.	.	Ventilateur à 8 ailes, dans une caisse en fonte.
Écosse-Est	28	Burnock	.	.	.	.	.	.	.	.	Puits rectangulaire. — Un compartiment de 8 mètres carrés est réservé dans le puits de sortie, pour le service exclusif de l'aérage.
Écosse-Est	29	Blantyre	93	57	.	.	3,56	53,8	147	.	3 puits d'extraction rectangulaires. — Les 3 foyers sont établis au même niveau, dans 3 galeries perpendiculaires. — Le puits de sortie a 246 mètres de profondeur.

(1) La dépression à la surface, portée dans cette colonne, est calculée toutes les fois qu'elle correspond à une dépression observée au fond du puits, indiquée dans la colonne précédente.

moins, en ajoutant à la dépression observée la perte de charge équivalente au mouvement de l'air dans chacun des puits. Cette perte de charge est donnée par la formule classique

$$h = k \frac{\text{PLV}^2}{\text{S}^3}$$

qui devient pour les puits circulaires,

$$h = k\, 64 \frac{\text{LV}^2}{\pi^2 \text{D}^5},$$

dans lesquelles k est le coefficient de frottement, L la longueur, V le volume, P le périmètre, S la surface et D le diamètre du puits. Pour le coefficient de frottement k on pouvait hésiter entre celui de M. Devillez 0,0018 et celui de d'Aubuisson 0,00037 ; nous avons pris la moyenne des deux 0,00108 (1).

Ce que nous avons appelé à la suite de ces calculs la *dépression calculée* correspond donc à celle qu'un ventilateur devrait produire à l'orifice du puits pour faire passer dans la mine le volume que le foyer y fait passer.

Partout où, dans nos tableaux, se trouve une dépression observée au fond des puits, il doit être bien entendu que la dépression indiquée à l'orifice des puits est une dépression calculée, comme il vient d'être dit, et non observée.

Évaluation des volumes d'air. — Les volumes d'air totaux circulant dans les mines anglaises sont toujours pris à la base soit du puits d'entrée soit du puits de sortie. Pour se rendre compte du travail réel des appareils d'aérage c'est

---

(1) C'est M. Murgue qui a bien voulu se charger de faire faire tous ces calculs sous sa direction, et qui nous a conseillé, avec sa grande compétence en ces matières, cette manière d'opérer. M. Murgue a également eu l'obligeance de faire faire sous sa direction tous les autres calculs exigés par la confection de nos tableaux. Nous ne saurions trop le remercier du concours si fructueux qu'il a bien voulu nous donner.

le volume à l'appareil même qu'il faudrait avoir. En fait, la correction est insignifiante pour l'Angleterre. Par suite de l'aménagement des mines elle est pour ainsi dire nulle pour les exploitations où l'on ne fait pas l'extraction par le puits de sortie ; dans ce cas, en effet, il est difficile qu'il y ait des rentrées d'air directes dans le puits. Si le puits de sortie est armé d'un ventilateur et si on y fait l'extraction il pourra y avoir des rentrées par le sommet. Des expériences faites dans ce but à Hoyland (Yorkshire) ont montré qeu, le volume de l'air aspiré dans la mine étant de 65 mètres cubes par seconde, les rentrées d'air par l'orifice du puits étaient de $5^{mc},6$, soit de 9 p. 100 environ du volume utilisé.

Calcul de l'orifice équivalent. — Pour le calcul de l'orifice équivalent (1), d'après l'avis de M. Murgue, nous avons pris comme dans tous les autres calculs d'ailleurs, la densité de l'air égale à $1^k,20$ le mètre cube. La formule classique devenait alors

$$a = \frac{0,38\ V}{\sqrt{H}}.$$

V étant le volume et H la dépression totale, c'est-à-dire à l'orifice du puits de sortie. Pour les ventilations par foyers nous avons naturellement pris pour H la *valeur calculée*, afin

---

(1) Bien que la notion de l'*orifice équivalent* soit devenue classique en France, nous pensons qu'il ne sera peut-être pas inutile d'en rappeler ici la définition

Une mine étant donnée, on ne peut, en produisant une certaine dépression H à l'orifice de sortie, y faire passer qu'un volume d'air V. La mine considérée peut donc au point de vue des résistances qu'elle oppose au passage de l'air, être assimilée à l'orifice en mince paroi *a* par lequel s'écoulerait le volume V, si la différence des pressions des deux côtés de l'orifice était précisément égale à H : *a* sera l'*orifice équivalent* de la mine considérée. On voit de suite que la section de cet orifice en mince paroi équivalente à la mine caractérise d'une manière très simple, par un chiffre, les conditions générales offertes par cette mine à la circulation de l'air.

que les résultats de toutes les mines devinssent comparables.

Ces explications données, l'étude de notre tableau suggère un certain nombre d'observations spéciales en dehors de celles qu'un simple coup d'œil suffit à montrer.

Dépressions. — La moyenne des dépressions (1) sous lesquelles fonctionne l'aérage des vingt-quatre mines pour lesquelles nous avons pu faire ces calculs, est de $72^{mm},4$, avec un minimum de $12^{mm},7$ et un maximum de 215 (n° 25 du tableau d'aérage).

En séparant les aérages par ventilateurs des aérages par foyers, on trouve :

	FOYERS.	VENTILATEURS.
Nombre de mines.	8	16
Dépression moyenne.	$110^{mm},5$	$54^{mm},0$
— maximum.	215	86 ,0
— minimum.	57	12 ,7

Raison de la faveur dont jouissent les foyers en Angleterre. — Ce rapprochement explique la faveur systématique dont jouissent encore les foyers dans certaines grandes mines qui ont besoin d'énormes volumes. A Seaham, par exemple, pour produire une dépression de 215 millimètres avec un Guibal de 14 mètres de diamètre supposé donnant un rendement manométrique de 0,650, il faudrait le faire tourner à 71 tours par minute, ce qui paraîtrait sans doute exagéré. Si les puits de Seaham, au lieu d'avoir $4^m,27$ de diamètre, avaient 5 mètres de diamètre (2), la dépression

---

(1) A l'orifice des puits, et par suite observées ou *calculées*; toutes les dépressions correspondant à des aérages par foyers sont notamment des dépressions calculées.

(2) A Pemberton (n° 17 du tableau d'aérage), où est le plus bel aérage par ventilateur, les puits ont $4^m,88$ à l'entrée, et $5^m,75$ à la sortie avec des profondeurs un peu supérieures à celle de Seaham, 576 mètres au lieu de 504 mètres.

nécessaire tomberait à 184 millimètres, ce qui exigerait une vitesse de 65 tours qui serait encore trouvée peut-être trop considérable. Ainsi, à moins d'*élargir* la mine, nous entendons par là d'en augmenter l'orifice équivalent, il faudrait en arriver à la solution des deux ventilateurs tirant l'un sur l'autre, ce qui exigerait une très grosse installation avec de pareils volumes et de pareils ventilateurs. Sans vouloir insister plus longuement sur ces considérations, on voit donc que pour certaines grandes mines anglaises, *dans leur état actuel*, la ventilation par foyer s'impose non pas tant par suite d'impossibilités théoriques de la ventilation par ventilateurs que par suite de réelles objections pratiques.

De pareilles considérations permettent d'expliquer ratio-nellement cette observation qui nous a été assez souvent faite en Angleterre pour justifier l'existence d'un foyer, que « un ventilateur n'aurait pas la force suffisante pour soule-ver la colonne d'air du puits de sortie ». L'observation peut être juste, au fond, dans les limites que nous venons d'in-diquer ; il serait oiseux d'insister sur ce qu'elle a d'incorrect, en apparence au moins, ainsi présentée.

Nous n'entendons pas poursuivre plus loin cette étude comparative de l'aérage par foyers et par ventilateurs. La question n'a plus d'intérêt théorique aujourd'hui que les belles études de M. Devillez sur l'aérage, et de M. Murgue sur les ventilateurs, permettent de s'en rendre si facilement compte au point de vue du résultat final à obtenir, faire passer un volume d'air donné par une mine déterminée.

Impossibilité de comparer au point de vue du prix de re-vient la ventilation par foyer à la ventilation mécanique en Angleterre. — Quant à la comparaison des deux modes de ventilation, au point de vue du prix de revient, il nous a paru inutile d'ajouter de nouveaux documents, qui ne vau-draient ni plus ni moins, à ceux déjà connus. Les comparai-sons de consommation de charbon sur un foyer d'aérage ou sur le foyer d'une chaudière de ventilateur pèchent généralement par suite de la différence des charbons employés ici ou là, sans compter que les rendements propres à la machine motrice et aux foyers des chaudières ne sont pas toujours comparables. En outre, dans presque toutes les mines anglaises aérées par foyers que nous avons vues, la vapeur des machines intérieures était fournie par des générateurs souterrains, généralement établis à côté du foyer et dont les gaz chauds venaient ajouter leur effet à celui du foyer d'aérage, sans compter la vapeur d'échappement des machines que l'on lance aussi dans le puits de sortie.

Orifice équivalent. — Les vingt-deux mines, pour lesquelles nous avons pu calculer l'orifice équivalent, donnent une moyenne de $3^{mq},20$ avec minimum de $1^{mq},22$, à Whitehaven (n° 26 du tableau d'aérage) et un maximum de $5^{mq},90$ à Murton (n° 21 du tableau). Si on sépare les mines aérées par foyers de celles aérées par ventilateurs, on peut dresser le tableau suivant :

	AÉRAGE	
	par foyer.	par ventilateur
Nombre de mines..........	8	14
Orifice équivalent moyen.....	$3^{mq}2,89$	$2^{mq}2,80$
— minimum...	1 ,38	1 ,22
— maximum...	5 ,90	5 ,48

D'après les données de M. A. Merfyn, dans son travail sur le ventilateur Schiele, nous avons pu calculer les orifices équivalents de sept mines indiquées par lui et qui font ressortir une moyenne de $3^{mq},53$, avec minimum de $1^{mq},28$ et maximum de $6^{mq},22$.

Tous ces renseignements montrent, comme M. Murgue l'avait déjà fait ressortir, que la majorité des mines anglaises sont des mines *larges*, et quelques-unes mêmes *très larges.* Ce résultat tient, d'une part, aux conditions géologiques du gisement, épaisseur et régularité des couches, d'autre part, aux grandes dimensions données aux puits et aux galeries, enfin à la division du courant d'air, toutes choses sur lesquelles nous avons déjà eu occasion de donner des renseiguements, et sur lesquelles nous aurons à revenir.

Volumes d'air circulant dans les mines. — Quant aux volumes totaux d'air qui circulent dans ces mines, notre tableau montre à quelles quantités énormes ils peuvent s'élever en chiffre absolu : à 165 et 170 mètres cubes par foyer à Murton et à Seaham; à 108 et 125 mètres cubes par ventilateur aux Oaks et à Pemberton.

Ces énormes volumes sont la conséquence de la grandeur de l'orifice équivalent et des fortes dépressions avec lesquelles on marche.

Théoriquement, il n'y a donc rien qui doive étonner dans ces chiffres trois à quatre fois plus forts que les plus considérables cités sur le continent. D'autre part, ils perdent singulièrement de leur importance quand on va au fond des choses. Nous avons déjà eu occasion, au cours de ce travail, de toucher cette question et de réagir, pour ainsi dire, contre l'étonnement et parfois l'admiration que peuvent provoquer de pareils chiffres. Le moment est venu pour nous de préciser d'avantage à cet égard.

Volumes d'air par ouvrier du poste le plus occupé et par tonne extraite. — Tout d'abord, si au lieu de prendre les chiffres absolus, on prend les chiffres relatifs, c'est-à-dire rapportés au personnel du poste le plus occupé et à l'extraction, ils se résument ainsi :

Pour dix-huit mines on trouve par ouvrier du poste le plus occupé une moyenne de 186 litres (1) avec maximum de 332 litres et minimum de 101.

---

(1) Nous avons écarté dans ce calcul Harris' Navigation qui est une mine en préparation et où l'on trouve par suite exceptionnellement l'énorme quantité de 859 litres par ouvrier.

Par tonne extraite, on trouve pour vingt-quatre mines, une moyenne de 98^{lit},6 avec maximum de 202,3 et minimum de 30,70 dans la mine de Sandwell, qui n'est à vrai dire presque pas grisouteuse.

Si l'on rapproche ces chiffres de ceux analogues donnés pour la Belgique, on voit que les résultats rapportés à l'extraction sont sensiblement les mêmes dans les deux pays (1); si, rapportés au personnel, les chiffres anglais sont à peu près doubles des chiffres belges (2), il ne faut pas perdre de vue que l'effet utile par ouvrier intérieur est sensiblement dans la même proportion.

Les chiffres anglais *relatifs* sont donc tout à fait comparables à ceux admis et obtenus sur le continent; il ne resterait à l'avantage de l'Angleterre que le mérite de la *concentration*, rendue facile par la division des courants que permettent de faire aisément les conditions de gisement, mais qui n'est obtenue peut-être qu'au détriment de la sécurité.

Répartition de l'air dans les travaux. — La supériorité de l'Angleterre sur le continent disparaît d'ailleurs si l'on tient compte de la façon dont se partagent à partir du puits d'entrée ces énormes volumes et de la manière dont ils sont utilisés en réalité pour diluer efficacement le grisou. Grâce à l'obligeance avec laquelle les registres d'aérage d'un très grand nombre de mines ont été mis à

---

(1) Les chiffres pour les 15 mines de Belgique, où nous avons pu faire ces calculs, sont par tonne extraite :

Moyenne. . . . . 82 lit.
Maximum. 166
Minimum. . . . . 89,4.

(2) Par ouvrier du poste le plus occupé, nous avons trouvé pour 9 mines belges :

Moyenne. . . . . 89 lit.
Maximum. 155
Minimum. . . . . 37.

notre disposition, nous avons pu faire sur plusieurs mines le départ des quantités d'air qui ne font, pour ainsi dire, que tourner autour des puits sans pénétrer dans les travaux, et nous sommes arrivés à ce résultat qu'il y a de 25 à 5o p. 100 de l'air arrivant au bas du puits d'entrée qui n'est employé qu'à des usages secondaires, tels qu'aérage des écuries, alimentation des générateurs à vapeur, quand il n'est pas perdu par simples fuites à travers les portes, les barrages et les *crossings* qui entourent les puits. La proportion de l'air ainsi consommé serait un peu plus grande dans les aérages par foyers que dans les aérages par ventilateurs, abstraction faite, bien entendu, de l'air frais qui est employé directement pour l'alimentation du foyer. Cela ne veut pas dire que cette portion de l'air, ne serve absolument à rien, mais elle ne sert guère, sinon pas du tout, à la dilution du grisou.

La portion de l'air, consacrée à l'aérage des travaux proprement dits, a d'ailleurs à subir elle-même encore bien des pertes avant d'arriver aux quartiers en exploitation en circulant par ces voies d'entrée que longe habituellement, et parfois sur plusieurs kilomètres, la voie de retour qui n'en est séparée en de très nombreux points que par des barrages ou *stoppings* d'une étanchéité toujours douteuse.

Répartition de l'air à Eppleton. — Un exemple convenablement choisi sera plus propre que toutes ces considérations pour mettre ces faits en évidence. Nous le prendrons à la houillère d'Eppleton, du Durham, qui peut être citée comme un modèle à tous égards, pour ses installations et pour son aérage comme pour son administration (1).

---

(1) Nous saisissons cette occasion pour remercier M. Lindsay Wood, l'éminent ingénieur du Nord de l'Angleterre, qui dirige cette exploitation. C'est grâce à son obligeance sans limites, à la libéralité avec laquelle il a mis tous les documents nécessaires à notre disposition, que nous avons pu étudier de si près cette intéressante et importante question.

Cette mine (n° 20 du tableau d'aérage) exploite trois couches qui reçoivent respectivement et directement de l'un des deux puits d'entrée les quantités d'air suivantes :

$$
\begin{aligned}
&\text{Main Coal.} \quad\ldots\ldots\ldots\ldots\quad 40^{mc},000 \\
&\text{Maudlin Seam.} \quad\ldots\ldots\ldots\quad 11\ \ ,200 \\
&\text{Hutton Seam.} \quad\ldots\ldots\ldots\quad \underline{45\ \ ,000} \\
&\hspace{3.5cm}\text{Total.}\ \ldots\ldots\quad 96^{mc},200
\end{aligned}
$$

Nous ne prendrons que la couche inférieure Hutton qui est à la fois la plus exploitée et la plus grisouteuse. L'exploitation est tout entière en vallée, la pente moyenne est de $0^m,055$ par mètre pour la première partie et de $0^m,028$ pour la seconde. Le plan d'aérage que nous reproduisons (P. II), donne tous les détails de la distribution et la répartition du courant principal dans les neuf quartiers (1) aérés par des courants secondaires spéciaux est donnée par le tableau ci-dessous.

STATIONS de jaugeage.	MÈTRES CUBES d'air passant par seconde à la station.	STATIONS de jaugeage.	MÈTRES CUBES d'air passant par seconde à la station.	STATIONS de jaugeage	MÈTRES CUBES d'air passant par seconde à la station.
	m. cub.				m. cub.
1	1,504			11	1,320 ⎫ Moyenne
2	1,450			12	2,350 ⎪ par
3	4,720		m. cub.	13	2,932 ⎪ station.
4	2,616	7	6,535	14	1,766 ⎬
5	33,660 ⎫ 31,750	8	0,572	15	6,286 ⎪ 2,680
6	1,090 ⎭	9	19,635 ⎫ 26,243	16	3.068 ⎪
		10	6,608 ⎭	17	2.710 ⎪
				18	3,681 ⎭
Total. .	45,000	Total. .	33,350		
				Total. .	21,113

Le tableau des jaugeages montre que sur les 45 mètres cubes entrant par les deux puits d'entrée, il n'y en a

---

(1) Le jaugeage n° 15 correspond à deux quartiers.

que 26^{mc},243 qui entrent réellement dans les travaux par les stations 9 et 10, c'est-à-dire 54 p. 100 seulement; les 46 p. 100 restant (13^{mc},757), sont simplement utilisés ou perdus dans les installations diverses qui se trouvent à la base des puits.

La moyenne de la quantité d'air reçue par chacun des neuf quartiers est de 2^{mc},680. Cela se rapproche, et est peut-être même un peu supérieur à la quantité d'air donnée en Belgique à la série de tailles établies d'un côté d'une tranche de couche grisouteuse. Mais ici les conditions sont tout autres. La quantité précitée est celle de l'air arrivant à l'entrée du quartier et qui jusque-là a cheminé par des galeries parfois muraillées où l'on a pris toutes les précautions propres à éviter la déperdition de l'air. Mais, une fois dans le quartier, l'air, avant d'arriver aux chantiers, a encore à suivre plusieurs centaines de mètres, parfois dans une galerie située au milieu d'une région tracée ou même dépilée dans laquelle la déperdition est beaucoup plus facile. Finalement, les quantités d'air arrivant au voisinage des chantiers ne peuvent qu'être inférieures à celles arrivant au bas des tailles d'une mine belge où toutes ces causes de déperdition n'existent pas au même degré.

Enfin il serait inutile de revenir ici sur la difficulté de faire suivre et balayer par le courant d'air les fronts de taille eux-mêmes avec les méthodes comme celles du Nord de l'Angleterre, où l'on provoque systématiquement l'éboulement de la partie qui doit servir de retour d'air.

En somme, on pourrait presque dire qu'aux chantiers mêmes l'aérage se fait par diffusion. Il convient d'ailleurs de faire observer que certains de ces quartiers peuvent produire 120 tonnes par poste et occuper 24 piqueurs plus 6 rouleurs, ou 30 ouvriers.

Nous serions entraînés trop loin si nous voulions poursuivre une pareille analyse sur d'autres mines. Nous arriverions partout à des résultats à peu près semblables, avec un avantage plus ou moins marqué toutefois pour les métodes à *long wall* pur où le passage de l'air le long de la taille est beaucoup mieux assuré.

Nous nous bornerons à consigner ici un dernier renseignement ; on paraît généralement admettre qu'un quartier par *long wall*, tels que ceux que nous avons fait connaître au chapitre précédent, doit recevoir, pour être bien ventilé, de 5 à 7 mètres· cubes par seconde. Il est curieux de retrouver le chiffre des grands fronts de taille du Borinage. Seulement de pareils *long walls* anglais peuvent produire beaucoup plus.

En résumé, tous les détails dans lesquels nous venons d'entrer, et toutes les observations que nous avons pu faire sur place, nous conduisent à cette conclusion générale que, si au bas des puits anglais on dispose de volumes énormes, les quantités d'air réellement et utilement disponibles dans les quartiers d'abatage, sont, toutes proportions gardées, plutôt inférieures que supérieures à celles admises en Belgique et en France, et la circulation de l'air au chantier même y est beaucoup moins bien disposée pour l'évacuation du grisou.

Que ce système d'aérage suffise normalement avec la nature des couches anglaises, on doit l'admettre puisqu'elle est consacrée par la pratique de tant d'ingénieurs éminents en leur art. Seulement on s'explique aussi plus aisément la facilité avec laquelle ces envahissements soudains de grisou qui surviennent dans un quartier en chargent l'atmosphère au point de la rendre éminemment explosive.

§ 3.

DISTRIBUTION DU COURANT D'AIR.

Division et indépendance des courants. — Nous avons dit bien des fois déjà que la division et la subdivision du courant d'air était une des particularités de toute exploitation anglaise. Il y a une première division par couches, lorsqu'il y en a plusieurs exploitées par les mêmes puits, et une seconde dans chaque couche.

La première est parfaite, l'air pour chaque couche est pris au puits d'entrée et rendu au puits de sortie par des voies qui ne sortent généralement pas de la couche et restent, en tout cas, absolument distinctes de celles concernant les autres couches. C'est généralement dans les cas de pareille division entre plusieurs couches qu'on rencontre ces énormes volumes, sujet de tant d'étonnement.

Dans chaque couche, la division et subdivision, abstraction faite des courants spécialement destinés aux installations du fond, écuries, chaudière, etc., dépend de l'étendue des travaux.

Nous avons rencontré dans la couche *Hutton*, à Eppleton, un courant principal se subdivisant en neuf courants secondaires.

A Lund-Hill (n° 12 du tableau d'aérage), on exploite une seule couche à la fois en amont et en aval et à droite et à gauche de la ligne de la plus grande pente partant des puits. Chacun des courants principaux qui partent des puits en amont et en aval, se divisent, le premier en sept et le second en neuf courants secondaires. Il suffit de jeter un coup d'œil sur le plan d'aérage de cette houillère (pl. I) pour se rendre compte de cette distribution.

Un autre exemple intéressant nous est fourni par la mine de Rockingham (*fig.* 59 de la page 176), qui présente quatre courants principaux, deux se bifurquant aux *long-walls* pour aérer séparément chaque côté des tailles, par un aérage partie à rabat-vent et partie descendant.

On en trouvera plusieurs autres indiquées dans les croquis qui accompagnent l'exposé des méthodes d'exploitation, croquis auxquels nous renvoyons.

Nous avons eu fréquemment l'occasion de dire que si

cette division était excellente et même nécessaire pour l'aérage d'une mine, elle ne réalisait nullement, telle qu'elle était établie, l'indépendance des courants entendue en ce sens qu'un accident arrivant dans un quartier restât sans effet sur l'autre. La sécurité de plusieurs quartiers voisins et parfois de la mine entière repose uniquement sur la résistance de *crossings*, de portes ou de barrages qui s'est montrée jusqu'ici parfaitement insuffisante, l'expérience en a été trop souvent faite.

Vitesse et longueur des courants d'air. — Grâce à cette extrême division du courant d'air, aux grandes dimensions données aux galeries, et à la pratique de doubler partout les galeries pour peu que le volume d'air doive y être un peu considérable, les vitesses du courant, sauf en quelques points exceptionnels et dans de courtes longueurs, sont inférieures à ce qu'on s'attendrait à trouver avec d'aussi énormes volumes.

Nous avons déjà signalé les grandes dimensions données aux galeries en Angleterre. Les galeries principales qui desservent un quartier ont généralement 4 à 5 mètres carrés de section au moins ($2^m,75$ à 3 mètres sur $1^m,80$ de hauteur); les galeries plus importantes ont de 7 à 8 mètres carrés de section ($3^m,65$ sur $2^m,40$ de hauteur). Dans les parties où ces grandes voies d'entrée ou de sortie servent de collecteurs à plusieurs courants, on augmente généralement leurs dimensions d'une façon successive à partir des puits aux abords desquels on rencontre des galeries ayant de 5 à 6 mètres de large sur autant de hauteur présentant des sections de 25 à 30 mètres carrés comme à Lund-Hill, Rockingham, Wain Llwyd, etc...

Aussi, grâce au soin remarquable mis à l'entretien de ces galeries, on estime que les vitesses sont généralement de 1 à 2 mètres par seconde. Toutefois, dans certaines mines, où, pour une raison ou pour une autre, on n'a pu adopter ces grandes sections, on trouve assez fréquemment, sur des longueurs plus ou moins réduites il est vrai, des vitesses de 3 à 4 mètres, et nous avons pu constater, par des registres de jaugeage, des vitesses de 5 à 6 mètres dans certains retour d'air.

Les galeries où l'air arrive à de pareilles vitesses sont toujours des galeries générales de retour où il n'y a ni roulage, ni circulation d'ouvriers, sauf pour l'entretien.

Il s'agit, dans tout ce qui précède, de vitesse moyenne de jaugeage. Nous n'avons aucune donnée spéciale sur les vitesses maxima qui peuvent correspondre, en certains points de la section, à ces vitesses moyennes.

Les longueurs maxima des courants d'air se déduisent immédiatement, pour ainsi dire, des longueurs des champs d'exploitation précédemment indiqués. Vu la régularité de l'allure des couches et la simplicité du mode de distribution de l'air, il suffit presque de doubler ces longueurs pour avoir celles des courants d'air. Nous nous bornerons à noter ici, que des courants de 3 à 4.000 mètres sont assez fréquents et que, dans les grandes mines du Nord ou du Yorkshire, on en rencontre assez souvent de 7 à 8.000 mètres et même de 9.000 mètres, comme à Ryhope.

Sens du courant d'air. — Courant ascensionnel. — Personne ne se préoccupe, en Angleterre, de la direction donnée au courant d'air, ni de la forme de l'ouvrage parcouru par lui ; montage en veine, aérage descendant et aérage à rabat-vent, se rencontrent aussi fréquemment que l'aérage ascensionnel. Il y a plus ; vu l'allure habituelle des couches et la position des puits, par rapport au champ d'exploitation, il n'y a peut-être pas une seule exploitation dont l'aérage ne soit en opposition avec les règles admises par le règlement belge. Si l'exploitation se fait en amont, l'aérage sera forcément *descendant*, s'il n'est même pas à rabat-vent sur une partie des tailles ; si l'exploitation se fait en aval, l'aérage sera *à rabat-vent* sur une plus ou moins longue partie. En ce cas cependant, généralement, l'air frais sera amené en descendant jusqu'à la voie de fond du quartier, et de là il remontera par les tailles, puis par la galerie de retour.

Dans la plupart des méthodes par massifs longs, si les tailles sont montantes, ce qui arrive parfois, ce sont autant de montages en culs-de-sac avec aérage descendant.

A vrai dire, ce sont là des questions dont on ne se préoccupe absolument pas. On cherche, par des moyens plus ou moins efficaces, à avoir une quantité d'air suffisante, *an adequate amount of ventilation*, comme dit la première règle générale de la loi, et l'on se soucie peu du reste. Les inspecteurs royaux, qui se préoccupent particulièrement de l'application de cette règle fondamentale, ne s'inquiètent pas d'autre chose. Qu'il y ait de l'air par quelque moyen que ce soit, et ils laissent les exploitants organiser les chantiers à leur guise.

Si l'on jette les yeux sur les plans d'aérage et les croquis que nous avons déjà donnés précédemment, on verra la variété des dispositions admises et acceptées. En voici quelques exemples bien démonstratifs.

A Hoyland, exploitation en amont, comme le montre la *fig.* 65 de la page 184, l'aérage est à rabat-vent sur tout le long wall de droite, et descendant sur celui de gauche. A Rockingham (*fig.* 59 de la page 176), l'aérage se fait à rabat-vent et en descendant.

De pareils exemples abondent dans les long walls du Lancashire-Ouest, Bickershaw, Abram, etc.

A Pendlbury, autre exploitation en amont faite suivant la méthode du Lancashire (*fig.* 44 de la page 154), l'air arrive par la voie de fond, remonte les tailles de l'étage inférieur pour redescendre le long des tailles de l'étage supérieur, au haut desquelles il arrive par la dernière voie de service.

Enfin, l'exploitation par *double stall* du Pays de Galles

a pour caractère de constituer dans la mine une série de culs-de-sacs montants, soit qu'on considère le quartier lui-même ou les tailles dans un quartier.

Nous n'insistons pas davantage sur ces particularités : ce seraient pour ainsi dire toutes les exploitations visitées par nous qu'il faudrait passer en revue.

§ 4.

CONTRÔLE DE L'AÉRAGE.

Prescriptions réglementaires. — L'article 69 de la loi de 1872 a stipulé que chaque année tout exploitant doit envoyer à l'inspecteur royal un état, dont le modèle forme l'annexe n° 4 de la loi, état qui doit faire connaître, pour chaque branche ou division du courant d'air, la longueur, la section moyenne et le volume d'air.

Quelques règlements particuliers sont allés plus loin. Celui du district de Cardiff, par exemple, stipule que les jaugeages devront être faits une fois par mois, et celui du bassin du Yorskhire prescrit de les faire une fois par semaine au moins.

Registres d'aérage. — Sous l'empire de ces prescriptions réglementaires, l'usage est devenu général dans toute l'Angleterre de tenir des registres d'aérage et de faire, à cet effet, à des périodes plus ou moins rapprochées, des jaugeages systématiques. Peu de mines ont un plan spécial d'aérage, mais toutes ont un registre d'aérage. En somme, il est très aisé d'être toujours très bien renseigné sur le détail des conditions d'aérage d'une mine anglaise.

Plans d'aérage. — Nous avons donné la reproduction textuelle, mais à une échelle très réduite, des plans d'aérage de la couche *Hutton* de Eppleton et de la couche *Barnsley* de houillère de Lund-Hill. Ces plans (pl. I et II) donnent, comme on peut le voir, toutes les indications nécessaires. Les voies d'entrée et de sortie y sont distinguées par des couleurs différentes, le bleu pour l'entrée, le rouge pour la sortie, couleurs qui sont pour ainsi dire devenues *conventionnelles* en Angleterre. A Cellynen, le plan spécial d'aérage porte en plus le volume d'air afférent à chaque branche du courant. Aux Oaks on marque, en outre, pour chaque quartier le nombre d'ouvriers et de chevaux et la production journalière.

Jaugeages des volumes d'air. — Les jaugeages sont faits avec plus ou moins de soins suivant les mines. Dans beaucoup, on se contente de jauger les courants principaux, soit à l'entrée, soit à la sortie, ou parfois à l'entrée et à la sortie, au voisinage du bas des puits, ou à l'origine de la division des courants. Mais d'autres, plus soigneux, poursuivent les jaugeages beaucoup plus loin. On peut citer, comme un des modèles, à cet égard les mines de Eppleton et de Lund-Hill. On voit, d'après leurs plans d'aérage, que chaque branche du courant d'air est jaugée à l'entrée du quartier qu'elle dessert à des distances des puits de 3,000 mètres.

A Eppleton, pour rendre ces jaugeages plus faciles et plus exacts, la station de jaugeage est régularisée sur quelques mètres de longueur par des planches. La station de jaugeage coïncide avec la *lamp-station* et sert ainsi à former ces dispositions spéciales, que nous aurons à signaler, qui servent à attirer l'attention sur les *boards* ou signaux d'avertissement situés en ces points.

Quelques mines font les jaugeages principaux tous les deux ou trois jours et même en certains points tous les jours.

Tous ces jaugeages sont faits à l'anémomètre Casartelli, soit en plaçant simplement l'anémomètre au milieu de la galerie, soit en le plaçant en plusieurs points et prenant la moyenne. Nous avons examiné un très grand nombre de ces registres de jaugeages : la concordance satisfaisante constatée sur beaucoup d'entre eux entre les entrées et les sorties, les vérifications approximatives que nous avons pu faire nous-mêmes, nous portent à donner à ces jaugeages, dans leur ensemble, en tant que jaugeages industriels et pratiques, une confiance plus grande que celle qu'on eût été tenté de leur accorder à première vue.

Ces jaugeages sont faits par les _overmen_ ou par les _managers_.

Manomètre indicateur des dépressions. — Sauf une exception, toutes les mines que nous avons vues sont munies d'un manomètre à eau pour la mesure des dépressions. Il est placé dans la chambre du ventilateur si la mine est aérée par un appareil de ce genre, ou au bas des puits si l'aérage se fait par foyer.

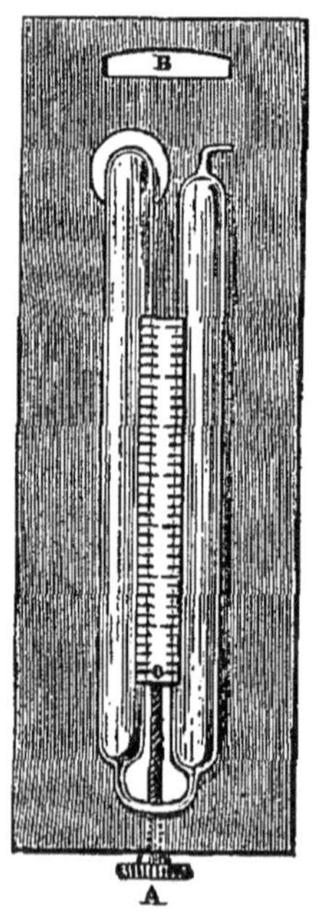

Figure 76. — Manomètre indicateur de dépression (Daglish's water-gauge).

Nous avons rencontré à peu près partout le même type d'appareil, dit *Daglish's water-gauge*, très-commode et parfaitement entendu à tous égards. Cet appareil est représenté sur le croquis ci-contre (*fig.* 76). Le manomètre est fixé sur une planchette en bois. Les deux grandes branches du tube en verre ont 2 centimètres de diamètre et ne sont écartées que de 1 centimètre. Elles sont réunies à la partie inférieure par une partie rétrécie. La branche ouverte est étirée en pointe; la branche fermée est encastrée dans une monture en cuivre qui fait saillie par derrière la planchette, et par laquelle s'établit la communication avec la mine. Entre les deux branches du manomètre, se meut une échelle portée sur une réglette de bois épaisse, creusée en gorge, glissant le long des tubes, sous l'action d'une vis sans fin et d'un bouton A. Ainsi construit, l'appareil est à l'abri des mouvements trop brusques de l'eau, et on peut faire commodément des lectures suffisamment exactes. Un petit niveau d'eau B sert à régler la verticalité de l'appareil.

Dans certaines mines, le mécanicien du ventilateur doit relever un certain nombre de fois par jour (toutes les heures, à Risca), la hauteur du manomètre et la vitesse de la machine, sur un registre que nous avons vu, en effet, très convenablement tenu en plusieurs points. Ailleurs, ce sont les *overmen* qui relèvent la dépression et la consignent dans leur rapport, notamment si, en cas d'aérage par foyer, le manomètre se trouve dans la *cabin-room* du puits d'entrée. Assez souvent, il y en a un également au foyer, sous les yeux du chauffeur.

Manomètre enregistreur. — Le manomètre que nous venons de décrire, est à peu près le seul appareil employé pour la surveillance et le contrôle de l'aérage. Nous n'avons vu de manomètre enregistreur que dans une installation nouvelle de Larnack en Écosse : un flotteur, établi sur l'une des branches d'un manomètre, conduit par un renvoi de leviers un style qui se meut devant un plateau tournant, actionné par une horloge (1).

Compteurs de tours. — Même dans les mines où on relève régulièrement la vitesse de la machine du ventilateur, il n'y a généralement pas de compteur de tours. Nous n'en

---

(1) Nous ne parlons que pour mémoire des moulinets ou grands anémomètres établis à demeure parfois dans la galerie de retour qui alimente le foyer et dont la vitesse doit servir d'indication au chauffeur. Pour lui faciliter encore cette observation, certains de ces moulinets actionnent, par un renvoi de leviers, un marteau dont le roulement plus ou moins intense doit servir de guide au chauffeur. Un appareil qui se rapproche de ceux-là, mais infiniment plus savant, était à l'étude à Pemberton. On se proposait de percevoir et de compter les tours de l'anémomètre, ainsi disposé au fond, au moyen d'un téléphone établi dans le bureau du directeur.

avons rencontré qu'exceptionnellement. A Oak (Lancashire),
la machine du ventilateur était munie d'un appareil enregistreur de vitesse construit sur le principe suivant. L'arbre
du ventilateur actionne une vis sans fin à mouvement très
lent, qui détermine la progression d'un taquet porteur d'un
style, suivant un mouvement proportionnel à celui de la
machine. Le style se meut devant un cylindre actionné par
une horloge.

Nous renvoyons au paragraphe suivant, consacré spécialement au baromètre, pour ce qui concerne les observations barométriques, thermométriques et hygrométriques.

Diagrammes indicatifs de l'aérage. — Dans un très
grand nombre de mines, on a l'habitude de reporter quotidiennement sur un tableau la plupart des observations
ainsi faites, manométriques, barométriques, thermométriques, hygrométriques même, de façon à tracer leur courbe
quotidienne.

Dans certaines mines, toutes les courbes figurent sur un
même tableau, avec couleurs conventionnelles ; on y ajoute
même la courbe de la production.

§ 5.

INFLUENCE DES VARIATIONS ATMOSPHÉRIQUES SUR LE DÉGAGEMENT
DU GRISOU.

Influence des variations barométriques. — Après les
prescriptions faites par la loi de 1872 sur les observations barométriques et thermométriques, nous avons
été étonnés de rencontrer si peu de personnes, inspecteurs
ou exploitants, attachant quelque importance aux circonstances atmosphériques sur le dégagement du grisou ou
plus exactement sur l'augmentation du grisou dans les
chantiers et galeries. Il n'est guère qu'un seul district,
celui de Durham, où la foi au baromètre rencontre en-

core un grand nombre d'adhérents, qui, naturellement, justifient leur croyance par les faits de leur pratique. Dans le district du Nord, on craint spécialement, par les baisses barométriques, la sortie du grisou de ces immenses *goafs* qui entourent de tous côtés les chantiers en activité et les galeries de circulation et d'aérage. Avec les conditions propres à ces exploitations, leur aréage médiocrement actif dans les chantiers ou à leur voisinage, il faut reconnaître que l'influence du baromètre est parfaitement plausible et que le grisou peut parfaitement suinter des *goafs* et s'accumuler en certains points dans des proportions dangereuses.

En tout cas, on ne nous a parlé nulle part de précautions spéciales qui seraient prises au moment des baisses du baromètre; si on nous a parlé parfois de pousser les feux du foyer et la vitesse du ventilateur, c'est en des termes tels que la réalité de l'application de ces mesures est restée pour nous plus ou moins problématique.

Baromètres et thermomètres dans les exploitations. — Toutes les mines que nous avons vues n'en ont pas moins le baromètre et le thermomètre prescrits par la loi. Ces appareils existent partout à la surface, généralement au bureau. Au fond, nous en avons vu fréquemment dans les *cabin rooms* du bas des puits, mais pas partout cependant. Beaucoup de mines ont, outre le thermomètre, un pscychromètre monté sur la même planchette, le thermomètre *Dry* et le thermomètre *Wet* comme on dit en Angleterre.

Observations faites. — Ce sont tantôt les *overmen*, et tantôt seulement les *firemen* et exceptionnellement, dans les mines peu importantes, les *managers* qui relèvent les observations de ces appareils et les consignent sur leurs rapports quotidiens; c'est avec ces données que l'on dresse les courbes quotidiennes dont nous avons parlé plus haut.

Il peut être permis d'avoir quelques doutes sur la valeur d'observations ainsi faites; d'autant plus que la plupart de ces appareils sont de la construction la plus simple et la plus rudimentaire. On paraît plutôt vouloir satisfaire à la loi que faire des observations en vue d'un but immédiat à atteindre, d'une application à faire, le cas échéant, à la mine.

Importance apparente des variations barométriques en Angleterre. — **Dans** les discussions qui ont eu lieu en France sur cette question de l'influence du baromètre on avait paru croire qu'elle pourrait être plus réelle en Angleterre qu'en France, soit à cause d'aérages naturels que l'on supposait plus fréquents, soit à cause des conditions dans lesquelles on supposait que se faisaient les aérages par foyers. Les premiers n'existent pour ainsi dire pas dans les mines à grisou ; dans les mines aérées par foyers, on marche avec des dépressions équivalentes sinon supérieures aux dépressions des mines aérées par ventilateurs : dès lors l'influence du baromètre ne peut pas être plus sensible là qu'ici. En somme, nous n'avons pas trouvé en Angleterre, en dehors des cas analogues à ceux des mines du Nord, des faits nouveaux qui puissent faire avancer d'un pas cette question si controversée de l'influence du baromètre.

Baromètres avertisseurs. — Nous citerons pour mémoire quelques baromètres ou thermomètres avertisseurs qui ont été proposés notamment par M. A. Bagot. Ce sont des appareils métalliques à aiguille ; l'aiguille peut venir butter contre des contacts actionnant une sonnerie électrique. La pratique ne semble pas s'en préoccuper.

Baromètre à glycérine. — Quant au baromètre à glycérine du docteur Jourdan, il n'en existe pas ailleurs qu'à l'École des mines de Jermynnstreet et dans les bureaux du *Times*, à Londres. Nous nous abstiendrons par conséquent de le décrire.

CHAPITRE V.

ORGANISATION DU TRAVAIL ET DE LA SURVEILLANCE.

Organisation du travail. — A l'exception du bassin du Nord, qui a un système tout spécial, on réncontre dans tous les bassins houillers visités par nous une organisation et une surveillance du travail qui ne diffèrent d'un poin à l'autre que par des détails.

· Généralement, il y a dans chaque mine deux postes, l'un de jour et l'autre de nuit. Le poste de jour, d'une durée de 8 à 10 heures suivant les mines et les districts, commence entre 5 heures et demie et 7 heures du matin : c'est le *working shift*, ou poste au charbon, pendant lequel on fait l'abatage et l'extraction ; le poste de nuit, d'une durée égale au poste de jour, commence entre 7 et 9 heures du soir. On y fait les réparations et, s'il y a lieu, tout ce qui peut s'appeler le *travail à terre* des chantiers ou plus exactement aux environs des chantiers, c'est-à-dire le coupage des voies, le montage des murs de remblais le long des voies ; c'est le *repairing shift.*

Le poste au charbon suit quelquefois immédiatement le poste de nuit. D'autres fois, il y a entre eux un intervalle de deux ou trois heures ; en tout cas, lorsqu'il n'y a que deux postes, il y a toujours dans l'après-midi, entre les deux postes, un intervalle plus ou moins long pendant lequel la mine reste déserte.

Ainsi, dans le sud du Pays de Galles, les heures de travail les plus habituelles sont de 7 heures du matin à 5 heures de l'après-midi pour le poste au charbon, et de 7 heures du soir à 5 heures du matin pour le poste de nuit. Dans le Yorkshire, le poste de jour va de 5 ou 6 heures du matin à 2 heures de l'après-midi; le poste de nuit commence entre 9 et 10 heures du soir pour finir au début du poste de jour. Il en est de même dans le Lancashire où la durée du poste est seulement un peu plus longue.

Bien que la règle soit de n'avoir qu'un poste au charbon, quelques mines du Pays de Galles et du Yorkshire font deux postes successifs au charbon. En ce cas, la durée des postes n'est que de huit heures et les trois postes se succèdent sans interruption, qu'il y ait un ou deux *working shifts;* le poste des réparations ou le poste à terres ne chevauche jamais sur eux.

Dans le bassin du Nord, le service de l'extraction dure normalement 20 heures, de 4 heures du matin à 11 heures du soir le plus habituellement, dont 18 heures à peu près de travail effectif. Il y a, à cet effet, deux postes successifs de roulage correspondant à trois postes successifs de travail à la veine : pour les ouvriers à la veine le poste est de 7 heures dont 6 de travail effectif.

Le poste de réparation et d'entretien succède au troisième poste au charbon et chevauche en partie dans la matinée, sur le premier.

Organisation de la surveillance. — Dans les bassins autres que ceux du Nord, la surveillance est exercée, sous la direction générale du *certificated manager,* par deux groupes d'agents placés hiérarchiquement l'un au-dessus de l'autre. Les premiers sont désignés, assez généralement partout, sous le nom d'*overmen,* mais quelquefois dans le Lancashire sous le nom d'*underloockers,* et, dans le Yorkshire, sous celui de *viewers* du fond (*underground viewers*). Sous leurs ordres se trouvent les *firemen*, plus spécialement connus dans le Yorkshire sous l'appelation de *deputies* (1).

L'*overman* correspond au maître-mineur ou gouverneur de France, et le *fireman* au chef de poste (Gard) ou au sous-gouverneur. Les *overmen* et *firemen* sont chargés de la surveillance générale au même titre et dans les mêmes conditions que notre maistrance en France et aucun de ces agents anglais n'a, en principe, à s'occuper d'une façon plus spéciale et plus exclusive du grisou et de l'aérage que les agents similaires français.

Le nombre des *overmen* et *firemen* et l'étendue de leur service varient naturellement suivant les mines et les districts.

Certaines mines n'ont qu'un seul *overman*; cela se rencontre plus spécialement dans les mines qui n'ont qu'un poste au charbon. Quelques autres ont un *overman* par poste, et fréquemment, dans ce cas, l'*overman* du premier poste, le *fore-overman*, a autorité sur les autres. Si la mine est étendue et notamment si elle exploite plusieurs couches, il pourra y avoir plusieurs *overmen*, un par couche par exemple, comme à Pemberton dans le Lancashire. L'*overman* exerce son autorité sur toute la mine ou sur toute la couche qui lui est confiée, ne prenant ses ordres que du *manager* ou d'un agent immédiatement subordonné au *manager*, comme c'est le cas à Pemberton, spécialement préposé à la direction du service du fond.

Le *fireman* n'a la surveillance que d'un quartier plus ou moins étendu et pendant un seul poste. Il y aura donc un certain nombre de *firemen* à chaque poste. Ils reçoivent les ordres de l'*overman* avec lequel ils doivent conférer quoti-

---

(1) Il faut éviter de confondre le *deputy* du Yorkshire, qui est un véritable *fireman*, avec le *deputy* du bassin du nord, qui est un ouvrier surveillant ayant des attributions toutes spéciales.

diennement. Ces agents se rencontrent généralement à la *lamp-station* ou *cabin-room* du bas du puits au commencement ou à la fin de leurs postes.

Le nombre des *firemen* est extrêmement variable suivant les conditions d'exploitation et les pratiques adoptées pour les visites des chantiers. D'après les relevés que nous avons eu occasion de faire, nous avons trouvé: dans le South-Wales, un *fireman* de jour pour 65 à 85 ouvriers du poste de-jour ; dans le Yorkshire, la proportion s'abaisse jusqu'à un *fireman* de jour pour 107 ouvriers ; dans le Lancashire, au contraire, le nombre des *firemen* de jour est beaucoup plus considérable : il y en a un par 35 à 45 ouvriers dans le Lancashire-Est et jusqu'à 1 par 25 ouvriers dans le Lancashire-Ouest. La nuit, le nombre des *firemen* est beaucoup moindre en chiffre absolu, mais supérieur par rapport au nombre d'ouvriers ; les chantiers d'entretien et de réparation peuvent occuper un personnel d'ouvriers peu nombreux mais très dispersé.

Le *fireman* est l'agent plus immédiatement chargé de la surveillance de l'état du chantier, au point de vue de la sécurité des ouvriers et par suite au point de vue du grisou : il est notamment chargé de faire les visites préalables à l'entrée des ouvriers, prescrites par les deuxième et troisième règles générales ; de faire évacuer les chantiers en cas de danger, conformément à la sixième règle générale et de barrer les chantiers interdits suivant la deuxième règle générale.

Visite des chantiers avant l'entrée des ouvriers. — Ces visites se font partout de façon à satisfaire à la lettre de la loi, et de telle sorte même que l'on n'a pas à se préoccuper de la distinction entre les mines où du grisou a été vu ou n'a pas été vu dans les douze mois ; seulement, dans plusieurs cas, on a adopté une façon de procéder qui ne répond peut-être pas tout à fait à l'objet pour lequel les deuxième et troisième règles générales avaient été édictées.

Généralement les choses se passent ainsi : les *firemen* d'un poste descendent de 1 heure à 3 heures avant leurs ouvriers de façon à avoir le temps de voir tous leurs chantiers ; ils les examinent, y laissent une trace matérielle convenue de leur passage et vont attendre leurs ouvriers à la *lamp-station* où ils communiquent avec eux et leur donnent toutes les indications ou avertissements nécessaires. Dans ce cas, la loi est observée aussi complètement que possible. Mais, dans plusieurs mines, on admet que la visite préalable réglementaire pour un poste est valablement faite par le *fireman* du poste précédent. Ainsi, dans le South-Wales, nous avons trouvé des mines où la visite des chantiers pour le poste au charbon du matin était faite la nuit par les *firemen* du poste de réparation et d'entretien. Ceux-ci, en ce cas, confèrent, avant de sortir de la mine, avec les *firemen* de jour qui doivent toujours descendre avant leurs ouvriers. Tous ces colloques entre surveillants ou entre ceux-ci et leurs ouvriers qui ont lieu généralement à la *cabin-room* du bas des puits, sont facilités par ce fait que tout le personnel circule par les cages.

Surveillance des courants d'air. — La surveillance des *firemen* ne s'étend qu'au chantier lui-même et aux voies immédiates et fréquentées qui y conduisent. Ils n'ont pas en principe à surveiller les courants d'air généraux et en particulier les voies principales de retour d'air. Ce sont les *overmen* qui ont à faire cette visite. Dans quelques mines du Lancashire, un *fireman*, à tour de rôle, est délégué hebdomadairement pour faire la visite générale des retours d'air. Ailleurs, dans quelques grandes mines dirigées par des *managers* venant du Nord de l'Angleterre, on trouve un agent spécial emprunté à l'organisation de ce district, le *master-wasteman*, agent préposé à la surveillance et à l'entretien de toutes les voies d'air au-delà du rayon immédiat des chantiers et particulièrement dans les vieux travaux, dans le *waste*. Il doit tout spécialement surveiller le grisou qui pourrait se trouver là. Mais, en dehors du district du Nord, cet agent ne se rencontre que tout à fait exceptionnellement.

Organisation spéciale du Nord. — Ce district du Nord a une organisation tout à fait spéciale. On y retrouve bien l'*overman* avec des attributions et une autorité identiques à celles des *overmen* ou *underlookers* de tous les autres districts. Vu le développement de plusieurs mines du Nord, il y a même généralement un *overman* pour chacun des postes au charbon, le *fore-overman* plus spécialement chargé du poste du matin (*fore-shift*) ayant autorité sur les autres. Mais ce qui est caractéristique de l'organisation du Nord c'est le *de-puty* qui remplace le *fireman* d'ailleurs. Le *deputy* du Nord n'a sous sa surveillance qu'un très petit nombre d'ouvriers, 10 à 20, concentrés dans un quartier très restreint ou *pannel* : non seulement il remplit pour ce quartier les fonc-tions de surveillance générale dévolues partout au *fireman*, mais il fonctionne aussi comme ouvrier spécial chargé de faire le boisage du chantier à mesure de l'avancement et de procéder à l'enlèvement des bois des chantiers terminés. L'ouvrier à la veine ne pose, pendant son travail, que les bois indispensables à sa sécurité immédiate : tout le restant du boisage doit être fait par le *deputy*. Dans quelques mines, les *deputies* de plusieurs quartiers se réunissent pour faire ces travaux de boisage et de déboisage.

Il y a en outre, dans le Nord, deux autres catégories d'agents, le *master-wasteman* et le *master-shifter*.

Nous avons déjà parlé des premiers qui sont chargés de la surveillance et de l'entretien des voies générales du courant d'air au delà des *pannels* ainsi que de la surveil-lance de l'état de l'atmosphère du *waste*. Il y en a un ou deux par mine et par couche suivant le développement de la mine ou les conditions qui lui sont propres. Le *master-wasteman* serait, en réalité, en Angleterre, le seul agent que ses attributions pourraient rapprocher des *chercheurs de grisou* de M. Burat ou des *surveillants spéciaux* dont notre Commission du grisou s'est occupée.

Le *master-shifter* n'est en quelque sorte que l'*overman* du poste d'entretien et de réparation qui est chargé du travail de remblai.

Rapports faits par les agents de surveillance. — A peu près partout, tout *fireman* ou *deputy* qui a procédé à la visite d'un chantier avant l'entrée des ouvriers laisse audit chantier une marque matérielle de son passage. Cela consiste généralement à écrire quelque part, à la craie, dans un endroit bien apparent, la date du jour. Il n'est pas douteux que l'on ait voulu permettre par là aux ouvriers de surveiller en quelque sorte la surveillance. Des plaintes ont parfois été adressées aux inspecteurs royaux par des ouvriers dont les *firemen* oubliaient ou omettaient de mettre aux chantiers la marque traditionnelle.

En outre, tout agent de la surveillance, *overman*, *fireman* ou *deputy*, *master-wasteman*, *master-shifter*, doit rédiger quotidiennement un rapport dans lequel il rend compte de la surveillance qu'il a exercée. Il n'est pas besoin de dire que ces rapports sont des plus sommaires : ce sont des imprimés, plus ou moins courts, où il n'y a que des blancs à remplir avec un simple mot, généralement par un oui ou par un non ; quelques lignes sont laissées, sous la rubrique « observations », pour le cas où quelque agent en aurait de spéciales à fournir. Il y a dans chaque bassin un certain nombre de ces formules ayant cours, le plus souvent établies et mises en vente par quelque grande maison d'imprimerie ou de papeterie. On s'attache simplement à ce que les rapports ainsi rédigés donnent satisfaction aux prescriptions littérales de la loi ou des règlements particuliers. Quelques modèles spéciaux usités dans le Nord prennent soin toutefois de rappeler, sous forme de questions, les principaux devoirs que l'agent a à remplir ou les objets dont il doit avant tout se préoccuper. Il serait sans intérêt de s'appesantir sur la rédaction de ces formulaires dont nous remettons un certain nombre de modèles à la Commission.

Nous avons entendu soutenir dans le Lancashire qu'on admettait que la marque à la craie laissée dans un chantier par le *fireman* le dispensait de rédiger son rapport sur le registre *ad hoc.* Toutefois, dans toutes les mines que nous avons visitées, nous avons pu constater par nous-mêmes l'existence de tous ces registres de rapports (1).

Registre d'évacuation des chantiers. — Nons avons pu constater également qu'on tenait régulièrement, dans cette même forme sommaire et respectueuse de la lettre de la loi, le registre exigé par la sixième règle générale pour le cas où on a dû faire évacuer un chantier ou un quartier par suite d'envahissement de grisou. Nous avons pu constater ainsi des exemples de ces cas d'envahissement dont nous avons parlé au chapitre II, qui surviennent dans des couches à *dégagement normal* plus ou moins faible en l'état ordinaire des choses.

Barrage des chantiers interdits. — Le barrage des chantiers, lorsqu'il n'est que provisoire ou lorsqu'il doit être fait d'urgence, s'indique simplement par deux bois ou deux rails en croix. C'est un avertissement plus qu'une fermeture effective et efficace. Pour une interdiction d'une durée plus ou moins longue, on barre sur toute la largeur, mais sans qu'on s'occupe d'établir une barrière véritablement infranchissable pour quelqu'un de plus ou moins mal intentionné. Ce n'est encore qu'un avertissement qu'on entend donner, mais un avertissement plus sérieux. Ainsi, dans une mine

---

(1) Nous ne disons rien d'ailleurs de tous autres registres de rapports également exigés par la loi ou les règlements particuliers, concernant l'état général de la mine, des puits, de la machinerie, etc. : d'une façon générale tout cela existe et est exécuté dans l'ordre d'idées un peu étroit et formaliste que nous venons d'indiquer.

extrêmement bien tenue du Lancashire, nous avons vu de pareils barrages à claire voie qui défendaient l'entrée des retours d'air généraux, faits simplement par des barres transversales glissant dans leurs supports comme certaines barrières à bestiaux dans les champs.

Généralement, pour qu'on ne puisse pas se tromper sur la signification du barrage, on placarde à côté une affiche ou *board*, portant écrite en grosses lettres de couleur rouge sur fond blanc le mot *danger !* ; c'est l'équivalent des *boards of caution* usités en cas de mélange de lampes. On pourrait faire en quelque sorte entre ces deux catégories de *boards* la même distinction que l'on fait entre certains signaux de chemins de fer dont les uns sont des signaux d'avertissement et les autres de défense.

Inspection de la mine par les ouvriers. — Nous avons eu occasion de dire que le gouvernement avait beaucoup insisté, lorsque l'occasion lui en a été fournie par quelque débat ou interpellation au Parlement, pour que les ouvriers se prévalussent du droit que leur donne la trentième règle générale de faire eux-mêmes des visites de la mine. L'association ouvrière du Durham a également insisté auprès de ses membres dans le même sens, en les engageant à procéder régulièrement à ces visites de surveillance une fois par mois. Malgré tous ces encouragements, cette pratique est restée une exception. Elle ne se fait que dans quelques mines, comme à Dinas, par exemple, où elle a lieu, en effet, tous les mois. On nous a dit dans le Nord qu'il existait une mine où les ouvriers avaient acheté à leurs frais un anémomètre pour pouvoir vérifier les courants d'air.

On pense généralement que les ouvriers veulent faire l'économie des frais qu'ils auraient à payer à leurs délégués, et ailleurs on ne rencontre pas d'ouvriers qui se soucient de faire cette rude besogne consistant à parcourir tous les chantiers et galeries d'une mine.

Mais partout, que les visites se fassent ou ne se fassent

pas, les exploitants ont le registre exigé par la loi et sur lequel doivent être consignés les résultats de ces visites. Ce n'est, d'ailleurs, qu'un formulaire imprimé comme tous les autres registres de rapports et dont il suffit de remplir les blancs par quelques mots.

Pour être peu pratiquée, cette coutume n'en est pas moins un autre indice caractéristique de l'esprit dans lequel est conçue la réglementation et organisée la surveillance des mines anglaises. Si, d'une part, on se borne fréquemment à donner aux ouvriers de simples avertissements sans recourir à des mesures qui puissent en quelque sorte les protéger contre eux-mêmes, on les appelle, d'autre part, à intervenir dans la surveillance; on les invite à se rendre compte de la façon dont la loi et les règlements sont appliqués et de l'état de la mine au point de vue de leur sécurité.

Travail dans le grisou. — La loi, par la sixième règle générale qui prescrit l'évacuation des chantiers ou quartiers dangereux, admet implicitement que l'on ne doit pas travailler dans le grisou, et nous pensons que d'une façon générale cette règle est sensiblement admise dans la pratique. Nous n'avons eu occasion de voir qu'un seul chantier où l'on travaillait en présence du gaz; il s'agissait, dans l'espèce, d'une cloche de médiocre dimension remplie de grisou par suite de l'insuffisance de ventilation à l'extrémité d'une taille qui se trouvait former un petit cul-de-sac : on ne s'en préoccupait guère. En pratique, les surveillants apprécient si l'état de l'atmosphère constitue ou ne constitue pas un danger et ils peuvent le faire d'une façon plus ou moins sévère. Au reste, d'après les renseignements que nous avons donnés au second chapitre, il nous a semblé que généralement, à moins de dispositions vicieuses pour l'aérage, ou il n'y a pas de traces bien sensibles de grisou au chantier, ou le chantier en contient une si grande quantité que l'on n'hésitera pas à le faire évacuer. En somme, cette question n'a pas l'importance pratique qu'elle a en Belgique avec les couches à *dégagement normal* très fort de ce pays.

Par suite de l'aménagement des mines, la circulation du personnel et le roulage se font naturellement par les voies d'entrée d'air et les voies de retour ne sont pas normalement fréquentées, si ce n'est pour leur surveillance et leur entretien. Mais, si l'exploitation l'exigeait ou le rendait simplement utile, on ne se ferait pas faute de rouler dans les retours d'air. Nous en avons vu des exemples dans des mines aérées par foyers et où le puits de sortie d'air servait à l'extraction. A Hindleyfield (Lancashire), nous avons visité une galerie principale montante, de préparation, de 400 mètres de longueur, ouverte dans la couche *Arley* (1ᵐ,06 de puissance), inclinée de 0ᵐ,166 par mètre, menée dans les conditions suivantes : le travail était fait au moyen de deux galeries conjuguées n'ayant que la hauteur de la couche ; l'une servait exclusivement à l'entrée ; l'autre, qui était la galerie principale, de 2ᵐ,75 de largeur, servait de voie de roulage et de voie de retour d'air. La vitesse du courant pouvait y atteindre 2 à 3 mètres par seconde. Ce grand montage partait d'un point très voisin du puits, il était donc, on le voit, à aérage descendant avec circulation et roulage par le retour d'air. Deux portes ordinaires, non gardées, établies au voisinage des puits, séparaient simplement les deux circuits : à la profondeur de 329 mètres où elle est exploitée par ce puits, la couche *Arley* passe pour être notablement grisouteuse et nous avons vu effectivement de petits soufflards au haut de la remontée. Nous devons dire, du reste, que l'aérage était excellent jusqu'à l'avancement.

CHAPITRE VI.

ÉCLAIRAGE DES TRAVAUX SOUTERRAINS.

§ I

LAMPES DE SURETÉ EMPLOYÉES EN ANGLETERRE.

Types des lampes de sûreté. — On rencontre en Angleterre une assez grande variété de lampes de sûreté. En classant toutes celles qui sont employées d'après les quantités en service, il y aurait lieu de citer les lampes Davy, Clanny, Stephenson, Mueseler, Williamson et Bainbrigde ; à la lampe Davy il faut d'ailleurs rattacher les lampes écossaises ; il y a lieu enfin de faire une mention spéciale des lampes du type *Protector* du nom de la Compagnie qui en exploite le brevet.

A l'exception des lampes écossaises, qui sont une particularité à tous égards, toutes les lampes anglaises présentent, dans leur construction, quelques traits qui leur sont communs.

Elles sont toutes à mèche ronde.

Tous les tamis sont faits avec du fil de 1[3 de millimètre environ ; ils ont 28 fils au pouce linéaire ou 784 ouvertures au pouce carré, soit 121 au centimètre carré.

Dans toutes les lampes employées sur le continent, toute la partie supérieure, verre et tamis, se trouve maintenue en place en vissant simplement le cul de la lampe ou le réservoir d'huile dans l'armature extérieure. Dans toutes les lampes anglaises, au contraire, la portion supérieure se trouve maintenue par un obturateur spécial, que l'on voit dans les croquis ci-dessous, qui se visse au préalable dans l'armature extérieure et contre la partie inférieure duquel vient butter le cul de la lampe quand il est vissé à fond. Cette disposition rend la lampe plus lourde, complique sa construction et rend la surveillance et l'entretien plus difficiles. Son seul avantage est de permettre d'ouvrir et de fermer la lampe plus commodément, s'il en est besoin. Ce qui l'a fait adopter et la rend pour ainsi dire nécessaire, c'est l'habitude si fréquente en Angleterre, dans presque tous les bassins, de laisser les ouvriers emporter chez eux, pour la nettoyer et l'entretenir, toute la partie supérieure ; ils ne laissent à la mine que le réservoir d'huile qui y est garnie et entretenue.

La *lampe Davy* anglaise (fig. 77) est de la petite dimension ; le tamis cylindrique a de 36 à 40 millimètres de diamètre et de 120 à 150 millimètres de hauteur. Dans les mines où la lampe peut être exposée à un courant d'air un peu vif, on la munit d'un *shield* ou bouclier formé d'une feuille de cuivre qui, portée par les montants de l'armature extérieure, entoure la moitié du tamis sur le tiers ou la moitié de sa hauteur. Certaines mines remplacent le *shield* par un cylindre de verre extérieur au tamis qui monte au tiers à peu près de sa hauteur en glissant librement entre le tamis et les montants de l'armature extérieure. La lampe Davy avec ce

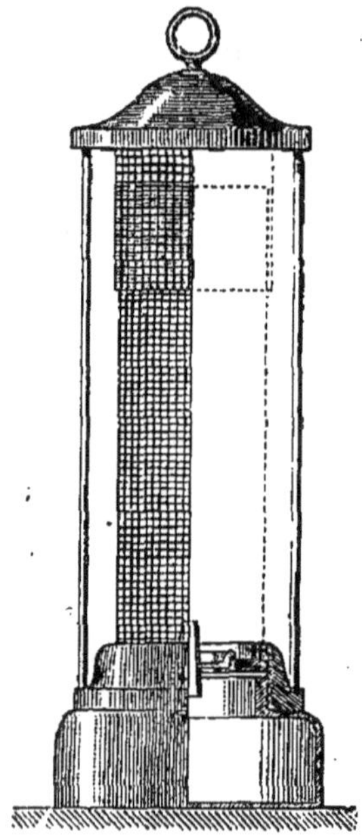

Figure 77. — Lampe Davy.

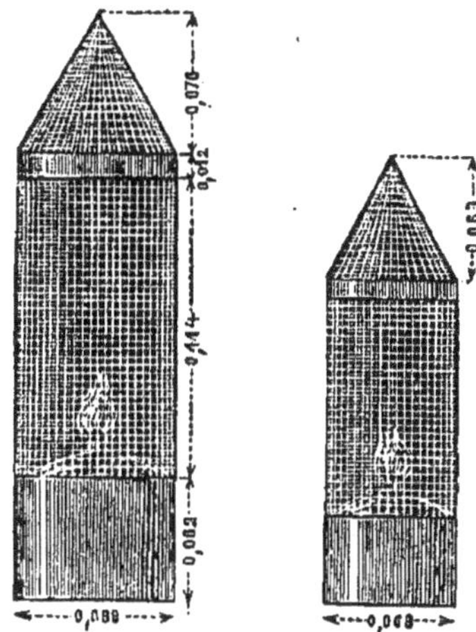

Figure 78. — Lampe Écossaise.

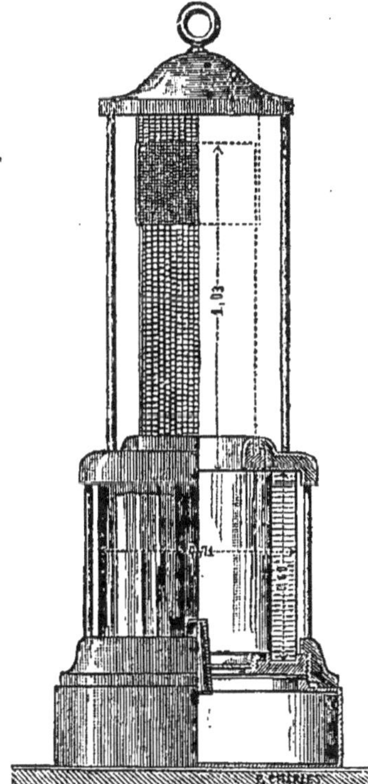

Figure 79. — Lampe Clanny.

cylindre en verre porte généralement le nom de *Jack* (1).

La *lampe Écossaise*, employée dans les mines grisouteuses du bassin oriental de l'Ecosse, est une lampe à feu nu un peu haute, sur laquelle on installe, par un assemblage à bayonnette, un tamis métallique de forme cylindroconique (fig. 78). Il y en a deux types, l'un à grande et l'autre à petite dimension. Le premier type a un tamis d'un diamètre de 89 millimètres et d'une hauteur totale de 202 millimètres à 75 ouvertures seulement au centimètre carré. La petite lampe a 68 millimètres de diamètre, 143 millimètres de hauteur, et le tamis est à la maille de 113 ouvertures au centimètre carré.

La *lampe Clanny* (fig. 79) est le type bien connu à tamis dans le haut et à verre dans le bas; c'est la *lampe Boty* de Belgique. Le tamis de la Clanny a le même diamètre que celui de la Davy, 36 à 40 millimètres; il est naturellement plus court, sa

___

(1) Le règlement particulier pour le Yorshire, interdit l'usage de toute lampe Davy qui ne serait pas munie d'un *shield*.

hauteur est de 100 à 105 millimètres habituellement;
le cylindre de verre a généralement 7 millimètres d'épaisseur, de 50 à 57 millimètres de diamètre et 60 millimètres de hauteur. Une petite bande de caoutchouc se
trouve interposée entre le bas du verre et l'obturateur à vis

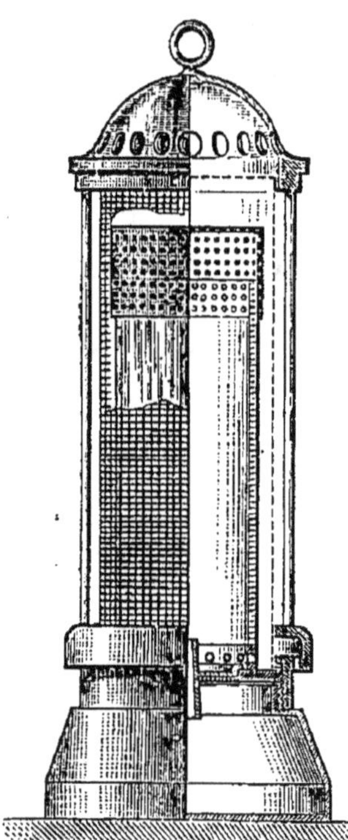

Figure 80. — Lampe Stephenson.

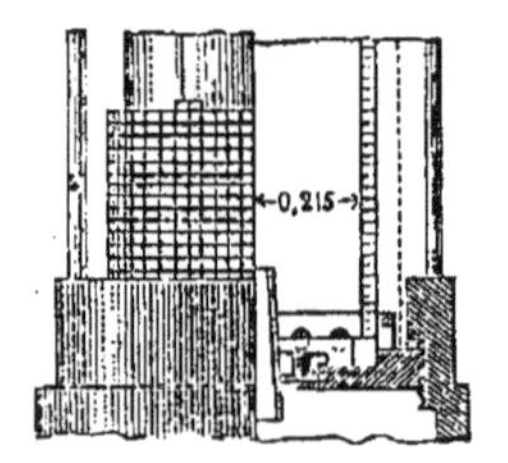

Figure 81.
Lampe Stephenson Protector.

pour éviter le danger que pourraient présenter les éraflures du
verre en ce point.

La *lampe Stephenson* (fig. 80),
quelquefois aussi appelée *Georgie*,
est à alimentation d'air par le bas
et à verre intérieur concentrique
au tamis. Ce verre intérieur, de
3 millimètres d'épaisseur, à une
hauteur variable de 117 à 132 millimètres. C'est sa présence qui ne
permet à l'air de n'arriver que
par les trous ménagés à cet effet
dans la partie inférieure de la
lampe. La disposition donnée sur
la figure est la plus habituelle;
l'air frais arrive par les trous
percés dans l'armature extérieure.
Dans la *Stephenson Protector* ces
trous n'existent plus et on a la
disposition présentée par la
fig. 81. L'air frais à moins de
s'introduire par la cheminée en
verre, ce qui serait contraire au
principe même de la lampe Stephenson, ne peut arriver au bas
de la lampe qu'en glissant entre
le tamis et le verre.

La lampe Stephenson résiste mieux aux forts courants
que les lampes Davy et Clanny; elle a, de plus, la propriété

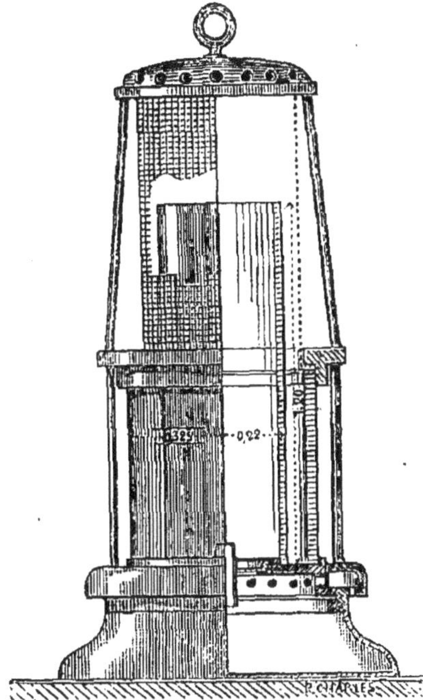

Figure 82. — Lampe Williamson.

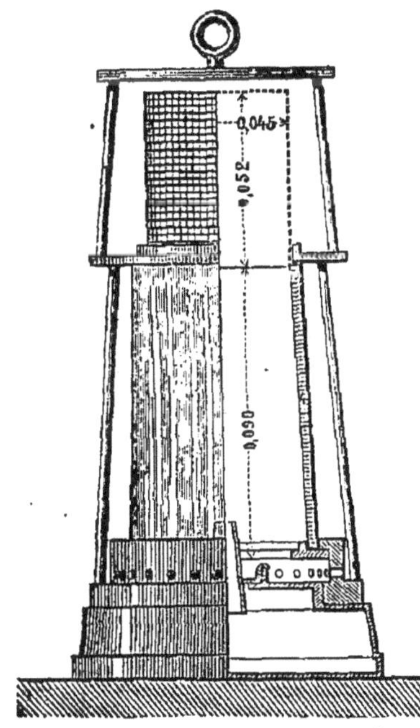

Figure 83 — Lampe Bainbrigde.

de s'éteindre dans le gaz. Ce sont ces qualités qui la font apprécier dans certaines mines dangereuses, bien qu'on lui reproche ailleurs d'être trop compliquée, de mal éclairer et de ne pas donner une lumière uniforme mais par faisceaux. Le tamis métallique de la lampe Stephenson, il est à peine besoin de le faire remarquer, doit descendre assez bas pour couvrir efficacement les ouvertures d'admission d'air, dans le cas où elles seraient ou deviendraient trop grandes.

La *lampe Williamson* (*fig.* 82) est à la Stephenson ce que la Clanny est à la Davy. C'est une Stephenson avec adjonction du verre inférieur de la Clanny pour augmenter la quantité de lumière. Pour protéger les petites ouvertures d'admission de la base, il a fallu les couvrir, sous forme d'une couronne, par une toile métallique spéciale, ce qui complique la construction, l'entretien et la surveillance.

La *lampe Bainbridge* (*fig.* 83) a un tamis supérieur court de 45 millimètres de diamètre et de 52 millimètres de hauteur et un verre inférieur très allongé ; il est troncconique, de 45 millimètres de diamètre en haut, de 52 millimètres en bas, et de 90 millimètres de hauteur. Le verre n'a que 4 millimètres d'épaisseur. Deux séries de petits trous dans la partie supérieure de la monture doivent servir à l'alimentation qui ne pourrait pas se faire par le haut à cause de la longueur du verre. Par là la lampe Bainbrigde se rattache au genre Stephenson. Seulement, dans le type habituel, les petits trous de la base ne sont pas protégés par un tamis de toile métallique : ce qui est un grave inconvénient.

La *lampe Mueseler* (*fig.* 84) est d'importation encore très récente. On rencontre sous ce type des lampes à cheminée dont les dimensions essentielles sont assez variables et diffèrent plus ou moins du type réglementaire belge : cela peut expliquer, en partie, les opinions assez contradictoires qui ont cours en Angleterre sur le type Mueseler.

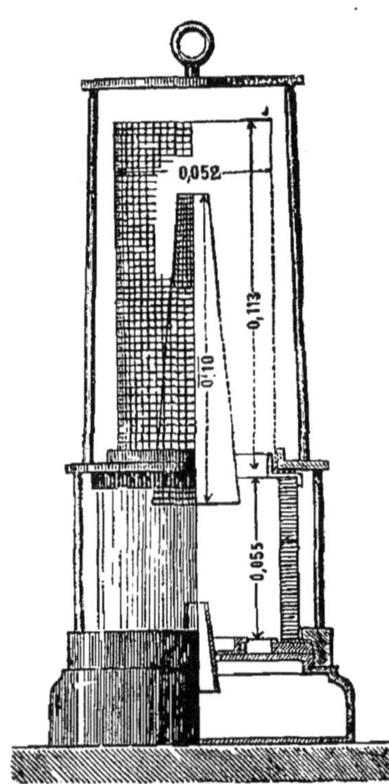

Figure 84.
Lampe Mueseler anglaise.

Nous donnons dans le tableau ci-dessous les dimensions essentielles de quelques types que nous avons eu occasion de relever en les rapprochant pour faciliter la comparaison du type belge :

	I.	II.	III.	IV.	V.	VI.	TYPE belge.	
		mil.	mil.	mil.	mil.	mil.	mil.	Aucune des lampes que nous avons vues n'a l'évasement en pavillon à la base de la cheminée.
Verre :								
Diamètre intérieur............	55	»	55	50	»	44	49	
Epaisseur...............	6	»	6	5	»	8	5,5	
Hauteur.	57	»	52	62	»	56	62	
Cheminée :								
Diamètre intérieur au sommet....	10	»	10	12	15	11	10	
— — à la base.....	30	30	30	30	30	30	20	
Hauteur de la partie de cheminée au-dessus de la toile horizontale....	100	»	»	91	100 { 89	97 { 8	90 { 27 }117	
Hauteur de la partie de cheminée au-dessous de la toile horizontale...	11	11	14	9				
Distance de la base de la cheminée au sommet du porte-mèche....	25	30	22	32	42	38	22	

I.   Lampe d'Evan Thomas, constructeur à Aberdare.
II.   — de la mine de Risca (South-Wales).
III.   — de Celynen (South-Wales).
IV.   — *Mueseler protector* de la mine de Rockingham (Yorkshire).
V.   — de la mine des Oaks pour rouleurs.
VI.   — *Mueseler protector* livrée par la compagnie *Protector*.

Les *lampes Protector*, fort estimées dans certaines mines et très décriées dans d'autres, se distinguent des autres par deux particularités de construction : leur alimentation à l'huile minérale et leur mode de fermeture. Ces deux particularités peuvent être et sont appliquées à tous les genres, en sorte qu'il y a la *Davy protector*, la *Clanny protector*, etc. L'alimentation à l'huile minérale donne, dit-on, une lumière plus vive ; la lampe est tenue plus propre et ne fume pas. Mais la *colzaïne* employée pour ces lampes émet des vapeurs inflammables à la température ordinaire et, dans certaines mines, on prétend avoir eu des explosions à l'intérieur de la lampe dues à l'emploi de pareilles essences.

Le mode de fermeture des lampes *Protector* est une fermeture du même genre que celle de la lampe Dubrulle ; elle a pour but de rendre impossible le détamisage sans extinction préalable. La disposition *Protector* est obtenue au moyen d'un agencement compliqué qui rend la lampe plus lourde, de construction, de surveillance et d'entretien plus difficiles (1).

Fermeture des lampes anglaises. — Aussi bien, la question de fermeture des lampes paraît fort peu préoccuper les Anglais. La fermeture semble y être considérée comme un simple procédé pour mettre à l'abri d'un oubli ou d'une maladresse, bien plus que pour s'opposer à une tentative coupable. Aussi se borne-t-on généralement partout à la fermeture classique la plus simple, une simple vis que l'on tourne et qui rend le cul de la lampe solidaire de l'armature extérieure. Dans quelques mines nous avons rencontré le mode de fermeture connu, qui consiste à réunir le cul de la lampe et l'armature extérieure par un rivet de plomb qu'on met en place au moyen d'une machine à main qui imprime sur les têtes des rivets un signe déterminé. Ce signe peut être changé à volonté pour défier plus sûrement les supercheries.

Répartition des divers types. — Les lampes Davy et Clanny sont de beaucoup les plus répandues ; la première encore plus peut-être que la seconde. On peut dire que ces deux types sont les lampes de sûreté usuelles de l'Angleterre, tous les autres jusqu'ici n'étant guère employés que dans quelques mines plus spécialement dangereuses. On rencontre la Davy et la Clanny aussi bien dans les mines faiblement grisouteuses du Durham que dans les couches excessivement grisouteuses du district de Wigan ou dans celles à *sudden outbursts* du district de Rhondda-Aberdare du sud du Pays de Galles.

Dans toute l'Angleterre, la lampe Davy est spécialement employée pour l'examen des chantiers avant l'entrée des ouvriers, par les *firemen* et *overmen*. On la considère comme la lampe d'examen par excellence.

---

(1) La fermeture *protector* a été décrite et figurée par M. Rossigneux dans le *Bulletin de la Société de l'industrie minérale* (2ᵉ série, t. VIII, p. 855, et pl. XXI).

Pour les ouvriers aux chantiers on préfère ici la lampe Davy, là la Clanny ; la Clanny est cependant peut-être plus spécialement une lampe pour rouleurs.

La Stephenson n'est guère employée avec quelque importance que dans les mines très dangereuses du district de Barnsley dans le Yorkshire, toujours menacées de *sudden outbursts*.

On la rencontre très fréquemment en mélange avec la Mueseler. A Hoyland, la *Mueseler protector* est employée aux chantiers et la *Stephenson protector* par les rouleurs. Aux Oaks c'est l'inverse ; la Stephenson est la lampe des chantiers, les rouleurs ont une Mueseler à cheminée très réduite, large et élevée au-dessus du porte-mèche, que nous avons fait connaître ci-dessus. La *Mueseler protector* se trouve aussi dans quelques mines du Durham ; à Silksworth nous l'avons trouvée en mélange avec la Clanny.

Le district si dangereux de la *Black vein*, dans le Monmoutshire, a adopté des Mueseler qui se rapprochent beaucoup du type belge. Toutefois, à Celynen, une des mines de ce district, on emploie simultanément, mais dans une moindre proportion, la Clanny.

Une *Mueseler*, se rapprochant très sensiblement aussi du type belge, a été adoptée par M. Hewlett, le directeur général de la Wigan Coal and Iron C°, pour la mine de Weist Leigh, récemment ouverte sur la couche si grisouteuse *Wigan 9 feet*. On a redouté la lampe Davy, qui est essentiellement celle de tout le Lancashire, à cause de la vivacité du courant d'air.

La *Williamson*, d'invention très récente d'ailleurs, n'est encore employée que dans quelques mines, à Cannock, dans le South-Staffordshire notamment ; nous l'avons rencontrée à Harris' Navigation, dans le South-Wales.

La *Bainbrigde* ne paraît guère être sortie de la mine de ce nom, dans le Yorkshire, où elle a pris naissance ; nous en avons vu quelques-unes, mais à titre d'échantillons, dans quelques mines de cette région. Au reste, on ne s'expliquerait guère par quels motifs cette lampe pourrait avoir du succès.

Expériences sur les lampes. — Dans ces derniers temps, et de divers côtés, on paraît s'être préoccupé, en Angleterre, de faire des expériences sur le degré de sécurité des diverses lampes. Une des séries les plus récentes et les plus estimées a été faite par MM. William Smethurst et James Ashworth à la mine de Brynn (Lancashire). Ces expériences, dont nous avons pu examiner les appareils, ont l'avantage d'être faites avec du grisou capté dans l'un des puits de la houillère. Sauf cette particularité, elles ressemblent d'ailleurs à toutes les expériences de ce genre. Les lampes à essayer sont placées dans une caisse en bois où l'on fait arriver, en proportions déterminées, de l'air et du grisou. L'appel est fait, et, par suite, la vitesse du courant est donnée par un jet de vapeur qui débouche à l'extrémité de la caisse horizontale, en un point où cette caisse se retourne verticalement en forme de cheminée (1). Les résultats obtenus à Brynn n'ajoutent rien aux faits mis en évidence par les expériences faites en France et en Belgique. Comme sur le continent, on est arrivé à Brynn à reconnaître la supériorité à tous égards de la lampe Mueseler, type belge (2). Un seul point nouveau est intéressant à relever dans ces expériences, l'inutilité à peu près complète du *shield* pour donner un surcroît de sûreté à la lampe Davy. Avec ou sans *shield* la flamme d'un mélange explosible a passé à travers les tamis à la vitesse de $2^m,12$ par seconde.

---

(1) C'est à cette houillère et avec ces appareils que la *Royal Commission on accidents in mines* a commencé et doit poursuivre ses expériences sur les lampes.

(2) Il a été rendu compte partiellement de ces expériences, dans le vol. XV des « *Transactions of the Manchester geological society* ».

§ 2

CONDITIONS D'EMPLOI DES LAMPES DE SURETÉ.

Emploi de la lampe à feu nu dans les mines grisouteuses.
— Un des traits certainement les plus caractéristiques de
l'exploitation des mines grisouteuses en Angleterre est l'u-
sage, si répandu relativement, de la lampe à feu nu. Ce n'a
été souvent qu'à la dernière extrémité, après de graves accidents, qu'on s'est décidé à employer la lampe de sûreté
dans les mines franchement grisouteuses. Exploitants et
ouvriers sont en beaucoup de points réfractaires à son
usage. On lui reproche la lumière insuffisante qu'elle donne,
et on affirme que les accidents par éboulement sont beaucoup plus fréquents avec elle. Tout compte fait, semble-
t-on dire, au seul point de vue du nombre total des victimes,
on en aura moins en employant des lampes à feu nu, bien
que cela doive forcément entraîner, on le reconnaît, de ci
et de là, des accidents plus ou moins graves par inflammation de grisou. Dans certains districts on va même jusqu'à dire que, si on employait des lampes de sûreté, les
mines seraient moins bien ventilées et moins bien tenues,
les exploitants soignant davantage leur aérage pour pouvoir continuer à employer des lampes à feu nu. En outre,
les ouvriers munis de lampes à feu nu sont plus prudents
et notamment ne s'aventurent pas dans les vieux travaux.
Cependant, sous l'influence des inspecteurs, dont la majorité, sinon tous, poussent, en présence de tant d'accidents
arrivés par l'emploi abusif des lampes à feu nu, à l'emploi
des lampes de sûreté dans toute mine grisouteuse, ces
idées sont certainement moins répandues aujourd'hui
qu'elles ne l'étaient, il y a peu de temps encore, et le nombre est assez grand, nous avons pu le vérifier nous-mêmes,
des mines où les ouvriers sont exclusivement munis de
lampes de sûreté. Beaucoup prétendent agir ainsi par

mesure de précaution encore plus que par nécessité (1).

Mélange des lampes à feu nu et des lampes de sûreté de différents types dans une même mine. — On conçoit aisément qu'avec de telles idées le mélange des lampes à feu nu et des lampes de sûreté est très fréquent. Au reste, des partisans déclarés des lampes de sûreté admettent eux-mêmes la pratique d'un tel mélange dans une même mine, s'il se fait par quartiers suffisamment distincts. Ainsi on admet parfaitement, comme dans le Lancashire-Ouest, que lorsque deux puits exploitent un faisceau de quatre couches communiquant simplement entre elles par les puits et un ou deux travers-bancs principaux, on n'emploie des lampes de sûreté que dans l'une d'elles qui est plus spécialement grisouteuse, les autres étant exploitées à feu nu. Mais le mélange des lampes à feu nu et des lampes de sûreté se fait fréquemment dans des conditions bien autrement intimes. Ainsi, dans une grande mine du Lancashire, nous avons vu les conducteurs de chevaux se servir de lampes à feu nu dans une voie de fond au-dessous de laquelle on poussait des défoncements en cul-de-sac à la lampe de sûreté et au-dessus de laquelle on exploitait avec lampe de sûreté également.

Dans quelques points du même district, on emploie les lampes de sûreté dans les premiers grands travaux de traçage et on dépile, surtout par *long wall*, avec lampes à feu nu. Au contraire, dans le Durham, on trace à feu nu; mais on enlève les piliers à la lampe de sûreté, par crainte du gaz qui peut venir des vieux travaux. Dans d'autres districts, on n'emploiera la lampe de sûreté qu'au voisinage d'une faille, ou à sa traversée, ou en présence d'une accumulation accidentelle de gaz.

De par la loi de 1872 et tous les règlements particuliers.

---

(1) Il est curieux de rapprocher ces observations de celles que nous avons rapportées sur la Saxe royale, voir notre rapport sur l'Allemagne.

c'est au *manager* qu'il incombe, en pleine liberté et sous sa seule responsabilité, le cas échéant ; de décider où et quand il faut employer des lampes de sûreté : en cas d'accident pour usage abusif de lampes à feu nu, il pourra être poursuivi. Les inspecteurs pourront bien, avant ou après un accident, user de leur influence pour développer l'emploi de la lampe de sûreté ; mais, nous n'avons pas eu occasion de relever de cas où l'un d'eux soit allé ou ait cru devoir aller plus loin. Beaucoup s'accordent à reconnaître, il est vrai, qu'on va au-devant de leurs conseils en pareille matière et qu'ils n'ont jamais eu besoin de recourir à l'arbitrage pour imposer les lampes de sûreté au cas où les exploitants s'y seraient refusés.

Dans le cas de mélange plus ou moins intime de lampes à feu nu et de lampes de sûreté, la loi et les règlements particuliers n'indiquent qu'une seule mesure de précaution, l'emploi d'écriteaux, de *boards*, destinés à donner un avis à celui qui circule. En principe, cette prescription est fidèlement observée. Le *board* consiste simplement en une affiche à fond blanc sur lequel se détachent en lettres noires bien apparentes l'avertissement classique : *Attention ! no naked lights !* (Attention ! pas de lampes à feu nu au delà !). Souvent c'est un simple placard en papier avec lettres imprimées. Dans les grandes mines du Durham, le *board* est en fonte émaillée. On le met sur une des parois de la galerie ou on le pend sur le chapeau d'un cadre, et il faut reconnaître qu'il est bien difficile de passer outre sans s'en apercevoir. Dans les mines précitées du Durham, notamment à Eppleton, on fait plus. A l'endroit où est le *board*, la galerie est rétrécie de tous côtés par des planches blanchies à la chaux formant un couloir, de dimensions juste suffisantes pour permettre la circulation du wagon. C'est sur le devant de cet entonnoir que se trouve fixé le *board*, qu'il serait impossible, dans ces conditions, de ne pas voir.

Pour rendre ces *boards* encore plus apparents, quelques

mines placent en de pareils points un feu rouge analogue aux signaux de chemins de fer, ainsi que nons l'avons vu dans les mines de Pemberton (Lancashire) et de Eppleton (Durham).

Par l'usage de ces *boards* on entend simplement donner un avertissement sérieux ; on ne se préoccupe pas de faire plus et notamment de placer en ces points un gardien spécial à demeure.

Même dans les mines qui sont réputées être exploitées uniquement avec des lampes de sûreté, ces *caution boards* jusqu'auxquels on peut circuler et où l'on circule avec des lampes à feu nu sont parfois extrêmement loin des puits. Ainsi, dans les mines du Durham, nous en avons vu qui sont à plus de 2.000 mètres des puits, toute la partie entre les puits et ces stations se trouvant dans le *goaf* ou vieux travaux.

Après ce que nous venons de dire de la facilité avec laquelle on accepte l'usage de la lampe à feu nu et le mélange des feux nus avec les lampes de sûreté, il serait oiseux d'insister sur la diversité des types de lampes de sûreté et sur leur mélange dans une même mine. Dans bien des houillères on en emploie de deux ou trois espèces différentes ; nous en avons cité des cas ci-dessus. On ne prend naturellement aucune mesure pour éviter, le cas échéant, le mélange de ces diverses espèces. Au reste, bien qu'on ait reconnu en Angleterre, par des expériences, les défauts de tels ou tels types, on paraît peu se préoccuper, en pratique, jusqu'ici du moins, du meilleur type à adopter systématiquement.

Distribution, entretien et surveillance des lampes. — Dans quelques mines de presque tous les districts, les ouvriers, au sortir du puits, emportent leurs lampes de sûreté tout comme des lampes a feu nu. C'est eux qui doivent, à domicile, les garnir, les nettoyer et les entretenir. En ce cas, elles sont examinées, soit à l'orifice du puits au jour, soit au bas du puits, par un *fireman* ou par tout autre agent spécial , qui vérifie si elles sont en bon état et fermées. L'examen ainsi fait ne peut être, on le conçoit, qu'assez sommaire. On s'en remet assez volontiers à l'ouvrier, que l'on considère comme le premier intéressé à la chose, d'avoir une lampe tenue en bon état.

Dans les mines qui pratiquent ce système, les lampes de sûreté appartiennent aux ouvriers, qui les achètent : on leur indique seulement le type ou les types que l'on admet et parfois on leur interdit, en outre, l'usage de l'huile minérale.

Plus généralement, l'ouvrier n'emporte chez lui que la partie supérieure de la lampe, tamis et verre, et laisse à la mine le réservoir. Il y a alors une lampisterie où se fait la distribution et la remise des lampes. L'ouvrier, en arrivant, remet son tamis au guichet de la lampisterie ; le lampiste l'examine et lui remet sa lampe complète. Dans les lampisteries de ce système les mieux tenues, chaque ouvrier a un numéro inscrit sur la partie supérieure et sur le réservoir de la lampe, de façon que chaque ouvrier ait toujours la même lampe. Il y a généralement à ces lampisteries un registre qui donne le nom de l'ouvrier en regard de son numéro. Mais il est assez rare que l'on tienne note chaque jour, sur un registre, des lampes distribuées. Le contrôle peut se faire, il est vrai, s'il en est besoin, par différence. Nous avons vu, cependant, des mines où à chaque descente on marque à la craie sur un tableau qui porte le nom de l'ouvrier et son numéro, les lampes distribuées.

La lampe est habituellement fermée à clef à la lampisterie, et n'est le plus souvent examinée que là. Dans quelques mines, le receveur au bas du puits doit vérifier, en outre, si la lampe est bien fermée. Quelquefois c'est un agent spécial, restant à demeure dans la *cabin room*, qui fait cette vérification et examine, en outre, sommairement l'état de la lampe. Nous avons retrouvé là, en certains points, faite par cet agent, cette pratique que nous avions vue en Belgique consistant, pour les lampes à verre, à s'assurer en soufflant ou en aspirant que le verre n'est pas éraillé à ses extrémités et que toutes les parties de la lampe joignent convenablement.

Dans les mines du nord de l'Angleterre, qui pratiquent le système de l'entretien à domicile des tamis par les ouvriers, la lampe n'est plus visitée après la lampisterie que par le *deputy* à la petite cabine, dite *lamp station*, qui se trouve toujours, dans une des parois de la galerie, au point déjà signalé où est appendu le *caution board*. Le *deputy* examine les lampes et les ferme; l'ouvrier qui apporterait une lampe en mauvais état ne pourrait aller au chantier, et, par suite, perdrait sa journée. On estime que cette sanction est un moyen qui ne manque pas d'efficacité pour pousser les ouvriers à bien surveiller et à bien entretenir leurs lampes.

Dans les mines qui gardent et entretiennent les tamis dans leurs lampisteries, le nettoyage se fait à la brosse à main et à la chaux ou au sable. Nous avons vu aux Oaks (Yorkshire) une machine simple et ingénieuse, qui permet de faire ce travail rapidement et très complètement. Le croquis ci-contre (*fig.* 85) donne l'idée de cet appareil. Sur deux axes parallèles, qui peuvent recevoir par une courroie de transmission un mouvement rapide, sont montés, en A, un mandrin en fer qui a le calibre de l'intérieur du tamis, et deux brosses B et C, cette dernière étant du même calibre que le mandrin A. En coiffant d'abord le mandrin A avec le tamis, la brosse B le nettoie à l'extérieur; on le retire pour l'enfiler sur la brosse C, et, en l'y tenant fixe à la main, il se trouve également nettoyé à l'intérieur.

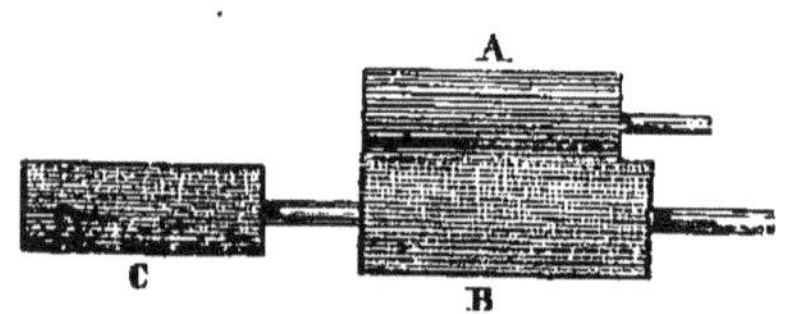

Figure 85. — Brosse mécanique pour nettoyer les tamis des lampes de sûreté aux Oaks.

Partout, lorsque les tamis sont tachés d'huile, on les nettoie en les mettant sur le feu de charbon qui sert au chauffage de la lampisterie ou en les flambant sur un bec de gaz s'il y en a. On nous a bien parlé vaguement de mines où l'on faisait ce nettoyage à la vapeur perdue des chaudières ou même à la lessive de soude. Mais nous n'avons rien vu de pareil nulle part, et les renseignements qu'on a pu noûs donner sur ce sujet sont restés extrêmement vagues.

Essai des lampes de sûreté dans le gaz. — L'examen assez rudimentaire que subissent en somme les lampes dans la plupart des lampisteries anglaises, a dû contribuer à pousser dans la voie des essais au gaz qui se répandent de plus en plus là où on peut disposer, soit de gaz d'éclairage, soit de grisou, comme le cas se présente, pour ce dernier gaz, dans beaucoup de mines qui l'ont capté pour leur service. L'appareil le plus répandu pour les essais au gaz, consiste dans une cloche quadrangulaire renversée à parois en verre, ouverte par le bas, suspendue par la partie supérieure ou fixée au mur. Un bec de gaz d'éclairage ou de grisou, fournit le gaz inflammable au bas de la cloche. Une explosion plus ou moins violente étant toujours possible, il faut avoir soin que la face d'arrière de la cloche d'essai soit de résistance moindre que les autres, et l'opérateur doit observer par la face d'avant. A Llwynpia, dans le Pays de Galles, où on opère avec le grisou, la cloche est suspendue dans la lampisterie. Chaque jour le lampiste y essaie une cinquantaine de lampes, de façon que chaque lampe soit soumise à l'essai tous les quatre ou cinq jours. Toute lampe neuve est naturellement essayée avant d'être mise en service. A Pemberton, district de Wigan, et à Murton, Durham-sud, il y a deux cloches d'essai fixées à l'extérieur de la lampisterie à côté du guichet de distribution. C'est l'ouvrier qui, après avoir reçu du lampiste sa lampe vissée, doit l'essayer dans la cloche.

Le croquis ci-dessous (fig. 86) représente l'installation que nous avons vue à Murton.

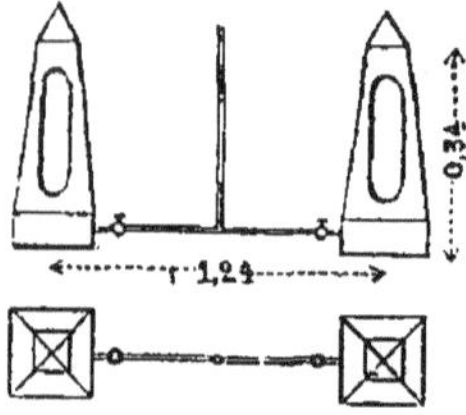

Figure 86. — Cloches pour essayer dans le gaz les lampes de sûreté, à Murton.

On a justement fait remarquer que l'essai dans la cloche pouvait être très trompeur : en haut, il peut y avoir trop de gaz ; en bas, trop peu ; en sorte qu'il peut se trouver qu'il n'y ait qu'une couche plus ou moins mince contenant un mélange inflammable. Une lampe défectueuse qu'on y porterait et qu'on en retirerait rapidement, pourrait ne pas communiquer le feu à l'extérieur.

D'autres dispositions ont été prises pour répondre à cette objection. Ainsi, dans la lampisterie de Hoyland (Yorkshire) on projette sur la lampe à essayer un jet de gaz. Pour que l'expérience ainsi faite soit concluante, il faut ou bien que l'on puisse faire tourner le jet tout autour de la lampe, ou bien, ce qui est moins commode en pratique, que l'on puisse faire tourner la lampe avec une suffisante lenteur devant le jet immobile.

L'appareil le plus simple et le plus pratique est encore celui imaginé par M. T. W. Embleton, président du *Midland institute of engineers* et que nous avons vu employé dans la lampisterie des Oaks (Yorkshire). L'appareil consiste dans un tube en fer recourbé en forme de cercle et percé de petits trous par où s'échappe le gaz amené par un tube de caoutchouc. L'anneau a un diamètre tel que la lampe à essayer puisse être mise à son intérieur. On fait glisser l'anneau lentement le long du tamis, jusque sous les trous d'admission pour les lampes du type Stephenson. Si la lampe est défectueuse la couronne de gaz sera allumée.

Cet essai préalable est important pour toute la série des lampes à admission d'air par le bas, où il est difficile sinon même impossible, de vérifier à la vue si les trous d'admission d'air inférieurs sont suffisamment étroits ou suffisamment protégés par le tamis métallique. Nous avons vu aux Oaks des lampes Stephenson neuves qui paraissaient à l'extérieur en parfait état et qui, à l'essai au gaz, communiquaient le feu au dehors.

Rallumage des lampes éteintes. — On ne nous a pas cité et nous n'avons pas rencontré de mines où le rallumage des lampes éteintes dût se faire au jour. On admet partout les feux nus aux envoyages. Dans les mines les plus sévèrement tenues à cet égard le rallumage se fait dans la *cabin room* du bas des puits. Dans quelques mines, comme à Lund-Hill (Yorkshire) la *cabin-room* est assez spacieuse, et il s'y trouve une petite lampisterie pour regarnir les lampes et y faire au besoin de menues réparations. On y tient en outre un certain nombre de lampes de rechange. Dans la plupart des mines, les stations de rallumage sont dans la voie d'entrée d'air, plus ou moins voisines des chantiers. Dans le Nord de l'Angleterre la station de rallumage est à la *lamp station* que nous avons déjà signalée à l'entrée de chaque district.

En tout cas, c'est toujours un des surveillants ou employés de la surveillance qui ouvre et allume les lampes et les referme. Les surveillants ne s'astreignent pas toujours, il est vrai, à faire le rallumage aux *lamp stations*, et ils prennent sur eux assez facilement de détamiser là où ils jugent pouvoir le faire.

Nous n'avons vu appliquer nulle part la pratique des clefs de rallumage librement suspendues à la disposition de qui en a besoin, et on ne nous a pas dit que cela se pratiquât quelque part.

Intervention de l'administration en matière d'éclairage. — Il est à peine besoin de faire remarquer, en terminant ce chapitre, que les inspecteurs n'interviennent en rien dans tout ce qui concerne la distribution, l'entretien et la surveillance des lampes. Leur opinion personnelle peut être contraire à certaines pratiques : ce n'est pas une raison

pour qu'ils les combattent, même par la voie de la persua-
tion. Ils n'interviendraient que s'il n'y avait pas quelque
part, à la lampisterie, à l'orifice, au fond du puits où à l'entrée
des quartiers, cette « *competent person* » qui doit, d'après
la septième règle générale de la loi de 1872 (art. 51) vérifier
que la lampe est de sûreté et fermée à clef. Toutes les pratiques, plus ou moins sévères ou plus ou moins relâchées,
que nous avons rapportées ci-dessus sont considérées
comme satisfaisant aux prescriptions de la loi. Quant au
rallumage des lampes éteintes, la loi de 1872 n'en parle pas
et les quelques règlements particuliers où il en est question
se bornent à rappeler le principe que les lampes éteintes
doivent être rallumées par les surveillants aux *lamp stations* indiquées par les *managers*. Tout cela est laissé à leur
discrétion sans aucune intervention de la part des inspecteurs.

CHAPITRE VII.

TRAVAIL A LA POUDRE.

Conditions d'emploi de la poudre. — L'emploi de la poudre dans l'exploitation des mines à grisou varie naturellement suivant les districts et les conditions de gisement.

Dans le South-Wales, où les charbons jouissent au plus haut degré de cette faculté du double clivage, qui rend leur abatage si facile, il n'y a pour ainsi dire pas besoin d'employer la poudre dans le travail à la veine ; elle n'est nécessaire que pour le coupage du mur ou du toit dans les voies de roulage de quelques couches qui n'ont pas plus de $1^m,40$ à $1^m,50$, comme la célèbre *uppert four feet*. Dans ce cas, le coupage des voies doit se faire régulièrement chaque nuit à mesure de l'avancement du chantier. Lorsque la couche a $1^m,80$, ou plus, il n'y a lieu de couper le toit que lorsqu'il s'affaisse trop : ce n'est plus là qu'un travail d'entretien se faisant à intervalles plus ou moins éloignés et plus ou moins en arrière du front de taille.

Dans le Yorsksire, on a à peu près complètement renoncé à l'emploi de la poudre dans l'exploitation des deux couches si dangereuses *Barnsley* et *Silkstone*, même pour le coupage du mur de *Silkstone*, où il doit être fait pourtant d'une façon continue, la couche n'ayant que $1^m,50$ de puissance.

Les terrains encaissants sont, il est vrai, très facilement traitables au pic.

Dans le Lanscashire-ouest, on laisse les ouvriers employer la poudre pour le travail à la veine , sans aucune difficulté. Dans le district de Wigan on paraît plus réservé. On l'emploie cependant aussi pour le travail à la veine, quand cela est indispensable, sauf à recourir, en ce cas, comme le font quelques mines, à des mesures de précaution spéciales sur lesquelles nous reviendrons. La poudre est d'ailleurs employée généralement partout, dans ce district, pour le coupage des voies rendu nécessaire par l'épaisseur réduite de quelques couches, comme l'*Arley mine*, qui n'a qu'un mètre de puissance.

Dans le grand bassin du Nord, on emploie la poudre toute les fois que la chose est nécessaire, même dans le travail à la veine. Tout au plus dans quelques mines cherche-t-on à éviter d'avoir à tirer devant le *goaf* dont on redoute toujours le gaz.

D'une façon générale, on peut dire qu'en Angleterre on restreint assez peu en principe l'emploi de la poudre dans l'exploitation d'une couche grisouteuse. Beaucoup d'ingénieurs sont mêmes enclins à penser que les ouvriers l'emploient dans bien des cas où il serait peut être plus écononomique, ou tout au moins où il ne serait pas plus coûteux de s'en passer.

Procédés d'allumage. — On emploie concurremment en Angleterre, pour l'allumage des coups de mine, la mèche de sûreté ou la paille remplie de poudre (le fétu belge) à laquelle on suspend un morceau d'amadou ou un bout de papier trempé dans une dissolution concentrée de salpêtre.

La mise du feu se fait de différentes manières : Dans plusieurs mines du Nord le boute-feu allume avec sa lampe qu'il détamise, lorsqu'après examen il a reconnu qu'il pouvait procéder au tirage; mais, plus généralement, il allume le papier salpêtré contre le tamis de la lampe à l'aide d'un fil de fer assez fin pour passer à travers les mailles du tamis et qu'il fait rougir à la flamme ; on peut aussi allumer les fusées avec le fil de fer rougi sans intermédiaire de papier ou de mèche nitrée.

Ni les exploitants, ni encore moins les inspecteurs n'interviennent dans ces pratiques, absolument laissées à la discrétion et au choix des ouvriers qui ont d'ailleurs à se fournir à leurs frais de toutes les matières nécessaires au tirage à la poudre.

Réglementation du travail à la poudre. — Les précautions à prendre dans l'emploi de la poudre font l'objet de la huitième règle générale de la loi de 1872. En dehors des prescriptions inhérentes à l'explosif lui-même, les mesures de précautions spéciales au grisou se résument à celles-ci :

Dans une mine où du grisou a été vu il y a moins de trois mois, les coups ne peuvent être tirés que lorsqu'une « personne compétente » s'est assurée par un examen préalable qu'il n'y a aucun danger à le faire ;

Si le dégagement du grisou est tel qu'il marque à la lampe, on ne peut employer la poudre que pour un travail au rocher séparé des travaux en activité ou lorsque les ouvriers sont retirés du quartier où on tire à la poudre.

Les discussions auxquelles ces dispositions donnent lieu depuis 1872, et auxquelles nous avons déjà fait allusion dans notre premier chapitre, montrent que la loi n'a pas été très claire. La plupart des règlements particuliers n'y ont pas ajouté grand chose. Ceux des districts de Cardiff et Swansea (South-Wales) prévoient la nomination dans chaque mine de boute-feu, sous le nom de *shotmen*, qui doivent procéder à l'allumage des mines, concurremment avec les *firemen*, comme étant les *personnes compétentes* exigées par la loi. Dans le Monmouthshire, le règlement particulier se borne à dire que les *firemen* sont les personnes compétentes qui ont à appliquer la huitième règle générale. Dans le Nord, les *special rules* prescrivent aussi que le *deputy* doit allumer les coups, comme étant la *personne compétente*. La plupart des autres réglements ne spécifient rien sur ce point.

Mesures de précaution prises dans l'emploi de la poudre. — En fait, en cette matière comme dans tant d'autres, on paraît également laisser aux exploitants et aux *managers*, toujours sous leur responsabilité, une assez grande latitude, et il semble qu'on applique la loi avec une interprétation parfois assez large. Dans les districts où, comme dans le South-Wales, on ne tire à la poudre que pour le coupage des voies, ce travail se fait seulement la nuit, dans le poste distinct du poste ou des postes pendant lesquels se fait le travail à la veine ou de l'extraction. On opère de même dans le Yorkshire et le Lancashire, en cas pareil. Dans cette manière d'opérer, la nécessité de recourir au boute-feu, que ce soit un *shotman* ou le *fireman* lui-même, ne crée pas de sérieuses difficultés, d'autant plus que. le cas échéant, on paraît être assez large sur la façon de désigner les *shotmen*, qui peuvent n'être que des ouvriers spécialement désignés sous ce nom sur le registre de contrôle, mais employés au travail lui-même.

Dans certaines mines du district de Wigan, où il est nécessaire de tirer à la poudre pour l'abatage du charbon, on a pris une mesure spéciale pour respecter la loi jusqu'à la lettre. Les ouvriers à la veine se bornent dans le jour à préparer les coups de mines; ils sont tirés la nuit par des ouvriers spéciaux.

Dans le nord de l'Angleterre où le travail à la veine est pour ainsi dire ininterrompu, et où le poste à terre ou de réparations chevauche sur les postes à charbon, il serait peut-être difficile d'exécuter toujours la loi à la lettre. Mais dans ce district, le système des *deputies* assure toujours la présence d'une « personne compétente » qui peut procéder à l'examen du chantier. Le travail en est d'autant moins gêné que fréquemment le *deputy* se borne, après avoir examiné le chantier, à donner l'autorisation de tirer, sans procéder lui-même à l'allumage.

Le tirage à la poudre dans les mines à grisou est une des questions qui passionnent le plus vivement l'opinion publique en Angleterre. Incessamment, dans les journaux, dans les meetings et dans les enquêtes on voit se reproduire cette idée que le tirage à la poudre devrait être légalement interdit dans toute mine où l'on fait usage de lampes de sûreté. Cette opinion paraît partagée par plusieurs inspecteurs.

Intervention des inspecteurs dans le travail à la poudre. — Aussi s'explique-t-on que, malgré la grande réserve que gardent les inspecteurs vis-à-vis des exploitants, ce soit sur cette question, que quelques-uns, malgré l'obscurité de la 8ᵉ règle générale, aient recouru à leur droit général de coercition ou plus exactement à l'arbitrage pour interdire le tirage à la poudre dans certains cas. Plusieurs d'ailleurs reconnaissent qu'ils n'ont pas eu besoin d'en arriver là, et que les exploitants se sont volontairement soumis à leurs observations, sinon en renonçant tout à fait à l'emploi de la poudre, du moins en ne l'employant que la nuit dans un poste spécial.

Il nous paraît intéressant de rappeler ici un des cas les plus récents, et d'ailleurs toujours fort rares, ou un inspecteur a recouru à l'arbitrage pour interdire le tirage à la poudre (1). A East Hetton Colliery on exploitait, à 247 mètres de profondeur, la couche *Arvey* de 1ᵐ,10 de puissance moyenne, par un *long wall* pur, en grande taille montante, et on tirait librement à la poudre. La couche donnant beaucoup de grisou, la pratique avait paru

---

(1) Cette affaire a été exposée avec tous les détails dans le rapport pour 1878 de M. l'inspecteur de Durham, Thomas Bell (p. 936 du rapport des inspecteurs pour 1878).

dangereuse à l'inspecteur. Il craignait une inflammation possible du grisou qu'il supposait pouvoir existel dans le *goaf*, et qui pouvait en être subitement déplacé, soit par une baisse du baromètre, soit par une chute du toit ou qu'un coup, en débourrant, pouvait chasser dans les galeries de circulation. S'appuyant sur ces motifs et en vertu des pouvoirs généraux à lui donnés par l'article 46 de la loi de 1872, l'inspecteur demanda qu'on cessât tout tirage à la poudre dans ce *long wall*; sur le refus de l'exploitant d'y consentir, l'affaire fut soumise à un arbitrage ; les deux arbitres nommés par les parties n'ayant pu se mettre d'accord, le tiers arbitre choisi par eux décida souverainement que « le tirage à la poudre était dangereux au point de menacer ou de tendre à menacer les personnes employées dans la mine », sans d'ailleurs motiver plus explicitement sa sentence, mais en mettant tous les frais de visite, d'enquête, d'expertise, d'honoraires des arbitres et des tiers arbitres à la charge de la Compagnie qui succombait.

Nous avons tenu à rapporter ce cas pour montrer par un exemple précis comment fonctionnent les arbitrages.

Il est intéressant également de relever que l'inspecteur a invoqué dans l'espèce et a fait appliquer l'article 46 de la loi, dont nous indiquions dans le chapitre I (V. p. 28), la portée très large. Les inspecteurs pourraient évidemment l'invoquer tout aussi bien pour toute autre pratique ou installation, quelle qu'elle fut, qui leur paraîtrait « menacer ou tendre à menacer la sécurité des personnes employées dans la mine ».

Appareils destinés à remplacer la poudre. — On a essayé un peu partout en Angleterre les appareils destinés à produire l'abatage sans l'emploi de la poudre. En outre des appareils anciens déjà et suffisamment connus, tels que ceux d'Elliott, de Grafton Jones, de Chubb, de Bidder et Jones, on nous a signalé l'essai ou nous avons vu nous-mêmes l'emploi de quelques appareils nouveaux tels que les appareils Dingly et Ackers, Grinder, Macdermott et Williams. Il n'y a rien de nouveau dans le principe de ces appareils ; c'est toujours le système de coins de l'*aiguille infernale* actionnés ici par la pression de l'eau, là à la main ou par l'intermédiaire d'une vis. La seule chose à constater est que nulle part ces appareils ne sont réellement entrés dans la pratique courante ; partout on s'est borné à de simples essais.

Il y aurait lieu de mentionner à la suite de ces appareils les haveuses mécaniques qui permettent en effet de supprimer l'emploi de la poudre dans le travail à la veine. Ce n'est guère que dans le district de l'Ecosse-Est que ces machines subsistent encore autrement qu'à titre d'essai ; il y en a une dizaine employées là d'une façon assez courante. Elles sont du type Baird ou Gartsherrie et du type Meekle John et Riggs. Mais, d'une manière générale, on peut dire qu'à moins de conditions exceptionnelles favorisant leur emploi, les haveuses n'ont pas encore réussi à entrer dans la pratique courante de l'exploitation des mines en Angleterre.

CHAPITRE VIII.

POUSSIÈRES.

État de la question. — Les expériences faites par M. William Gallovay (1), d'une part, et par MM. A Freire Marreco et D. P. Morison (2), d'autre part, sont suffisamment connues pour que nous n'ayons pas à y revenir ici. Nous n'avons pas su que ces messieurs eussent fait des expériences autres que celles dont les résultats ont été déjà publiés. Le temps nous a manqué pour nous rendre à la mine de Harton et nous renseigner sur les travaux récents qu'auraient pu faire MM. Marreco et Morison. Mais M. William Galloway a bien voulu installer, pour nous le montrer, le nouvel appareil à l'aide duquel il compte poursuivre ses expériences et que nous croyons devoir faire connaître.

Nous rappellerons auparavant qu'on nous a dit dans le Lancashire qu'une série d'expériences venaient d'être faites par une commission du *Chesterfield Institute*. Mais les ré-

---

(1) Le dernier travail de M. William Galloway, en date de mars 1879, a été traduit par M. Chanselle, dans le *Bulletin de la Société de l'industrie minérale*, 2ᵉ série, tome IX, p. 157.

(2) M. Louis Dombre, a rendu compte dans les *Annales des mines* (1879, 7ᵉ série, tome XV, p. 374), des expériences faites par ces messieurs.

sultats de ces travaux ne sont pas encore publiés, et nous n'avons pu recueillir aucun renseignement à leur sujet.

Le nouvel appareil de M. William Galloway, représenté dans le croquis ci-dessous (*fig.* 87), a une partie de ses élé-

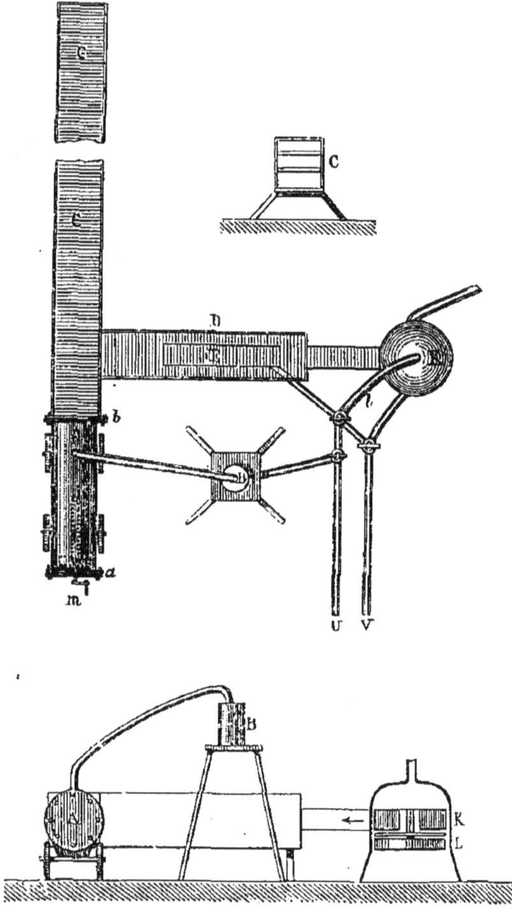

Figure 87. — Appareil employé par M. William Galloway dans les expériences nouvellement entreprises par lui sur les poussières.

ments semblables à ceux de l'appareil que M. Chanselle a déjà fait connaître dans sa dernière traduction.

A est un cylindre en tôle galvanisée de $1^m,727$ de longueur et $0^m,508$ de diamètre, soit d'un volume de 350 litres, porté sur quatre roues de façon à pouvoir rouler sur une voie ferrée. Il est fermé à son extrémité *a* et ouvert à l'extrémité opposée *b*. A cette extrémité il peut être à volonté mis en communication ou séparé avec une longue caisse en bois carré de 0^m,610 de côté et de 38 mètres de longueur. Le joint se fait en plaçant deux ou trois feuilles de journal entre deux garnitures métalliques saillantes qui terminent respectivement la caisse et le cylindre et que des boulons permettent de serrer l'une contre l'autre. Une bande de caoutchouc appliquée contre l'une des garnitures assure l'étanchéité du joint.

Le cylindre A représente le chantier d'une mine dans lequel doit se faire l'inflammation d'un mélange à proportion déterminée d'air et de grisou. Le grisou qui provient d'un soufflard, capté dans le puits (1), par le tuyau U, peut être amené dans le cylindre A, par le vase B, dans une proportion déterminée. L'appel du gaz dans le vase B et son transvasement dans le cylindre A se font par un simple jeu de robinets et par le mouvement d'un vase plein d'eau communiquant avec le récipient B par sa partie inférieure, ledit vase glissant sur des montants en bois et pouvant être élevé ou abaissé de la quantité voulue. Pour assurer le mélange intime de l'air et du grisou dans le cylindre, M. W. Galloway a établi à l'intérieur dudit cylindre un petit ventilateur dont l'ouïe communique avec le tuyau *d*. Ce petit ventilateur mu par la manivelle *m* ne fait que brasser les matières. M. W. Gallovay compte opérer avec une proportion en volume de 1 de grisou pour 9 d'air.

La caisse C doit représenter la galerie le long de laquelle on se propose d'observer les effets de l'explosion produite en A. C'est dans cette caisse que l'on dépose les poussières à essayer, partie sur le fond, partie sur de petites planchettes posées en travers de distance en distance.

---

(1) Toutes les expériences de M. W. Galloway se font à la mine de Llwynpia (South-Wales.). Nous avons dit ci-dessus (p. 47), dans quelles conditions le grisou avait été capté à cette mine.

Pour pouvoir réaliser dans cette caisse toutes les circonstances voulues de température, d'humidité et de composition d'atmosphère, la caisse C communique avec une caisse semblable placée à angle droit D qui contient un serpentin de vapeur E et communique avec un ventilateur K actionné par une turbine à vapeur L. La vapeur vient par le tuyau V et peut se rendre soit au serpentin E soit à la turbine L. Le ventilateur K peut d'ailleurs aspirer du grisou en quantité connue par le tuyau *t*. On peut de la sorte envoyer dans la caisse ou galerie C un courant de vitesse, de température, d'humidité et de composition déterminées.

Ce sont tous ces éléments que M. Galloway compte faire varier d'une part, avec, d'autre part, la nature chimique, l'état mécanique et la pureté des poussières.

Pour apprécier chaque fois la longueur de la flamme, ce qui est l'élément à déterminer, l'un des côtés latéraux de la caisse C se trouve formé par des volets de 4 mètres environ de longueur chacun que l'on peut tenir levés ou baissés. En en fermant un plus ou moins grand nombre, on peut voir à quelle distance, en chaque cas, atteint la flamme et par suite quelle influence additive apporte la présence des poussières.

Cette nouvelle série d'expériences beaucoup plus complète que toutes les autres, que M. W. Galloway se propose de faire, n'a pas été encore commencée. Le nouvel appareil n'a été installé que pour nous en montrer le fonctionnement ; les quelques expériences que M. Galloway a eu l'extrême obligeance de vouloir bien faire devant nous avec des poussières recueillies sous les cribles de la houillère et formées par un mélange de charbon à vapeur et de charbon gras (1) n'étaient que des essais destinés à nous faire comprendre le

---

(1) La composition chimique de ces charbons a été donnée par M W. Galloway. On la trouvera reproduite dans le mémoire précité de M. Louis Dombre, dans les *Annales*.

jeu de l'appareil. Nous ne nous permettrons donc pas d'en tirer ici quelque conclusion.

En dehors des diverses expériences qui ont été faites ou qui se continuent, et dont les conclusions jusqu'ici, il faut le reconnaître, ne sont pas de nature à s'imposer, la question des poussières reste discutée en Angleterre comme en France. L'opinion la plus répandue paraît être que les poussières peuvent, dans certains cas, avoir ajouté leur effet à celui d'une explosion de grisou, mais que leur effet additif a toujours été en proportion avec la cause déterminante qui est toujours et exclusivement le grisou. Cela réduirait singulièrement en somme le rôle des poussières.

Sans donner aux poussières, dans plusieurs des grands accidents de ces dernières années, le rôle capital que M. William Galloway leur attribue, on admet généralement qu'elles ont positivement joué un rôle dans quelques-uns d'entre eux, mais un rôle limité à l'ordre d'idées que nous venons d'indiquer. La chose n'est guère contestable, en effet, pour les accidents dans lesquels on a recueilli des croûtes cokifiées. (Voir la statistique des accidents; annexe n° VIII.)

La question des poussières prendra peut-être plus d'importance à l'occasion du récent accident de Seeham. Il a été constaté par le travail de relevage et de sauvetage (voir note de la page 61.) qu'il n'y avait pas eu d'inflammation dans les parties éloignées de Hutton n° 3 et Hutton n° 1, tandis qu'il y a des traces d'inflammation et qu'il y a eu des commencements d'incendie en plusieurs points autour des puits. La mine étant très sèche, très grisouteuse et très chaude, les charbons très inflammables, on se demande s'il n'y aurait pas eu inflammation de poussières en ces points. Nulle part cependant nous n'avons vu de croûtes de coke; mais, en plusieurs points, les bois et les parois étaient couverts de suie, notamment en un point où les bois présentaient en outre des traces de carbonisation.

Ce sont là des caractères qui suffisent, dans la théorie de M. Galloway, pour que l'on puisse affirmer le rôle des poussières. En réalité, tant que la quartier de Maudlin n° 3 n'aura pas été réouvert et exploré, toutes les questions soulevées par cet accident resteront fort douteuses. Cependant l'opinion publique a été assez émue pour que le gouvernement ait officiellement chargé le professeur Tyndall d'entreprendre des expériences spéciales sur les poussières de Seaham, en vue d'élucider tous les problèmes que cette question soulève et d'apporter, s'il est possible, des éléments sérieux à l'enquête.

Précautions prises contre les poussières. — Avec les idées qui sont encore prédominantes sur cette question, on comprend que peu d'exploitants aient cru nécessaire de recourir à l'arrosage comme moyen préventif. Depuis longtemps déjà, nous a-t-on dit, certaines mines arrosaient parfois leurs grandes voies de roulage quand la poussière soulevée par les pieds des chevaux y rendait la circulation trop incommode ou trop désagréable. Mais il y a loin de là à l'arrosage systématique préconisé par M. William Galloway. Nous ne l'avons vu pratiquer que dans la mine de Dinas dirigée par M. William Galloway lui-même et dans la mine voisine de Llwynpia, où il fait ses expériences.

Les *bye-laws* ou ordre de service intérieur de la mine de Dinas contiennent deux articles qui définissent tout ce qui doit être fait dans ces mines. Ils sont ainsi conçus :

« Le *manager*, les *overmen* et *firemen* doivent s'assurer que toutes les voies principales de roulage sont tenues humides ou mouillées en tout temps ; ils doivent arrêter tout chantier accessible aux chevaux et ouvriers qui contient de la poussière sèche jusqu'à ce que ledit chantier ait été arrosé au moyen des trucks à eau créés spécialement dans ce but.

« Aucun *fireman*, boute-feu, ou autre personne, ne pourra

tirer un coup de mine dans une partie sèche de la mine, avant d'avoir soigneusement humecté toute la surface dans un rayon de 9 mètres autour du coup suivant la direction, et de 4 mètres dans une direction opposée si la position du coup le permet; tout *fireman*, boute-feu, ou autre personne qui contreviendrait à ces dispositions, serait exposé à un renvoi immédiat, avec perte de tous gages qui pourraient lui être dus. »

Les moyens employés pour obtenir cet arrosage, consistent à faire circuler, quand besoin en est, à la queue des trains et jusqu'au chantier s'il le faut, un wagon contenant de l'eau ou un tonneau monté sur un truck, qui se termine à l'arrière par un gros tube percé de petits trous, tout à fait analogue dans sa disposition, sinon dans ses dimensions, au tonneau d'arrosage de la voie publique. Avec des couches plateuses comme les couches anglaises où les chevaux vont jusqu'aux chantiers ou tout au moins à leurs abords immédiats, la chose est très simple, très pratique et n'exige qu'une très faible consommation d'eau. Ainsi, à Llwynpia, où les chantiers se développent jusqu'à 1,500 mètres du puits, et où l'extraction est de 550 tonnes par jour avec un seul poste, il suffit par jour de 5 wagons d'une capacité d'un demi-mètre cube, soit de $4^m,500$ d'eau. Nous avons pu constater que les galeries étaient partout très propres et l'atmosphère très épurée, bien que cette mine passât auparavant pour une de celles où l'atmosphère était le plus chargée et le boisage le plus recouvert de poussières (1).

---

(1) D'après la déposition que M. W. Galloway vient de faire dans l'enquête sur le récent accident de Penygraig (voir note, p. 76), cet accident devrait être attribué presque exclusivement aux poussières.

CHAPITRE IX.

APPAREILS DE SAUVETAGE.

Nulle part, en Angleterre, nous n'avons vu d'appareils de sauvetage, et nulle part nous n'en avons entendu parler. Il ne semble même pas que, jusqu'à ce jour, les exploitants ou l'administration se soient préoccupés de ces appareils au point de vue de leur introduction dans les mines à grisou.

ANNEXE N° I.

**Rapport des Inspecteurs des mines sur le tirage à la poudre
dans les mines à grisou (1875).**

Le ministre ayant demandé que les inspecteurs examinassent à
nouveau la question du tirage à la poudre dans les mines grisouteuses et lui fournissent leur opinion sur la convenance d'une
modification à la législation ou de la prescription de nouvelles
règles générales ou particulières sur cette question, après une
longue discussion, la majorité des inspecteurs a été d'avis qu'une
modification de la législation serait désirable ; mais on n'a pu arriver à une entente pour préciser quels devraient être les change-
ments à y apporter.

Deux résolutions ont été adoptées :

MM. Wynne, Brough, Alexander, Moore et Wardell ont été d'avis
que tout explosif soit interdit dans les mines qui emploient les
lampes de sûreté, et qu'une courte loi soit présentée aux Chambres
pour l'application de cette règle.

MM. Dickinson, Evans, Willes, Wales, Bell et Hall ont été d'avis
que la plupart des explosions récentes sont dues à la violation de
la première règle générale (demandant une suffisante ventilation),
à un manque de discipline et de précautions, et que, dans le cas
où il serait nécessaire de faire cesser le tirage à la poudre, la loi
donne des pouvoirs suffisants pour y arriver. Ils désirent autant
que qui que ce soit diminuer le nombre des victimes faites par les
explosions ; mais ils trouvent qu'en raison des grandes différences
dans les conditions des divers bassins, dans les méthodes d'exploitation, dans les systèmes d'aérage et dans la discipline, il paraît
impossible d'arriver à un avis unanime pour recommander de
nouvelles restrictions dans le tirage à la poudre. Actuellement, si

la mine est assez grisouteuse pour que, nonobstant une ventilation convenable, le dégagement du grisou soit assez abondant en
certains points pour marquer à la lampe (*as to show a blue cap in
the safety lamp*), l'usage de la poudre est prohibé en vertu de la
huitième règle générale, sauf à s'en servir lorsque le personnel
ordinaire est hors de la mine; et d'ailleurs, légalement, aucun coup
ne peut être tiré à moins qu'il n'ait été reconnu qu'il n'y a pas de
dangers à le faire. Sans doute, c'est à la « personne compétente »,
désignée à cet effet, à apprécier au premier abord le degré de
sécurité du lieu où un coup doit être tiré; mais, sur l'avis qui doit
en être donné au propriétaire, agent ou *manager*, chacun d'eux
devient responsable pour toute contravention qui serait commise
à cet égard si le tirage à la poudre se continuait indûment.

NOMS des inspections.	DISTRICTS PRINCIPAUX.	NOMBRE des houillères en activité.	NOMBRE des ouvriers occupés dans les houillères et les mines assimilées.	NOMBRE des ouvriers occupés dans les mines métalliques.	NOMBRE total des ouvriers.
Newcastle...	Cumberland et district ferrifère du nord Lancashire. Durham nord. Northumberland.	199	45.862	9.131	54.993
Durham....	Durham sud. Westmoreland. Yorkshire, Riding nord.	184	56.734	3.121	59.855
Manchester..	Lancashire nord et est. Irlande.	407	31.872	2.087	33.959
Liverpool...	Anglesey. Denbighshire. Flintshire. Lancashire ouest.	286	39.458	44	39.502
Yorkshire...	Yorkshire, Ridings est et ouest. Lincolnshire.	524	60.221	1.343	61.534
Midland....	Derbyshire. Leicestershire. Nottinghamshire. Warwickshire.	333	50.923	1.303	52.226
Staffordshire nord....	Chestershire. Shroppshire. Staffordshire nord.	231	23.161	»	23.161
Staffordshire sud.....	Worcestershire. Staffordshire sud.	384	23.555	464	24,019
Sud-ouest...	Breconshire (en partie). Devonshire. Glamorganshire (en partie). Dorsetshire. Gloucestershire, forêt de Dean. — district de Bristol. Monmouthshire. Somersetshire.	270	30.060	1.627	31.687
Galles du sud.	Breconshire (en partie). Carmarthen. Glamorganshire (en partie). Pembroke.	324	47.964	573	48.537
Écosse est...	. . . .	308	40.711	731	41.442
— ouest.	. . . .	223	26.289	692	26.981
		3.673	476.810	21.086	497.896

N° II.

inspecteurs des mines en 1879.

EXTRACTION en houille.	EXTRACTION des matières assimilées à la houille.	EXTRACTION des mines métalliques.	TOTAL de l'extraction.	OBSERVATIONS.
tonnes.	tonnes.	tonnes.	tonnes.	Les statistiques anglaises ne nous ont pas permis de relever, par district, le nombre des mines assimilées aux houillères, d'une part, et le nombre des mines métalliques, de l'autre.
13.167.369	242.637	2.218.025	15.628.031	
17.155.383	4.884.337	58.463	22.098.183	
9.122.700	84.184	360.768	9.567.652	Le district ferrifère du Lancashire nord est rattaché à l'inspection de Newcastle.
11.783.724	92.086	2.277	11.878.087	Les mines métalliques de ce district, autres que celles du Lancashire, sont sous la surveillance d'un inspecteur spécial.
16.241.443	368.812	57.271	16.667.526	
14.036.242	108.023	75.245	14.219.510	
5.562.645	1.627.511	»	7.190.156	
9.329.197	309.837	157.488	9.796.522	
7.439.567	118.243	197.844	7.755,654	Les mines métalliques du Devonshire et du Somersetshire sont sous la surveillance spéciale de l'inspecteur des mines métalliques du Cornouaille.
12.412.136	210.163	56.241	12.678.540	
11.300.567	1.487.285	220.170	13.007.822	
6.169.360	1.900.737	100.239	8.170.336	
133.720.333	11.433.855	3.504.031	148.658.219	

ANNEXE N° III.

Règlement particulier du district de Cardiff.
(Sud du Pays de Galles.)

Ce règlement, le plus étendu à notre connaissance, qui comprend 290 articles, ne diffère pas dans son économie générale de celui du district de Swansea.

Manager.

Le *manager* doit prescrire et faire exécuter tout ce qui est nécessaire pour la sûreté de la houillère et de chacune de ses parties (art. 1); il en a la direction et la responsabilité (art. 4).

Il nomme le nombre de personnes nécessaires pour la surveillance (art. 18), et il les contrôle (art. 5).

Il fixe et règle la ventilation de la mine en conformité avec la première règle générale.

Il désigne les *stations* prévues par la cinquième règle générale, et veille à ce que les mots *safetylamps* (lampes de sûreté) y soit fixées et maintenues d'une façon bien apparente (art. 9).

Il fixe en quels points, comment et par quelles personnes doivent être employées les lampes à feu nu ou les lampes de sûreté, et doit être fait le tirage à la poudre; il fait les règlements pour l'emploi de la poudre et de toutes substances explosibles (art. 10).

Il donne toutes indications pour les sondages à faire à l'approche des vieux travaux (art. 11).

Under-Manager.

Il remplace le *manager* en cas d'absence (art. 24).

Il doit être à la houillère avant chaque poste de façon à pouvoir communiquer à temps avec l'*overman* et autres officiers (art. 25).

Il doit examiner de temps en temps les voies de roulage, d'aérage, les chantiers et les vieux travaux, et surveiller constamment l'aérage et l'éclairage (art. 27).

Il doit :

Une fois par mois au moins, faire le jaugeage du courant d'air dans toutes les voies principales d'aérage et en consigner les résultats sur le *Journal de la mine* (art. 29) ;

Défendre l'entrée de la mine ou la faire évacuer en tout ou en parti-, en cas de danger provenant d'une invasion de gaz ; et en ce cas ne permettre l'examen qu'à la lampe de sûreté ; veiller en pareille occurrence à l'accomplissement de la sixième règle générale (art. 33) ;

Prendre les mesures nécessaires pour chasser, diluer ou rendre sans danger toute accumulation de gaz qui lui serait signalée, sans toutefois, en cas de danger, chasser l'accumulation pendant les heures de travail (art. 34).

Il donne les ordres nécessaires, sans en référer au *manager*, pour l'emploi des lampes de sûreté, dans tout district, au point où il le juge nécessaire par suite de circonstance soudaine (art. 35).

Il donne toutes les indications spéciales pour la conduite des chantiers marchant à la rencontre de vieux travaux ou de réservoirs d'eau ou de gaz et pour les sondages préventifs et il doit s'assurer que ses ordres sont bien exécutés ; on doit éviter de communiquer pendant les heures de travail et approvisionner le chantier de tampons pour boucher les sondages en cas de besoin (art. 46).

Il doit faire barrer sur toute leur largeur les entrées de tout chantier momentanément suspendu, de façon à ce que l'on ne puisse y pénétrer par inadvertance (art. 38).

Il donne les indications pour l'établissement de toutes les voies d'aérage en veillant à ce qu'elles soient de dimensions suffisantes (art. 39).

Overman.

En cas d'absence de l'*under-manager*, il le remplace, en exerce toutes les attributions et en a toute l'autorité (art. 52).

Il doit être à la mine avant chaque poste, assez à temps pour recevoir les rapports des *firemen* avant l'entrée des ouvriers (art. 56).

Il examine, pendant le travail, les voies de roulage, d'aérage et les chantiers, et surveille la ventilation et l'aérage (art. 57).

Il inspecte, aussi souvent que de besoin, la communication du foyer avec le puits de sortie, et le foyer (art. 59).

Il fait évacuer la mine, en tout ou en partie, en cas de danger
dû à la présence du gaz ; prévient aussitôt l'*under-manager*, et ne
laisse rentrer le personnel que lorsque tout est en ordre (art. 60).

Il fait relever immédiatement tout éboulement survenu dans
une galerie d'aérage (art. 61).

Il veille à ce que les voies d'aérage soient convenablement en-
tretenues et aient les dimensions fixées par l'*under-manager*
(art. 64).

Fireman.

En l'absence de l'*overman*, ou s'il n'est pas présent, le *fireman*
a pleins pouvoirs et autorité dans le district qui lui est assigné,
conformément aux instructions qui lui ont été données par ses
chefs (art. 68); il est responsable de la sécurité de son district
(art. 73).

Il doit faire les visites et les rapports prescrits par les seconde,
troisième, sixième et huitième règles générales ; il fait aussi les
rapports prescrits par la vingt-neuvième règle générale, pour autant que cela lui incombe en vertu de l'article 74 du règlement
particulier (art. 71).

Il fait les barrages pour empêcher l'accès des places interdites
(art. 72).

Chaque matin, avant l'entrée de toute personne dans la mine,
il fait la visite des chantiers de son district et de leurs voies d'accès, conformément aux prescriptions de la deuxième règle générale (art. 74); il fait une marque à la craie dans les chantiers qu'il
trouve en bon état (art. 75); il place deux bois en croix aux entrées de tout chantier qu'il trouve dangereux et, à son retour à la
lamp station, il avertit les ouvriers de ne pas y pénétrer (art. 76).

Il fait évacuer tout ou partie de la mine en cas de danger, et
prévient l'*under-manager* (art. 77).

Chaque jour, il doit visiter les voies de roulage, d'aérage et les
chantiers de son district, et, une fois par semaine au moins, parcourir le courant d'air général afférent à son district (art. 78).

Il doit visiter tous les chantiers à chaque poste (art. 79).

Il doit arrêter tout chantier qui lui paraît dangereux pour insuffisance de ventilation ou dégagement de gaz (art. 84).

Examiner soigneusement chaque jour les bords de tous les vieux
travaux aboutissant à des voies de circulation ou à des chantiers
art. 85).

Il veille à l'entretien des galeries d'aérage et au maintien des dimensions fixées par l'*under-manager* (art. 86 et 87).

Il place ou fait placer toutes portes et cloisons d'aérage nécessaires à la ventilation (art. 81).

Il relève ou fait relever tous barrages, portes, cloisons, etc., nécessaires à la ventilation, et s'assure qu'ils sont en bon état (art. 89).

Il veille à ce que toute porte se referme d'elle-même, à ce que les portes principales soient doublées et gardées (art. 90);

A ce que toute porte qui ne s'ouvre pas soit enlevée de ses gonds (art. 91);

A ce que tout portier reste à sa place, sans en bouger, jusqu'à la fin du poste (art. 92).

Machiniste du ventilateur.

Il est responsable de la marche constante et régulière de la machine et de l'appareil d'aérage (art. 136); il doit les examiner plusieurs fois par jour, et signaler immédiatement tout dérangement à l'*under-manager* et au chef mécanicien (art. 137).

Il doit procéder au graissage aussi souvent que de besoin (art. 138).

Il doit relever fréquemment le nombre de coups par minute et la dépression au manomètre, et les inscrire toutes les trois heures sur un registre spécial (art. 139).

Chauffeur du foyer.

Il doit maintenir constamment un feu vif (art. 184) et veiller à l'approvisionnement et à l'entretien du foyer et des voies adjacentes, en prévenant le *fireman*, le *master wasteman* (1) ou l'*overman*, en cas d'avarie ou de dérangement (art. 185, 186 et 187).

Rouleurs.

Ils doivent prévenir le *fireman* de toute apparition de gaz (art. 197).

____

(1) Le *master wasteman* est un agent qui est spécialement chargé de la surveillance des courants d'air généraux et des vieux travaux, et qu'on ne rencontre guère que dans le bassin du Nord, tout à fait exceptionnellement dans les autres districts; il est curieux de le voir mentionné ici, alors qu'il n'est pas dit un mot à son égard dans tout le restant de ce si long document.

S'ils trouvent une porte ouverte ou avariée, ou une cloison
d'aérage déplacée ou avariée, ils doivent également le signaler au
fireman de son district et arrêter toute manœuvre jusqu'à ce qu'ils
aient pu rencontrer le *fireman*, l'*overman* ou l'*under-manager*, et
lui signaler le fait (art. 198).

Gardiens des portes.

Ils doivent n'ouvrir leurs portes que pendant le temps strictement nécessaire pour les franchir (art. 200) ; ne jamais quitter
leur place sous aucun prétexte (art. 201) ; signaler immédiatement
au *fireman*, tous avarie ou dérangement survenus à la porte, à la
cloison d'aérage, ou à la galerie (art. 202).

Houilleurs.

Sous aucun prétexte, aucun ouvrier ne peut aller ailleurs qu'à son
chantier ni pénétrer dans les vieux travaux (art. 204) ; entrer dans
un chantier s'il est barré par deux bois en croix (art. 205 et 206).

Tout ouvrier doit vérifier en entrant à son chantier, si la marque
à la craie a été faite ; au cas contraire, retourner à la *lamp station*
le signaler au *fireman* et y attendre des ordres (art. 207).

Il ne doit, sous aucun prétexte, laisser au chantier du remblai
ou du menu charbon qui puisse gêner l'aérage ; et il doit maintenir un espace libre, entre le front de taille et les vieux travaux,
suffisant pour la ventilation (art. 214).

Lampes de sûreté.

Toute *lamp station* sera établie à la surface ou sur une entrée
d'air principale (art. 217).

Toute *lamp station* doit être indiquée d'une façon bien apparente par l'inscription « *safety lamps* » (art. 218).

Aucune lampe à feu nu, ou aucune lampe de sûreté qui n'a pas
été dûment examinée et fermée, ne peuvent être introduites au
delà d'une *lamp station* (art. 219).

Toute lampe doit avoir un numéro et être, autant que possible,
remise à la même personne (art. 220).

Le lampiste doit garnir toute lampe, à la lampisterie, de mèche
et d'huile, et s'assurer que la lampe est propre et prête pour le
service (art. 221).

Le *fireman* du district, ou une personne désignée pour le remplacer, fermera les lampes à la *lamp station* (art. 223), après en avoir examiné l'état et relevé les dégradations qu'elles auraient pu subir (art. 224).

Toute personne qui reçoit sa lampe du *fireman*, ou de son remplaçant, doit vérifier si elle est en bon état et fermée (art. 225).

A la moindre apparition de grisou, on doit essayer d'éteindre sa lampe en en abaissant la mèche : si le feu continue à l'intérieur il ne faut pas chercher à l'éteindre par d'autres moyens; mais il faut immédiatement éloigner la lampe avec la plus grande précaution et retourner avec elle à la *lamp station*, en marchant très lentement avec la lampe aussi près que possible du sol et au centre de la galerie, en évitant tout choc (art. 226).

Toute lampe éteinte doit être rapportée à la *lamp station* pour y être rallumée par le *fireman* qui doit ensuite l'examiner et la fermer à clef (art. 227).

Personne, sous quelque prétexte que ce soit, ne peut détamiser sa lampe au delà de la *lamp station* (art. 229).

Toute lampe doit être suspendue à 60 centimètres au moins de la trajectoire de tout outil (art. 230).

Toute lampe détériorée ou mise hors de service pendant le travail doit être éteinte en abaissant la mèche et rapportée à la *lamp station* pour être remise au *fireman* (art. 231).

Tirage à la poudre.

Un ouvrier spécial, nommé *shotman*, sera chargé par le *manager* ou l'*overman* d'allumer les coups là où le tirage à la poudre est permis (art. 235).

Aucun coup ne peut être allumé que par un *shotman* ou par un *fireman* (art. 238).

Les cartouches doivent être faites hors de la mine (art. 235).

Avant l'allumage, le *shotman* doit examiner le chantier et les places voisines ; le grisou ne doit pas marquer à la lampe (art. 240, 241 et 242).

RÈGLES GÉNÉRALES.

Personne ne peut passer une *lamp station* avant le retour du *fireman* et avant d'avoir reçu les instructions (art. 266).

Toute personne franchissant une porte doit la refermer avec soin derrière lui (art. 275).

Toute personne trouvant une porte ouverte, à moins que ce ne soit une porte de remplacement placée entre deux portes de séparation, doit la fermer immédiatement et signaler le fait à l'*under-manager* ou au *fireman* (art. 277).

Toute personne qui découvre un dérangement, ou un défaut dans la ventilation, ou l'apparition du grisou, doit immédiatement en donner avis à l'*under-manager*, à l'*overman* ou au *fireman* art. 278).

Il est défendu d'introduire dans la mine des allumettes ou tous autres moyens d'avoir du feu (art. 280).

Il est permis de fumer à la *lamp station*, où du feu sera donné à cet effet (art. 281) ; mais il est interdit d'introduire du tabac ou une pipe au delà de la *lamp station* (art. 282).

Personne, autre que ceux qui y sont spécialement autorisés, ne peut avoir des clefs ou autres instruments pour ouvrir des lampes (art. 283).

Personne ne peut toucher à un signal ou à une marque que sur l'ordre de l'*under-manager*, de l'*overman* ou du *fireman* (art. 284).

Personne ne peut rechercher le grisou avec une lampe à feu nu, le chasser violemment par l'agitation ou tenter de le faire (art. 285).

On ne peut laisser de feu dans la mine en quittant son travail (art. 286).

ANNEXE N° IV.

Règlement particulier pour le district de Newport.
(Sud du Pays de Galles.)

Certificated manager.

Le *certificated manager* est chargé, sous sa responsabilité, de la direction de la mine et des travaux, et de toutes les personnes qui y sont employées. Il a pleins pouvoirs, et il a mission de faire tout ce qui est nécessaire pour la sûreté et pour faire exécuter les prescriptions de la loi et du règlement particulier (art. 1).

Under-viewers

L'*under-viewer* fonctionne sous et d'après les ordres du *certificated manager* ; il a pleins pouvoirs sur les personnes employées dans la mine, et doit faire exécuter les prescriptions de la loi et du règlement particulier (art. 2).

Overmen et leurs deputies.

Sous le *certificated manager* et l'*under-viewer*, les *overmen* sont chargés, sous leur responsabilité, des travaux qui leur sont confiés ; ils ont pleine autorité sur les *firemen* ou *deputies-overmen*, et toutes autres personnes employées dans leur section (art. 3).

Les *overmen* et leurs *deputies* doivent veiller à ce que les conduites d'aérage et les portes soient placées aussitôt qu'il en est besoin et tenues en bon état. L'air venant des écuries ne devra pas être envoyé dans les voies principales d'entrée d'air (art. 6).

Toute porte d'aérage doit être établie de manière à se fermer d'elle-même. Les portes principales seront doubles ou triples s'il est nécessaire. Le foyer ou tout autre appareil d'aérage sera tenu en bon état et en travail régulier. La personne qui en sera char-

gée ne pourra quitter son poste avant d'y être régulièrement remplacée ou avant d'en avoir référé à l'*overman* (art. 8).

Firemen.

Les *firemen* ou *deputies-overmen* seront les personnes chargées,
le cas échéant, d'exécuter les prescriptions des règles générales
2, 3, 6 et 8 ; ils placeront les bois en croix pour barrer les entrées
de chantiers interdits. Aucun courant qui peut être explosif ne
sera amené sur le foyer ou à une distance de moins de 20 yards
(art. 10).

Avant chaque poste et avant que les ouvriers n'entrent dans la
mine, le *fireman* ou le *deputy-overman* visitera chaque chantier
et les voies de roulage qui y conduisent, pour s'assurer qu'il n'y
existe aucun danger provenant d'une accumulation de gaz (art. 11).

Lampes de sûreté.

Le lampiste et surveillant spécial du fond, nommé par le *certificated manager* ou l'*under-viewer* ou l'*overman*, sera la personne
compétente chargée d'exécuter les prescriptions de la septième
règle générale (art. 25).

Il s'assurera du bon état de toutes les lampes de sûreté et de leurs
tamis, veillera à ce que le tamis n'ait pas moins de 28 ouvertures
au pouce linéaire, et à ce qu'il soit solidement assujetti à l'armature par un obturateur intérieur, ou par tout autre moyen équivalent, et fermera toute lampe avant de la remettre à la personne
employée dans la mine (art. 26).

Dans tous les cas où les lampes sont rendues, le lampiste doit
les examiner, et, si elles sont avariées ou défectueuses, le signaler
à l'*overman* (art. 27).

Ouvriers et autres.

Toute personne employée dans la mine doit bien connaître les
prescriptions de la loi et du règlement particulier, et exécuter les
ordres du *certificated manager*, de l'*under-viewer*, des *overmen* et
firemen, dans toutes les matières où ils ont autorité (art. 29).

Personne ne peut, sous aucun prétexte, aller dans un autre chantier que celui où il est employé ; toute personne franchissant une
porte doit la refermer soigneusement (art. 30).

Toute conduite d'air, cloison d'aérage, remblais devront être tenus à la distance du front indiquée par l'*overman* ou le *fireman* art. 31),

On ne doit laisser aucun feu dans la mine en quittant le travail; on doit signaler à l'*overman* ou au *fireman*, pour qu'il y soit porté remède, toute porte que l'on trouve ouverte, tout dérangement dans la ventilation, toute avarie aux portes, barrages, cloisons d'aérage, toute apparition de gaz (art. 32).

Chaque ouvrier doit s'assurer que sa lampe de sûreté est fermée à clef avant d'entrer dans la mine. Quand il a fini de s'en servir elle doit être rendue au lampiste (art. 33).

Aucun ouvrier ne doit essayer d'ouvrir ou de détamiser sa lampe, d'allumer sa pipe au tamis, de souffler la flamme, d'éloigner le bouclier ou de le sortir de sa lampe d'une façon incorrecte. On ne doit pas fumer, ni porter avec soi au delà de la *lamp station* des lampes non fermées à clef ou à feu nu, des allumettes, des pipes ou toute matière combustible (art. 34).

Toute lampe de sûreté souillée d'huile ou avariée doit être éteinte. Les lampes éteintes doivent être rapportées à la *lamp station* la plus voisine. Tout ouvrier se servant d'une lampe de sûreté doit l'examiner fréquemment; si elle dénote la présence du grisou, il doit baisser la mèche; si la flamme continue à brûler à l'intérieur, il doit écarter la lampe avec les plus grandes précautions, en évitant soigneusement de l'éteindre par tous autres moyens. Il doit retourner à la *lamp station* la plus voisine, et informer l'*overman*, le *fireman* ou le premier agent de surveillance (art. 35).

Personne ne doit rechercher le grisou avec une lampe à feu nu ni essayer de le chasser violemment par l'agitation (art. 36).

ANNEXE N° V.

Règlement particulier pour le bassin du Lancashire.

Manager.

Le *manager* doit surveiller quotidiennement le fond et le jour. Il doit se conformer aux prescriptions de la loi et faire tous ses efforts pour la faire respecter par tous, ainsi que le présent règlement particulier (art. 1).

Il nomme les *underlooker*, *firemen*, *lampmen* nécessaires à l'exécution de la loi, et leur assigne leurs fonctions (art. 3).

S'il n'est pas le propriétaire ou *l'agent*, il leur signale par écrit ce qui serait nécessaire pour l'exécution de la loi, et ce qu'il ne serait pas en son pouvoir d'ordonner (art. 4).

L'underlooker, en l'absence du *manager*, nomme les personnes nécessaires pour l'exécution de la loi (art. 5).

Underlooker et fireman.

L'underlooker et le *fireman*, chacun dans le district qui lui est assigné, assure en ce qui le concerne, l'exécution de la loi (art. 6).

En outre de la surveillance de la ventilation exigée par la première règle générale et des visites prescrites par les 2ᵉ et 3ᵉ règles générales, *l'underlooker*, le *fireman*, ou toute autre personne spécialement désignée, devront examiner soigneusement chacun dans leur district, toutes les parties accessibles de la mine fréquentées ou non par les ouvriers. Ils surveilleront l'état du foyer, du ventilateur ou de tout autre appareil d'aérage, ainsi que des portes, qui devront être doublées dans les points importants et disposées de manière à se fermer d'elles-mêmes, des *crossings* et barrages (art. 8).

Le *fireman* ou toute autre personne à ce désignée, qui aura fait les visites prescrites par les 2ᵉ et 3ᵉ règles générales, laissera une marque dans les chantiers qu'il aura visités et trouvés en bon

état ; au cas contraire, il en barrera les entrées par des bois ou des
rails, ou placera des affiches (*boards*) portant les mots *gas* ou
danger (art. 9).

L'*underlooker* ou le *fireman* veilleront à la fermeture des en-
droits hors de service prescrits par la 4ᵉ règle générale (art. 10).

L'*underlooker*, le *fireman*, ou toute autre personne à ce désignée
veilleront à l'évacuation des chantiers prévue par la 6ᵉ règle générale ; le gaz ne devra être chassé que hors la présence des ouvriers (art. 11).

Le *manager* ordonnera l'usage des lampes de sûreté fermées à
clef quand ce sera nécessaire ; il désignera la personne chargée de
les examiner. L'*underlooker*, le *fireman* ou toute autre personne à
ce désignée, veilleront à l'exécution de cet ordre et ordonneront
aussi temporairement l'usage de la lampe de sûreté, quand ils
l'estimeront nécessaire. Nul ne pourra avoir de clef, sauf l'*underlooker*, le *fireman* ou les autres officiers désignés par le *manager*
(art. 12).

L'*underlooker* ou le *fireman* veilleront à l'exécution de la 8ᵉ règle
générale relative au tirage à la poudre (art. 13).

L'*underlooker* ou toute autre personne spécialement désignée
veillera à la conservation des registres mentionnés dans la 31ᵉ règle
générale (art. 22).

Ouvriers.

A moins d'autre indication spéciale, l'orifice du puits ou toute
autre entrée de la mine sera considérée comme la *station* d'attente.
L'ouvrier ne doit pas entrer dans un chantier où l'on sait qu'il y
a du grisou ; il ne doit pas pénétrer au delà du signal de danger ;
en quittant le chantier, il doit effacer la marque de la visite
(art. 27).

Nonobstant les visites des *underlooker*, *fireman*, ou autre officier, tout ouvrier doit s'assurer de l'état de son chantier avant et
pendant le travail (art 28).

Il ne doit pas allumer un soufflard ou une accumulation de gaz
sans le consentement du *manager* ou de l'*underlooker* (art. 29).

S'il pénètre dans un travail arrêté ou suspendu, et qu'il reconnaît ne pas être suffisamment ventilé, il s'arrête et prévient
l'officier de service (art. 30).

En cas d'avarie à une lampe de sûreté, lorsque l'on doit se servir exclusivement de ces lampes, l'ouvrier doit immédiatement
l'éteindre. Il porte ou envoie toute lampe éteinte à la station de

rallumage, où un officier l'ouvre et la rallume ou fournit à la place une nouvelle lampe. Si le tamis est taché d'huile ou couvert de poussière, l'ouvrier doit cesser de se servir de la lampe jusqu'à ce qu'elle ait été convenablement nettoyée (art. 3₂).

En cas d'interdiction de lampes à feu nu, il est interdit de fumer et d'avoir sur soi des pipes ou du tabac ; en cas de suspicion, l'ouvrier pourra être fouillé par l'*underlooker* ou le *fireman* (art. 53).

Si l'ouvrier se trouve dans le grisou, il ne doit pas jeter sa lampe, ni essayer de la souffler; mais baisser la mèche, tenir la lampe près du sol, en évitant de l'agiter et la porter dans le bon air. Si le gaz brûle dans la lampe, il faut étouffer la lumière ou l'éteindre dans l'eau (art. 34).

S'il fait usage de lampes à feu nu, et s'il dispose d'une lampe de sûreté, il doit au commencement du poste et à chaque interruption du travail examiner le chantier à la lampe de sûreté (art. 35).

Il ne doit pas laisser de feu dans un chantier à moins qu'il n'y reste quelqu'un (art. 36).

En outre des prescriptions de la 8ᵉ règle générale, si on fait usage de lampes à feu nu, et si on dispose d'une lampe de sûreté, on doit après le tirage d'un coup de mine examiner le chantier à la lampe de sûreté (art. 3₇).

L'ouvrier doit travailler au poste qui lui est désigné et ne pas aller ailleurs si ce n'est pour entrer ou sortir de la mine (art. 46).

ANNEXE N° VI.

Règlement particulier pour le Yorkshire.

Le *manager* ou le *viewer* du fond (*underground-viewer*), nommera les *deputies* chargés de la surveillance, et sera responsable de la ventilation. Le *viewer* du fond doit faire ou faire faire par un *deputy*, une fois par semaine au moins, les jaugeages à l'anénomètre des principaux courants d'air (art. 1).

Le *manager* ou le *viewer* du fond veillera à ce qu'il y ait un approvisionnement suffisant de lampes de sûreté ; il ne permettra pas l'emploi d'une lampe de sûreté dont le tamis aurait moins de 28 fils au pouce (121 mailles au centimètre carré), et qui ne serait pas muni d'une fermeture à clef, d'un écrou et d'une mouchette (art. 2).

Le *viewer* du fond, ou le *deputy*, s'assurera du bon état des courants d'air et des *crossings;* de l'installation convenable et appropriée des régulateurs, barrages, portes, toiles, tuyaux d'aérage, galandage, marques ou signaux de danger ; le *viewer* du fond ou le *deputy* restera dans la mine jusqu'à la fin du poste de jour et s'assurera que les portes et toiles sont fermées, et que tout est laissé en bon ordre (art. 7).

Le *manager* ou le *viewer* du fond désignera une ou plusieurs stations d'arrêt à l'entrée de la mine ou des divers quartiers ; les ouvriers ne pourront la franchir avant que la visite n'ait été faite (art. 9).

Le *viewer* du fond ou le *deputy* doit faire une visite à la lampe de toute voie de circulation et de tout chantier en activité, avant la descente des ouvriers, une fois par 24 heures si on travaille à un poste, et une fois par 12 heures si on travaille à deux postes ; il écrit à la craie à chaque chantier visité la date du jour, et inscrit son rapport quotidien sur le registre à ce destiné; si tout est en bon état, il donne le signal au receveur du jour; si un endroit est dangereux il ne permet à personne de s'y rendre jusqu'à ce que le danger ait disparu (art. 11).

En cas de danger en un point, le *viewer* du fond ou le *deputy* en interdit l'accès par deux rails placés en croix et avertit les ouvriers (art. 13).

Le *viewer* du fond ou le *deputy*, en outre de la visite quotidienne ci-dessus mentionnée, doit, tous les deux jours au moins, visiter le foyer ou l'appareil d'aérage et examiner à la lampe de sûreté les chantiers non en activité, les vieux travaux (*goaves*), les galeries abandonnées, les courants d'air, les régulateurs et *crossings ;* si quelque partie est trouvée grisouteuse (*fiery*), il avertit les ouvriers, barre les accès, et y place les affiches (*boards*) avec le mot feu (*fire*) (art. 14).

Le *viewer* du fond ou le *deputy* veillera à l'emploi des lampes de sûreté fermées à clef et à l'exclusion de lampes à feu nu, partout et toutes les fois qu'il y aura raisonnablement lieu de craindre une inflammation de grisou (art. 15).

Le *viewer* du fond désignera au moins deux *deputies* expérimentés dans chaque puits travaillant à double poste, un pour la nuit et un autre pour le jour. Le *deputy* du poste de nuit fait la visite ci-dessus relatée des galeries et chantiers avant l'entrée des ouvriers du poste de jour; avant de quitter le puits, il doit s'entendre avec le *deputy* du poste de jour et inscrire son rapport sur le registre (art. 16).

Le *viewer* du fond, ou le *deputy*, veillera à l'exécution des prescriptions suivantes :

La section des courants d'air et *crossings* ne doit pas être inférieure à   pieds carrés; les canards et galandages ne doivent pas être à plus de   pieds du front de taille et les galandages ne doivent pas être à moins de   pouces de la paroi (art. 17) (1).

Les barrages permanents seront convenablement établis en maçonnerie à la chaux avec pierres ou briques, cimentés d'un côté et renforcés par du remblai ou du menu (art. 18).

Les portes, dans les galeries principales d'aérage, seront doublées, celles qui ne servent que pour la surveillance seront fermées à clef et toute porte sera établie de façon à se refermer d'elle-même (art. 19).

Les portes seront gardées, si c'est nécessaire (art. 20).

Dans tout ouvrage s'approchant d'une accumulation probable de gaz, on ne fera usage que de lampes de sûreté fermées à clef (art. 22).

Lorsqu'un ouvrier travaille avec la lampe de sûreté, personne

---

(1) Dans le modèle général ces chiffres sont laissés en blanc pour être fixés individuellement par chaque mine. Dans les mines que nous avons visitées, nous avons généralement trouvé les résultats suivants :

Pour la section des courants d'air et des crossings, 25 pieds carrés (2^{mq},32) dans la couche Barnsley de 2 mètres à 2^m,50 de puissance; 20 pieds carrés (1^{mq},86) dans la couche Silkstone de 1 mètre à 1^m,50 de puissance et Parkgate de 1^m,50; 10 pieds carrés dans les couches plus minces; — pour la distance des canards et galandages au front de taille, 12 à 15 pieds (3^m,66 à 4^m,57); — pour l'intervalle entre les galandages et la paroi, 24 à 18 pouces (0^m,61 à 0^m,45) dans la couche Barnsley; 15 pouces (0^m,38) dans la Silkstone, et 12 pouces (0^m,20) dans les couches minces. Ces couches minces sont peu grisouteuses.

ne doit apporter, dans ce chantier ou au voisinage, de lampe à feu nu (art. 23).

Le *manager*, le *viewer* du fond et les *deputies* ont un droit de surveillance sur tous les ouvriers, et ceux-ci doivent obéir à tous leurs ordres légalement donnés en conformité à la loi et au règlement particulier. Les *deputies* doivent signaler au *manager* ou au *viewer* du fond toute infraction aux prescriptions réglementaires ou aux ordres donnés (art. 24).

Personne ne doit aller dans une autre endroit de la mine que celui où il travaille (art. 25).

Lorsqu'une visite sera faite par deux personnes au nom des ouvriers de la mine, conformément à la 30ᵉ règle générale, elles seront accompagnées par un *official* de la mine. Si celui-ci n'admet pas le rapport fait par les visiteurs sur le registre à ce destiné, il en informe aussitôt le *manager* (art. 27).

Toute personne découvrant un dérangement quelconque dans l'état des appareils ou des dispositions servant à l'aérage ou une cause de danger, doit immédiatement avertir les ouvriers du quartier et donner avis au *viewer* du fond ou au *deputy* pour qu'il soit immédiatement remédié au mal (art. 28).

Un ouvrier employé en galerie de traçage ne doit pas laisser au front de taille du charbon, du stérile ou tout autre objet qui puisse gêner la ventilation (art. 31).

Personne ne doit porter une lumière à feu nu dans le *goaf* ou près du toit ou derrière les bois du chantier. En quittant le chantier, on ne doit pas y laisser de feu (art. 35).

La lampe de sûreté ne doit pas être posée à terre, mais suspendue verticalement, à deux pieds au moins du contact du pic; elle doit être souvent observée : si elle dénote une apparence quelconque de grisou, on doit baisser la mèche avec la mouchette, cesser de travailler, quitter le chantier et donner avis immédiat au *viewer* du fond ou au *deputy* (art. 36).

Personne ne doit volontairement allumer un soufflard, laisser par négligence sa lampe se remplir de flamme, détamiser, souffler la flamme, allumer du tabac ou toute autre substance, contre le tamis, et laisser sa lampe au chantier (art. 37).

Si une lampe de sûreté devient impropre au service, par suite d'huile répandue sur le tamis ou de toute autre manière, il faut l'éteindre en abaissant la mèche et la rendre au lampiste (art. 31).

Il est interdit de tirer à la poudre partout où l'on se sert de lampes de sûreté, à moins d'un ordre du *viewer* du fond (art. 39).

ANNEXE N° VII.

**Explosions de grisou, survenues en Angleterre, depuis 1850,
dans lesquelles ont péri six personnes au moins.**

NUMÉROS.	ANNÉES.	DATES.	NOMBRE de tués.	BASSINS.	DISTRICTS.	MINES.	COUCHES.
1	1850	16 mars.	13	Lancashire Ouest. .	Wigan.	Haydock.	
2	—	5 juin.	11	Durham.	»	Little-Usworth.	
3	—	10 oct.	16	Lancashire.	Ashton on Lyne. .	Bent-Grange.	
4	—	7 nov.	9	Lancashire Ouest. .	Wigan.	Haydock.	
5	—	12 —	26	Durham Sud. . . .	Sunderland. . . .	Houghton.	
6	—	12 déc.	8	South-Wales. . . .	Aberdare.	Duffryn.	
7	1851	15 mars,	61	Ecosse Ouest. . . .	Paisley.	Nitshill.	
8	—	18 août.	35	Durham Nord. . . .	Sunderland. . . .	Washington. . . .	» (*)
9	—	21 oct.	9	id.	Newcastle.	West-Moor.	
10	—	20 déc.	52	Yorkshire.	Rotherham.	Rawmarsh.	
11	1852	23 avril.	12	Lancashire Ouest. .	Wigan.	Pemberton.	
12	—	mai.	10	id.	id.	Morley-Hall.	
13	—	6 —	22	Durham Nord. . . .	Newcastle.	Hepburn.	
14	—	10 —	65	South-Wales. . . .	Aberdare.	Middle-Duffryn.	
15	—	20 —	36	Ecosse Est.	Preston.	Cappull.	
16	—	22 déc.	9	Yorkshire.	Barnsley.	Elsecar.	
17	1853	12 mars.	10	South-Wales. . . .	Newport.	Risca.	
18	—	23 —	58	Lancashire Ouest. .	Wigan.	Arley.	
19	—	26 avril.	11	Staffordshire Sud. .	Dudley.	Old Park.	
20	—	1er juill.	20	Lancashire Ouest. .	Ashton on Lyne. .	Bent-Grange.	
21	1854	18 fév.	89	id.	Wigan.	Incehall.	
22	1855	25 mai.	7	Staffordshire Nord.	Longton.	Oldfield.	
23	1856	21 août.	6	Yorkshire.	Barnsley.	Lund-Hill.	Barnsley.
24	1857	19 fév.	189	id.	id.	id.	id.
25	—	20 mai.	9	Lancashire Ouest. .	Wigan.	Kirkless Hall.	
26	—	27 —	13	South-Wales. . . .	Merthyr.	Tyr-Nicholas.	
27	—	31 juill.	40	Lancashire Est. . .	Ashton on Lyne. .	Heys.	Newmine.
28	1858	2 fév.	53	id.	id.	Bardslu.	
29	—	25 —	19	South-Wales. . . .	Aberdare.	Lower-Duffryn.	
30	—	28 mai.	12	id.	Swansea.	Bryndce.	
31	—	11 déc.	25	Staffordshire Nord.	Leigh.	Tyldesley.	
32	1860	15 fév.	13	Yorkshire.	Barnsley.	Higham.	
33	—	3 mars.	76	Durham Nord. . . .	Newcastle.	Burradon.	
34	—	3 août.	13	Lancashire Ouest. .	Wigan.	Winstanley.	
35	—	6 nov.	12	South-Wales. . . .	Aberdare.	Lower-Duffryn.	
36	—	1er déc.	142	id.	Newport.	Black-Vein.	
37	—	20 —	22	Durham Sud. . . .	Sunderland. . . .	Helton.	
38	1861	8 mars.	13	South-Wales. . . .	Aberdare.	Blaengwawz.	
39	—	19 fév.	47	id.	Merthyr-Tydfil. . .	Cethin.	
40	—	12 nov.	16	Durham Nord. . . .	Sunderland. . . .	Walker.	
41	—	8 déc.	59	Yorkshire.	Barnsley.	Edmonds main.	
42	1863	6 mars.	26	Durham Nord. . . .	Newcastle.	Coxlodge.	
43	—	17 oct.	39	South-Wales. . . .	Swansea-Bridgend	Morfa.	
44	1865	16 juin.	26	id.	Newport.	Tredegar.	
45	—	20 déc.	34	id.	Merthyr-Tydfil. . .	Cethin-Cyfartha.	
46	1866	23 janv.	30	Lancashire Ouest. .	Wigan.	Park-Lane.	
47	—	4 mai.	12	Lancashire Ouest. .	Saint-Helen's. . .	Garwood-Park.	
48	—	30 oct.	24	Durham Sud. . . .	Sunderland. . . .	Palton.	
49	—	12 déc.	361	Yorkshire.	Barnsley.	Oaks.	Barnsley.

(*) A la limite du Durham Sud.

NUMÉROS.	ANNÉES.	DATES.	NOMBRE de tués.	BASSINS.	DISTRICTS.	MINES.	COUCHES.
50	1867	20 août.	14	Lancashire Ouest,	Saint-Helen's.	Garswood-Park.	
51	—	8 nov.	178	South-Wales.	Rhondda.	Ferndale.	
52	1868	30 sept.	10	Denbigshire (North-Wales).	Ruabon.	Wynnstay.	
53	—	28 nov.	62	Lancashire Ouest.	Wigan.	Hindley green.	
54	—	26 déc.	26	id.	Saint-Helen's.	Haydock.	
55	1869	1er avril.	37	id.	Wigan.	High-Brooks.	
56	—	10 juin.	53	South-Wales.	Rhondda.	Ferndale.	
57	—	21 juill.	59	Lancashire Ouest.	Saint-Helen's.	Haydock.	
58	—	22 oct.	11	Somersetshire.	Nettlebrigde.	Newbury.	
59	—	15 nov.	27	Lancashire Ouest.	Wigan.	Low-Hall.	
60	1870	14 fév.	30	South-Wales.	Swansea-Brigdeng	Morfa.	
61	—	4 mars.	9	Cheshire.	Dunkinfield.	Dankisk.	
62	—	7 juill	19	Staffordshire Nord.	Newcastle on Lyne.	Silverdale.	8 feet mine.
63	—	23 —	19	South-Wales.	Swansea.	Charles.	
64	—	19 août.	20	Lancashire Ouest.	Wigan.	Brynn-Hall.	Wigan 9 feet.
65	1871	10 janv.	26	Derbyshire.	Chesterfield.	Renishaw-Park.	Blackshale. 4 feet mine.
66	—	24 fév.	38	South-Wales.	Rhondda-Valley.	Pentre.	2 feet 9 inch seam.
67	—	2 mars.	19	id.	Newport.	Victoria.	Old-Coal.
68	—	6 sept.	70	Lancashire Ouest.	Wigan.	Ince-Hall.	Wigan 9 feet.
69	—	25 oct.	26	Durham Sud.	Sunderland.	Seaham.	Hutton-Seam.
70	1872	14 fév.	11	South-Wales.	Swansea-Bridgend	Maesteg-merthyr.	
71	—	28 mars.	27	Lancashire Est.	Bolton.	Loverslane.	
72	—	7 oct.	34	Yorkshire.	Leeds.	Morley main.	Middleton main coal.
73	1873	5 fév.	18	Staffordshire Nord.	Newcastle on Lyne.	Talke.	8 feet coal.
74	1874	14 avril	54	Cheshire.	Dukinfield.	Astley deep pit.	
75	—	18 juill.	15	Lancashire Ouest.	Wigan.	Ince-Hall.	Wigan 9 feet.
76	—	20 nov.	23	Yorkshire.	Rotherham.	Rawmarsh pit.	Barnsley.
77	—	24 déc.	17	Staffordshire Nord.	Newcastle on Lyne.	Bignal hill.	Bullhurst coal.
78	1875	5 janv	7	Yorkshire.	Rotherham.	Aldwarke main.	Barnsley.
79	—	30 avril.	43	Staffordshire Nord.	Stoke on Trent.	Bunkers hill.	South 8 feet coal.
80	—	4 déc.	23	South-Wales.	Newport.	New-Tredegar.	
81	—	6 —	16	id.	Rhondda.	Llan.	Brass-Vein.
82	—	6 —	143	Yorkshire.	Barnsley.	Swaithe-Main.	Barnsley.
83	—	6 —	6	id.	»	Methley-Junction.	Haigh-Moor.
84	1876	18 déc.	23	South-Wales.	Abertellery.	South-Wales.	Three quarters.
85	—	7 fév.	10	Lancashire Est.	id.	Foggs.	Doe.
86	—	6 mars.	8	id.	id.	Great-Boys.	6 feet.
87	—	10 —	18	South-Wales.	Swansea.	Weigfach.	
88	—	11 oct.	36	Lancashire Ouest.	Wigan.	Pemberton.	Wigan 9 feet.
89	1877	22 —	207	Ecosse Est.	Lanarck.	Blantyre.	
90	1878	17 fév.	7	Lancashire Ouest.	Saint-Helen's.	Whiston.	Main-Delf. — Arley mine.
91	—	12 mars.	43	Lancashire Est.	Bolton.	Unity-Brook.	Cannel mine.
92	—	27 —	23	Staffordshire Nord.	Newcastle on Lyne.	Apedale.	Bullhurst 8 feet. id. 7 — id. 10 —
93	—	3 mai.	6	Denbigshire (North-Wales).	Wrexham.	Pendwell.	Lower yard.
94	—	7 juin.	189	Lancashire Ouest.	Saint-Helen's.	Wood.	Higher-Florida mine.
95	—	11 sept.	268	South-Wales.	Newport.	Abercarn.	Black-Vein.
96	1879	13 janv.	63	id.	Rhondda.	Dinas.	
97	—	4 mars.	21	Yorkshire.	Wakefield.	Victoria.	Silkstone.
98	—	2 avril.	6	South-Wales.	Newport.	Bedwelty.	
99	—	2 juill.	28	Ecosse Est.	Lanarck.	Blantyre.	
100	—	12 sept.	8	Staffordshire Nord.	Newcastle on Lyne.	Leycett.	
101	—	12 nov.	6	Staffordshire Sud.	Willenhall.	Shorth-Heath.	
102	—	24 déc.	7	Lancashire Est.	Bolton.	Kersley.	Plodder mine.

ANNEXE

Analyse des accidents de grisou survenus

DATES.	BASSINS.	DISTRICTS.	MINES.	COUCHES.	NOMBRE des tués.
14 février 1870.	South-Wales.	Cardiff.	Morfa.	. . . .	30
4 mars.	Cheshire.	Dunkirsfield.	Astley deep pit. (Dunkirk.)	. . . .	9
7 juillet.	Staffordshire Nord.	Newcastle u/Lyne.	Silverdale.	8 feet.	19
23 juillet.	South-Wales.	Swansea.	Charles pit.	. . . .	19
19 août.	Lancashire Ouest.	Wigan.	Brynn Hall.	Wigan 9 feet mine.	20
10 janvier 1871.	Derbyshire.	Chesterfield.	Renishaw Park.	Blackshale.	26
24 février.	South-Wales.	Aberdare-Pontypridd ou Rhondda-Valley.	Pentre.	4 feet mine. 2 feet 9 inch seam.	38
2 mars.	South-Wales.	Newport.	Victoria.	Old coal.	19
6 septembre.	Lancashire Ouest,	Wigan.	Ince Hall.	Wigan 9 feet.	70

Nº VIII.

depuis 1870 où ont péri six personnes au moins.

CAUSES DE L'ACCUMULATION DU GAZ.	CAUSES DE L'INFLAMMATION.	OBSERVATIONS.
Irruption du gaz des vieux travaux. — On avait barré un *goaf* (vieux travaux) de 16 hectares qui donnait du gaz en abondance; le gaz sous pression s'échappa et vint s'allumer aux lampes à feu nu du bas du puits d'entrée.	*Lampes à feu nu* au bas du puits d'entrée.	Couches redressées du relèvement Sud du bassin très grisouteuses.
Ventilation insuffisante et défectueuse d'un quartier dans lequel on avait laissé accumuler le gaz, par suite de manque d'air.	*Coup de mine* tiré malgré ces conditions.	Le jury déclare que le directeur, qui n'était qu'un maître mineur, était incapable de conduire une telle mine.
Cause restée douteuse. — La distribution de l'air paraît avoir été médiocre.	Cause restée douteuse.	
Irruption du gaz de vieux travaux inférieurs, — en aval-pendage, mis en communication avec la mine par des trous de sonde faits pour l'écoulement des eaux.	Emploi de *lampes à feu nu.*	
Premier traçage d'une couche éminemment grisouteuse où la ventilation était bonne, mais le dégagement du grisou trop intense.	*Coup de mine ayant fait long feu,* tiré sans examen préalable suffisant. Emploi abusif du tirage à la poudre pour l'abatage du charbon.	
Ventilation insuffisante et défectueuse. — Insuffisance d'air et mauvaise distribution du courant, qui devait parcourir deux niveaux successifs sans division.	Cause restée douteuse.	La mine était insuffisamment surveillée et par des *officials* incompétents; mine peu grisouteuse.
Retours d'air rendus inflammables par la rencontre de divers soufflards ou de dégagement normal abondant.	*Inflammation desdits retours d'air sur le foyer d'aérage.*	L'inspecteur recommanda de remplacer le foyer par un ventilateur.
Accumulation du gaz dans une taille (*stall*) par suite d'un éboulement.	*Lampes à feu nu* mêlées avec des lampes de sûreté.	
Mine à peine ouverte, au début du traçage; couche très grisouteuse.	Cause restée douteuse.	Le feu s'étant déclaré après l'explosion, la mine fut fermée; à sa réouverture, nouvelle explosion; elle fut alors inondée.

DATES.	BASSINS.	DISTRICTS.	MINES.	COUCHES.	NOMBRE des tués.
25 octobre 1871.	Durham Sud.	Sunderland.	Seaham.	Hutton Seam.	26
14 février 1872.	South-Wales.	Swansea Bridgend.	Maesteg Merthyr.	. . . .	11
28 mars.	Lancashire Est.	Bolton.	Loverslane.	. . . .	27
7 octobre.	Yorkshire.	Leeds.	Morley Main.	Middleton Main Coal.	34
5 février 1873.	Staffordshire Nord.	Newcastle on Tyne.	Talke.	8 feet coal.	18
14 avril 1874.	Cheshire.	Dukinfield.	Astley deep pit.	. . . .	54
18 juillet.	Lancashire.	Wigan.	Ince hall.	Wigan 9 feet mine.	15
20 novembre.	Yorkshire.	Rotherham.	Rawmarsh pit.	Barnsley.	23
24 décembre.	Staffordshire Nord.	Newcastle on Tyne.	Bignal-Hill.	Bullhurst coal.	17

CAUSES DE L'ACCUMULATION DU GAZ.	CAUSES DE L'INFLAMMATION.	OBSERVATIONS.
D'après les uns, invasion subite du gaz emprisonné dans une cavité, chassé par une chute du toit dans la galerie d'entrée et allumé à une lampe Davy ou à feu nu; — suivant les autres, un coup de mine tiré près du puits, dans l'entrée d'air, fit sauter un *crossing*, et permit au grisou des vieux travaux de venir dans la galerie d'entrée et de s'y allumer : en somme, mauvaise disposition des travaux.	. . . .	Le feu s'étant déclaré dans les écuries, à 2,000 mètres des puits, on dut fermer le quartier Hutton n° 3. On ne put le rouvrir que huit semaines après. Tous les ouvriers avaient été asphyxiés.
Fort dégagement de gaz à la rencontre de failles; exploitation par tailles en cul-de-sac.	*Coup de mine.* Emploi abusif du tirage à la poudre.	
Ventilation insuffisante; des avancements étaient insuffisamment aérés par des canards.	*Coup de mine.* Emploi abusif du tirage à la poudre.	
Vicieuse disposition des travaux; invasion de grisou provenant de vieux travaux qui n'avaient pas d'issues.	*Lampes à feu nu.*	Le district et la couche sont peu grisouteux; mais la couche avait donné du gaz à la rencontre de failles.
Ventilation insuffisante et mal surveillée. Le gaz qui se dégageait normalement de la couche s'est accumulé dans un chantier.	*Coup de mine.* Emploi abusif du tirage à la poudre.	
Mauvaise disposition des travaux. Invasion par les vieux travaux. Invasion de grisou, emmagasiné dans un cul-de-sac d'une couche supérieure, par suite d'un éboulement d'un travers-bancs situé au-dessous de la cavité.	*Lampes à feu nu.*	
Dégagement normal, mais très fort, d'une couche très grisouteuse dans les premiers travaux de traçage.	Abatage du charbon à la poudre. Visite insuffisante des chantiers avant l'allumage.	
Méthode d'exploitation vicieuse. Exploitation d'un quartier neuf dans une couche extrêmement grisouteuse par tailles montantes en cul-de-sac (*bank system* du Yorkshire).	Emploi de lampes à feu nu.	Après l'accident, on a employé uniquement la lampe *Stephenson.*
Vicieuse disposition des travaux. Inflammation d'une petite quantité de gaz de dégagement normal d'une couche très grisouteuse; l'inflammation s'est communiquée au grisou chassé par l'eau de vieux travaux en aval.	Exploitation avec lampes à feu nu.	*Bullhurst Coal* est la couche la plus grisouteuse du bassin du Staffordshire Nord.

DATES.	BASSINS.	DISTRICTS.	MINES.	COUCHES.	NOMBRE des tués.
5 janvier 1875.	Yorkshire.	Rotherham.	Aldwarke main.	Barnsley.	7
30 avril.	Staffordshire Nord.	Stoke on Trent.	Bunker's hill.	South 8 feet coal.	43
4 décembre.	South-Wales.	Newport.	New-Tredegar.	. . . .	23
6 décembre.	South-Wales.	Rhondda.	Llan.	Brass-Vein.	16
6 décembre.	Yorkshire.	Barnsley.	Swaithe Main.	Barnsley.	143
6 décembre.	Yorkshire.	Barnsley.	Methley-junction.	Haigh Moor.	6
18 décemb. 1876.	South-Wales.	Newport.	South-Wales.	. . . .	23
7 février 1877.	Lancashire.	Bolton.	Foogs.	Doe.	10
6 mars.	Lancashire.	Bolton.	Great-Boys.	6 feet mine.	8
10 mars.	South-Wales.	Bolton.	Weigfach.	. . . .	18
11 octobre.	Lancashire.	Wigan.	Pemberton.	Wigan 9 feet.	36

CAUSES DE L'ACCUMULATION DU GAZ.	CAUSES DE L'INFLAMMATION.	OBSERVATIONS.
Invasion de gaz des vieux travaux dans l'enlèvement d'un petit pilier de charbon restant au milieu d'une immense étendue de vieux travaux.	Lampes à feu nu dans toute la mine.	Les lampes de sûreté furent introduites après l'accident.
La disposition générale des travaux dans une couche grisouteuse n'était pas prudente.	Coup de mine tiré dans un chantier en remonte.	On commençait le traçage en le prenant en remonte à partir de l'extrémité d'une descenderie conjuguée de 482 mètres de longueur. La quantité de grisou parait avoir été faible; mais les ouvriers ont dû être asphyxiés.
Faible ventilation. Accumulation de gaz dans un point haut insuffisamment ventilé d'une couche assez grisouteuse.	?	La quantité de gaz brûlée était faible; la majeure partie des ouvriers ont été tués par asphyxie.
Ventilation insuffisante et défectueuse à rabat-vent. Voies d'air obstruées.	Lampes à feu nu.	Couche peu grisouteuse.
Invasion du grisou des vieux travaux. On le savait existant dans des vieux travaux de 6 hectares d'étendue.	Coup de mine?	Il paraît y avoir eu deux inflammations successives.
Invasion de grisou dans un chantier à la suite d'un éboulement du toit.	Lampes à feu nu.	
Envahissement subit de grisou logé dans des cavités supérieures, à la suite de chute de toit dans les vieux travaux.	*Lampes à feu nu* dans toute la mine.	Les lampes de sûreté ne furent introduites qu'après l'accident.
Attribuée, mais d'une façon problématique, à une invasion de gaz provenant d'une couche inférieure très grisouteuse.	?	Les dix ouvriers périrent par asphyxie, le feu s'étant déclaré dans la mine après l'explosion.
L'atmosphère était, paraît-il, très grisouteuse; la lampe marquait au chantier.	Coup de mine ayant débourré.	
Ventilation insuffisante, ayant permis une accumulation de gaz qu'on chassait par un ventilateur à bras et qui fut allumé dans le retour par le détamisage d'une lampe.	Détamisage d'une lampe dans un retour par un *overman.*	
Couche extrêmement grisouteuse; on y commençait les premiers travaux de traçage; il n'y avait qu'un seul courant faisant le tour de tous les travaux.	Coup de mine ayant débourré.	

DATES	BASSINS.	DISTRICTS.	MINES.	COUCHES.	NOMBRE des tués.
22 octobre 1877.	Écosse Ouest.	Hamilton.	Blantyre.	Splint coal.	207
17 février 1878.	Lancashire O.	St-Helen's.	Whiston.	Main Delf.	7
12 mars.	Lancashire E.	Kersley (Manchester).	Unity Brook.	Cannel mine.	43
27 mars.	Staffordshire Nord.	Newcastle on Tyne.	Apedale.	Bulhurst 8 feet. — 7 feet. — 10 feet.	23
3 mai.	Denbigshire (North Wales).	Wrexham.	Pendwell.	Lower yard.	6
7 juin.	Lancashire O.	St-Helen's.	Wood.	Higher florida mine.	189
11 septembre.	Galles du Sud.	Newport.	Abercarn.	Black-Vein.	268
13 janvier 1879.	South-Wales.	Aberdare-Pontipridd ou Rhondda Valley.	Dinas.	. . . .	63
4 mars.	Yorkshire.	Wakefield.	Victoria.	Silkstone.	21

CAUSES DE L'ACCUMULATION DU GAZ.	CAUSES DE L'INFLAMMATION.	OBSERVATIONS.
Cause restée douteuse. — Grisou des vieux travaux ou d'une veine supérieure, — Ventilation irrégulièrement distribuée.	Lampes à feu nu.	
. . . . : . .	Inflammation du grisou par suite de combustion spontanée du charbon dans les vieux travaux d'une couche grisouteuse.	Des accidents semblables avaient eu lieu auparavant; la mine fut abandonnée.
Invasion de gaz des vieux travaux, — à la suite d'une chute importante du toit (22 mètres sur 18) laquelle était la première qui survenait dans le quartier.	On ne travaillait qu'avec des *lampes à feu nu.*	La mine était poussiéreuse, et les poussières paraissent s'être enflammées.
	Des retours d'air très chargés de grisou passaient directement sur le foyer où ils s'allumèrent.	
Ventilation insuffisante. — Le grisou s'était accumulé au fond d'une galerie d'avancement laissée en cul-de-sac sur 10 mètres.	?	
Faible ventilation. Invasion de gaz de vieux travaux. — Le grisou a envahi les chantiers en venant de vieux travaux, au voisinage d'une faille, à la suite de chutes de toit.	?	
. . . .	, ...	La mine a été inondée et abandonnée après l'accident dont la cause n'a donc pas pu être éclaircie. La *Black-Vein* est sujette à des irruptions subites de gaz. Il est constant qu'après l'accident, les puits en ont débité d'énormes quantités. La mine était poussiéreuse, et les poussières ont pu y être enflammées.
Ventilation insuffisante et défectueuse. — Accumulation de grisou dans un traçage aéré par tuyaux en tôle, — couche à dégagement normal très fort.	?	Mine sèche et poussiéreuse où les poussières paraissent s'être enflammées.
Invasion de gaz des vieux travaux.	Emploi de lampes à feu nu.	Les poussières ont été cokifiées et ont pu augmenter les effets de l'explosion.

DATES.	BASSINS.	DISTRICTS.	MINES.	COUCHES.	NOMBRE des tués.
2 avril 1879.	South-Wales.	Newport.	Bedwelty.	. . . .	6
2 juillet.	Écosse Est.	Lanark.	Blantyre.	. . . .	28
12 septembre.	Staffordshire Nord.	Newcastle on Tyne.	Leycett.	. . . .	6
12 novembre.	Staffordshire Sud.	Willen hall.	Shorth Heath.	. . . .	6
24 décembre.	Lancashire E.	. . . .	Kersley.	Plodder mine.	7

CAUSES DE L'ACCUMULATION DU GAZ.	CAUSES DE L'INFLAMMATION.	OBSERVATIONS.
Ventilation insuffisante. — Accumulation de gaz dans un traçage, par suite d'éboulements, auprès d'une faille.	Emploi de lampes à feu nu.	
Invasion de gaz de vieux travaux. — Le grisou a été chassé du *goaf* derrière un *long wall* par l'effet d'un coup de mine.	Coup de mine.	
Ventilation insuffisante. — Accumulation de gaz dans un traçage insuffisamment ventilé par des tuyaux.	Coup de mine ou lampe ouverte?	
Disposition vicieuse des travaux. — Accumulation de gaz sous le plafond d'un puits. — *Puits unique.*	Emploi de lampes à feu nu.	Les ouvriers furent asphyxiés dans une couche au-dessus par insuffisance de ventilation.
Invasion de gaz des vieux travaux. — Par suite d'une chute de toit.	Emploi de lampes à feu nu.	

TABLE DES MATIÈRES

§ 2. — ORGANISATION DES SIÈGES D'EXPLOITATION.

§ 4. — MÉTHODES D'EXPLOITATION.

1. — Exploitation par piliers et galeries.

2. — **Méthodes par massifs longs.**

a. *Méthode courante.*

b. *Méthode par massifs longs du Pays de Galles.*

§ 5. — CONSIDÉRATIONS GÉNÉRALES SUR LES MÉTHODES D'EXPLOITATION ANGLAISES.

CHAPITRE IV.

AÉRAGE ET VENTILATION.

§ 1. — PRODUCTION DU COURANT D'AIR.

1. — Aérage naturel.

2. — Aérage artificiel.

Foyers.

Ventilateurs.

CHAPITRE V.

ORGANISATION DU TRAVAIL ET DE LA SURVEILLANCE.

CHAPITRE VI.

ÉCLAIRAGE DES TRAVAUX SOUTERRAINS.

§ 1. — LAMPES DE SURETÉ EMPLOYÉES EN ANGLETERRE.

§ 2. — CONDITIONS D'EMPLOI DES LAMPES DE SURETÉ.

CHAPITRE VII.

TRAVAIL A LA POUDRE.

CHAPITRE VIII.

POUSSIÈRES.

CHAPITRE IX.

APPAREILS DE SAUVETAGE.

ANNEXES.

FIN DE LA TABLE,

Charbonnage d'Eppleton
Comté de DURHAM
Travaux d'exploitation de la Couche Hutton
à la profondeur de 325 mètres
PLAN D'AÉRAGE.
Echelle de 0m,0001 par mètre.
Distance du Puits d'entrée
d'air 3 794 met
Long Wall
Goaf
I
II
III
IV
V
VI
Puissance de la couche 0m914 à 1m22
Pente variant de 0.056 à 0.028 p.m.
Aut. Imp. A. Broise & Courtier, 43, R. de Dunkerque, Paris.

Charbonnage de Lund Hill.
District de BARNSLEY.
Yorkshire.
Travaux d'exploitation de la Couche Barnsley
à la profondeur de 192ᵐ43
PLAN D'AÉRAGE.
Echelle de 0ᵐ0001 par mètre. 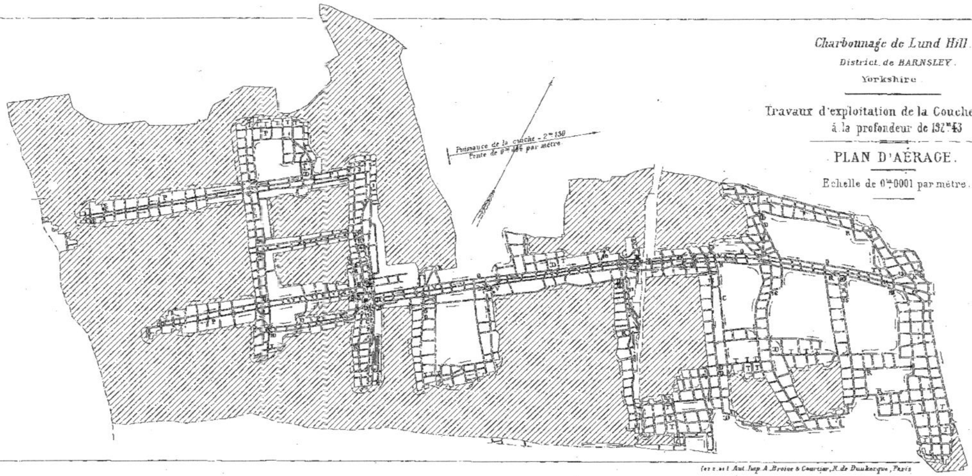
Puissance de la couche = 2ᵐ130
Pente de 0ᵐ045 par mètre.
Imp. A.Brosse & Courtier, R. de Dunkerque, Paris.